"博学而笃志,切问而近思。"
（《论语》）

博晓古今,可立一家之说;
学贯中西,或成经国之才。

复旦博学·复旦博学·复旦博学·复旦博学·复旦博学·复旦博学

作者简介

童适平,男,经济学博士。现为(日本)独协大学经济学部教授。曾任复旦大学国际金融系副教授,(日本)松山大学和明治大学特聘教授。长期从事金融学教学。出版著作主要有:《日本金融监管的演化》、《战后日本金融体制及其变革》、《中国的金融制度》等,在国内外学术刊物发表论文数十篇。

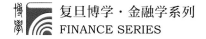
复旦博学·金融学系列
FINANCE SERIES

中央银行学教程

（第二版）

童适平　编著

复旦大学出版社

内容提要

全书将中央银行学分成四部分,第一至第四章简要介绍中央银行的体制;第五至第八章讲述中央银行的主要业务;第九至第十二章讲述中央银行的货币政策;第十三章讲述中央银行与金融监管。通过详细分析中央银行的业务操作,解释中央银行履行其职能的基本原理。可以说是本书的一大特点。

为了帮助同学们抓住重点、加深理解,在每章的开头都有一个本章提要,在每章的末尾都有若干练习题,并在书的末尾附参考答案。

本书既是教材又是了解中央银行基本运作原理的入门书,因此,既适合大专院校经济类专业师生,也适合金融部门的实务工作者。

本书第二版适应最新变化,对初版进行了修改。

前　言

本教材是在初版的基础上经修改而成的。初版是编著者根据多年来在复旦大学经济类本科生教学实践经验的基础上的总结。

编著者在多年教学中，体会到《中央银行学》作为教育部规定金融学专业六门主干课程之一，内容涉及范围广，既包括宏观经济学、货币银行学，还包括银行业务等方面的基础和知识。避免与上述有关课程的重复和尽量克服杂的感觉是提高教学效果的要点。因此，为了帮助同学们学好《中央银行学》，在教学的内容安排上，将中央银行学分成中央银行体制、中央银行业务、货币政策以及金融监管四个部分，并通过内在逻辑关系将四个部分连成一个整体。这个逻辑关系是：中央银行体制的特点决定中央银行业务的特点、中央银行业务内容决定中央银行掌握调控货币供应量的工具、中央银行业务特点决定中央银行与广大金融机构存在广泛的业务联系并因为中央银行持有货币政策工具有利于中央银行在金融监管中发挥作用。在内容上，考虑到同学们缺乏感性认识的具体情况，尽量通过实际例子说明基本原理，努力争取由浅入深、简明扼要。

初版问世以后获得各方好评。不仅承蒙国内不少高校选为本科教学的教科书，还被选为研究生入学考试的参考书和理解中央银行体制和货币政策知识读本，多次重印。在此期间，特别是次贷危机以后，中央银行的组织结构以及货币政策的内容都发生了很大变化。我国也随着经济发展和利率市场化改革，中央银行货币政策的工具和操作目标也发生了相应变化。为了适应这些变化和需要，编著者对初版进行了修改。

编著者的上述目的是否达到，只能请各位读者评判了。限于编著者的水平，若有缺点错误，恭请各位读者指正。本书的初版是在复旦大学出版社李华副总经理的鼓励和指导之下而得以问世的。同样，如果没有李华同志的鞭策和鼓励，也不会产生对初版的修改，在此致谢。

目　　录

第一章　中央银行制度的形成和发展 ·· 1
本章提要 ··· 1
第一节　中央银行的产生 ·· 2
第二节　中央银行制度的发展 ··· 11
第三节　中国中央银行制度的建立和发展 ·· 15
重要概念 ·· 18
练习题 ··· 19
参考答案 ··· 19

第二章　中央银行的性质与职能 ·· 21
本章提要 ··· 21
第一节　中央银行的性质 ·· 22
第二节　中央银行的特点及其业务活动的范围和基本原则 ································ 24
第三节　中央银行的职能 ·· 27
第四节　我国中央银行的性质和职能 ·· 35
重要概念 ··· 37
练习题 ··· 38
参考答案 ··· 39

第三章　中央银行的体制 ·· 48
本章提要 ··· 48
第一节　中央银行体制的类型 ·· 49
第二节　中央银行的资本组成类型 ··· 51
第三节　中央银行的权力分配模式和组织结构类型 ·· 53

第四节 我国中央银行体制 …………………………………………… 57
重要概念 ………………………………………………………………… 62
练习题 …………………………………………………………………… 64
参考答案 ………………………………………………………………… 64

第四章 中央银行的独立性问题 …………………………………… 66
本章提要 ………………………………………………………………… 66
第一节 中央银行独立性问题的提出 …………………………………… 67
第二节 中央银行相对独立性的争论 …………………………………… 71
重要概念 ………………………………………………………………… 75
练习题 …………………………………………………………………… 77
参考答案 ………………………………………………………………… 77

第五章 中央银行的负债业务 ……………………………………… 78
本章提要 ………………………………………………………………… 78
第一节 货币发行业务 …………………………………………………… 79
第二节 中央银行的存款业务 …………………………………………… 86
第三节 中央银行的其他负债业务 ……………………………………… 92
重要概念 ………………………………………………………………… 93
练习题 …………………………………………………………………… 95
参考答案 ………………………………………………………………… 96

第六章 中央银行的资产业务 ……………………………………… 98
本章提要 ………………………………………………………………… 98
第一节 中央银行的再贴现和贷款业务 ………………………………… 99
第二节 中央银行的证券买卖业务 ……………………………………… 103
第三节 中央银行的储备资产业务 ……………………………………… 106
第四节 我国中央银行的主要资产业务 ………………………………… 108
重要概念 ………………………………………………………………… 112
练习题 …………………………………………………………………… 114
参考答案 ………………………………………………………………… 115

第七章　中央银行的支付清算业务 ······ 116
　本章提要 ······ 116
　第一节　中央银行支付清算业务体系 ······ 117
　第二节　中央银行支付清算业务的主要内容 ······ 119
　第三节　中央银行支付清算业务的重要性 ······ 122
　第四节　我国支付清算体系的现状 ······ 124
　重要概念 ······ 127
　练习题 ······ 128
　参考答案 ······ 128

第八章　中央银行的其他业务 ······ 130
　本章提要 ······ 130
　第一节　中央银行的代理国库业务 ······ 131
　第二节　中央银行的会计业务 ······ 133
　第三节　中央银行的调查统计业务 ······ 136
　重要概念 ······ 141
　练习题 ······ 142
　参考答案 ······ 143

第九章　中央银行货币政策概述 ······ 145
　本章提要 ······ 145
　第一节　货币政策的含义和作用 ······ 146
　第二节　货币供求与社会总供求 ······ 148
　第三节　货币政策对经济运行的影响 ······ 150
　第四节　货币政策理论解释简述 ······ 158
　重要概念 ······ 161
　练习题 ······ 162
　参考答案 ······ 163

第十章　中央银行货币政策目标 ······ 165
　本章提要 ······ 165
　第一节　货币政策目标 ······ 166

第二节　货币政策的中间指标和操作指标……………………… 173
　　第三节　我国中央银行货币政策目标的特点…………………… 178
　　重要概念……………………………………………………………… 181
　　练习题………………………………………………………………… 182
　　参考答案……………………………………………………………… 182

第十一章　中央银行货币政策工具与业务操作……………………… 184
　　本章提要……………………………………………………………… 184
　　第一节　一般性货币政策工具及其业务操作…………………… 185
　　第二节　选择性货币政策工具…………………………………… 195
　　第三节　我国货币政策工具的特点……………………………… 198
　　重要概念……………………………………………………………… 201
　　练习题………………………………………………………………… 202
　　参考答案……………………………………………………………… 204

第十二章　中央银行货币政策的作用机制…………………………… 208
　　本章提要……………………………………………………………… 208
　　第一节　政策工具、操作指标、中间指标和最终目标
　　　　　　之间的关系……………………………………………… 209
　　第二节　货币政策作用的传导机制……………………………… 212
　　重要概念……………………………………………………………… 219
　　练习题………………………………………………………………… 220
　　参考答案……………………………………………………………… 220

第十三章　中央银行与金融监管……………………………………… 222
　　本章提要……………………………………………………………… 222
　　第一节　金融监管概论…………………………………………… 223
　　第二节　金融监管理论…………………………………………… 231
　　第三节　金融监管的主要内容与方法…………………………… 234
　　第四节　中央银行在金融监管中的作用………………………… 239
　　重要概念……………………………………………………………… 241
　　练习题………………………………………………………………… 243
　　参考答案……………………………………………………………… 243

第一章 中央银行制度的形成和发展

本章提要

　　商品经济的快速发展、信用关系广泛存在和商业银行的普遍设立促使新的矛盾显现,成为产生中央银行的历史背景。向政府提供融资、银行券的发行、票据交换和清算、银行的经营和金融业的规范,则是产生中央银行的客观经济原因。

　　在资本主义生产方式最早确立和发展最快的英国,英格兰银行在其漫长的发展过程中从商业银行逐步演变成为中央银行。美国联邦储备体系,则是通过立法从一开始就成为中央银行的典型。

　　第二次世界大战结束以后,各国政府加强对宏观经济的调控,普遍建立了中央银行。中央银行制度发生以下变化:实行国有化、成为国家干预和调节宏观经济的重要工具,以及作为各国政府进行政策协调窗口的作用越来越大。

　　我国中央银行制度的发展经历了新中国成立之前、计划经济时期和改革开放时期三个阶段。

第一节　中央银行的产生

中央银行的产生途径有两条:一条是由商业银行演变而成的途径,即现代中央银行的主要性质和职能在商业银行的演变过程中逐步形成,其主要代表是英格兰银行(Bank of England,BOE);另一条途径,则是从一开始就作为中央银行创建的,重要代表是美国的联邦储备体系(Federal Reserve System,FRS)。后一条途径对中央银行发展的贡献在于进一步强化了中央银行的职能,尤其是中央银行在国家宏观经济调控中的作用。

一、产生中央银行的历史背景

1. 商品经济的快速发展

虽然商业银行的渊源可以追溯到13世纪。但是,中央银行则起源于17世纪中后期。1656年,瑞典建立了斯德哥尔摩银行。建立之初,斯德哥尔摩银行还是私营银行,其开展的货币发行业务和票据抵押贷款业务,虽然新潮,但并没有超出一般商业银行的范畴。1668年,瑞典政府将斯德哥尔摩银行收归国有改名为瑞典国立银行(Sveriges Riksbank),并开始将货币发行权向瑞典国立银行集中,从而使它具有某些中央银行的特征。因此也有人认为,中央银行的历史是从瑞典国立银行开始的。

1694年,英格兰银行作为历史上最早的股份制银行诞生。英格兰银行成立伊始就与英国政府保持特殊的关系,在以后的发展中,最早具备最完整的中央银行特征并成为其他国家建立中央银行的范本。因此,大部分的经济学家认为英格兰银行才是中央银行的鼻祖。

不管如何,中央银行起源于17世纪的欧洲是不争的事实。17世纪的欧洲,随纺织、酿酒、食品和农具制造业脱离农业成为新的独立部门,使工商业和新式农业占据社会生产的主导地位,商品经济获得迅速发展。商品经济的发展以及由此产生的社会矛盾,成为促使中央银行产生的历史背景。而18世纪工业革命促进经济和社会发展,又为中央银行职能的逐步完善提供了条件。

2. 信用关系广泛存在于经济和社会体系之中

为了保证商品经济的顺利运转,客观上要求信用关系连接商品生产的全部过程。随商品经济的快速发展,以货币关系为特征的银行信用逐步替代商业信用成为信用的主要形式。特别是在现代银行建立之后，货币成为信用的主要载体，信用关系演变为货币关系。

一方面，银行通过吸收存款和金融创新手段增加资金来源作为经营资本。另一方面，又通过直接向企业提供资金和对商业票据办理承兑、贴现和抵押贷款等将商业信用转化为银行信用，扩展了信用范围和规模。同时，又为企业的联合和社会筹资提供条件和便利，如代理股票和债券的发行、转让和还本付息等，大大促进了社会化大生产和商品经济的发展。商品经济的进一步发展反过来又促进信用关系的扩展。

3. 商业银行的普遍设立

商品经济的快速发展和资本主义生产方式的兴起，为欧洲大陆的货币兑换商转变成银行创造了条件。15、16世纪出现的米兰银行、威尼斯银行等，已具有现代银行的某些特征。17、18世纪欧洲工业革命和资本主义制度的确立，使得社会生产力获得空前大发展，也为银行的发展提供了巨大空间，迎来了银行业的大发展。

银行业的发展不仅表现为数量的迅速增加，还表现在银行业务完全脱离货币兑换、金银保管和高利贷的传统形式，发行银行券、为企业办理转账和为新兴行业提供融资及服务成为银行的重要业务。日后对中央银行的发展产生重要影响的瑞典国立银行和英格兰银行也都在这一时期建立。银行业的发展极大地促进了资本主义的发展，也为瑞典国立银行和英格兰银行由商业银行向中央银行转变创造了条件。

4. 经济发展中新的矛盾显现

虽然信用制度和银行体系成为商品经济运行的重要支撑，但是，对银行的设立、业务活动的创新和信用规模的扩大却没有相应的制度进行有效规定，造成银行体系的不稳定。

第一，银行券的分散发行因为发行银行券的银行经营规模和信誉优劣而被社会接受的程度差异很大。一些小银行由于经营规模小和知名度有限，其发行的银行券的社会认知度低，流通范围受到限制，从而限制了商品流通的范围，阻碍商品经济的发展。

第二，票据交换和清算业务的迅速增长使交换和清算的速度减缓。信用制度发展，使商业银行相互之间的债权债务关系日益复杂，需要进行交换的票据数量和清算的业务量迅速增加，不仅使规模有限的商业银行难以应付，降低清算速度。而且，由于商业银行的规模有限，使得可以清算的债权债务关系的范围有限,给票据的交换带来麻烦,也降低了清算速度。

第三,银行的破产倒闭使信用体系和经济运行不断受到冲击。银行经营规模小,抵御风险的能力差。债权债务清算效率低下,常常容易造成信用锁链的断裂,使得银行倒闭经常发生,破坏信用体系和经济体系的正常运行。

第四,缺少统一规则的竞争使金融秩序经常出现混乱。银行业的激烈竞争迫使一些银行破坏货币发行纪律,滥发货币,造成货币兑付困难。一些银行高息揽储,铤而走险,经常给金融秩序带来混乱。

商品经济越发展,这个矛盾也就越突出,建立稳定的信用制度和银行体系成为金融和经济发展面临的最迫切课题。

二、产生中央银行的客观经济原因

1. 向政府提供融资

在资本主义制度的确立过程中,政府的职能也得到加强,同时也增加了政府的开支。为了弥补财政赤字,政府经常需要从银行获得资金融通。即使不发生财政赤字,由于收入和支出在时间上不一致,能否获得短期资金融通也成为政府履行职能的重要条件。政府虽然通过与多家银行建立融资关系,基本可以保证资金的来源,但是这种关系并不稳固。当政府需要巨额资金弥补财政赤字时,个别银行并不能满足政府需要。由于需要资金的规模过大,勉强满足政府的要求又可能对银行本身的经营产生不良影响。因此,资本主义发展到一定阶段,客观上需要有一个机构对政府的收支、资金往来和融资进行专门管理。

1694年,英国国会通过法案批准建立英格兰银行的重要原因就是英国政府急需筹措军费,英格兰银行答应将120万英镑的资本金全部贷给英国政府,并以代理国库的收支为条件。

2. 银行券的发行

在资本主义工业革命的推动下,社会生产力和商品流通范围迅猛扩大,货币信用业务迅速扩展,银行的数量急剧增加。银行为了开展业务的便利纷纷发行银行券,如果每家银行都能够保证自己发行的银行券能够随时兑换,货币的分散发行并不会带来严重后果。但事实上,银行不能兑换的情况经常发生,造成的后果随货币信用关系的发展而越来越严重。

第一,银行券的流通范围依据发行银行的实力、资信状况、经营状况和分支机构设置状况而大相径庭,一些中小银行发行的银行券流通范围非常有限,不能适应商品经济发展的需要。

第二,不同的银行券有不同的流通范围,与货币作为"一般等价物"的根本属性相矛盾,给社会生产和流通带来困难。

第三,银行券的流通范围越来越大和多种银行券同时流通,而兑换却必须分别在原发行银行进行,这也给使用者带来不便。

第四,银行券是金属货币的符号,它的流通和支付能力取决于它兑换金属货币的能力。随银行数量的增加和银行竞争的加剧,银行不能保证所发行货币及时兑换的情况经常发生,再加上不断出现银行倒闭,影响银行券的信誉和流通。尤其是当银行与企业、银行与银行之间的联系越来越密切,商品经济关系和债权债务关系越来越复杂,银行券不能兑换给社会经济秩序带来的混乱就更严重了。

第五,更加重要的是银行券的分散发行带来了"货币发行纪律"问题,即如果银行券的发行超过客观需要或者超过银行持有的贵金属数量,将给经济造成混乱。事实上,由于一部分银行券处于流通状态,银行发行银行券的数量超过其持有的贵金属数量并不会立刻引起问题,因此,银行券往往超量发行。但是,当银行券的发行超过一定限度,金本位制下,一部分银行券退出流通时,货币的兑付就会发生问题,引起经济的混乱。

随银行数量的增加,上述货币分散发行给经济带来的问题越来越严重。人们意识到,解决问题的办法是由资金雄厚、有权威的银行发行能够在全社会流通的货币,限制和取消一般银行的货币发行权,将货币发行权集中到几家或一家银行。

1803 年,法兰西银行(Banque de France)在巴黎地区获得为期 15 年的货币发行垄断权。1826 年,英格兰银行获得伦敦城 65 英里以内地区的货币发行垄断权。

3. 票据交换和清算

随银行业务的扩大,银行每天收授票据的数量不断增长,各银行之间的债权债务关系日益复杂,票据交换业务越来越繁重。由各银行分别进行轧差清算,不仅异地结算时间延长、速度减缓,即使同城结算也越来越困难,结算花费的时间越来越长。很显然,由单个银行或几家银行自行处理票据交换和清算的方式已不能满足商品经济发展和银行业务迅速扩展的需要,迫切要求建立一个全国统一和公正的权威性清算机构,作为金融支付体系的核心,快速清算银行间各种票据,促使资金顺畅流通,保证商品经济的发展。

1770年,伦敦的几家私人银行建立了伦敦票据交换所,但是只有成员银行才能参加。1854年,允许其他非成员银行参加。同时,由于英格兰银行货币发行和流通的范围广、信誉好,其他银行愿意在英格兰银行保留一些存款用于结算,为日后英格兰银行成为最终清算银行奠定了基础。

4. 银行的支付保证能力和作为最后贷款人的作用

随商品生产和流通的扩大,对银行贷款的需求量不断增加,为了满足借款人的资金需求,同时也是为了自己经营获利的需要,商业银行尽量减少持有为应付紧急支付的存款准备金。但是,当发生贷款不能按期收回或存款的突然大量提现,一部分银行就会发生资金周转不灵、兑现困难的情况。为了应付这种情况,一般可以采取同业拆借、提取在其他银行的存款以及出售部分资产应急。但是,存放在同业的存款具有虚拟的性质。同业拆借和出售资产不仅数量有限,也需要付出一定的代价。特别是当遇到普遍的金融危机时,上述手段就根本无济于事。而且,随银行业务规模的扩大和复杂化,银行的经营风险不断增大,资金调度困难和支付能力不足的情况经常出现。因个别银行的支付困难导致整个金融业发生支付危机的可能性变成现实。为了保护存款人的利益和金融体系的稳定,客观上需要有一家权威机构集中银行的一部分存款准备金,充当银行的"最后贷款人"。

因为英格兰银行在其发展过程中,有政府的支持,发行的货币信誉卓著。很多地方银行愿意将一部分资金存放在英格兰银行作为银行间清算使用,较早集中了一部分银行的存款。因此,在19世纪的历次危机中不仅本身安然无恙,而且还可以用其发行的银行券贷款给其他商业银行,使得危机相对来说并不严重。由此,这也成为美国最终下决心建立联邦储备体系的考虑因素之一。

5. 对金融业的监督管理

随商品货币经济关系的发展,银行业在整个社会经济关系中的地位和作用日益重要,金融稳定成为经济发展的重要条件。

保证各种金融业务和金融市场的健康发展,维持金融稳定,需要建立一套有利于金融业公平有序竞争的规则和机制,并由政府对规则的执行和机制的运行进行监督。特别是在20世纪30年代大危机以后,各国相继通过法律对银行开业、贷款限额、经营范围、业务种类和存款保险等进行规定,加强对包括银行在内金融业的监督和管理。

但是,由于金融业的特殊性,对金融业的监督管理如果完全依靠行政手段,则不仅扼杀金融市场的创造性和活力,大大降低金融市场效率。还将引起大量逃避金融管制行为的发生,增加金融动荡的可能性,难以发挥金融促进经济发展的作用。因此,政府对金融业的监督管理和金融市场的调控,往往通过运用市场手段,利用金融市场的运作机制进行。这样,政府对金融业的监督管理不得不依靠专门机构来实现,该机构既要有技术和操作手段,还要在业务上与普通的银行有密切联系。中央银行由于集中了银行的一部分存款准备金,又承担各银行之间的清算,因而就成为理想的监督管理机构。

但是,随着金融市场的发展、政府宏观调控职能的增强以及中央银行货币政策手段的变化,中央银行作为政府监督管理金融的职能与作为市场普通参与者直接入市对市场进行调控的职能,两者之间往往可能产生矛盾冲突,出现了将监督管理职能从中央银行分离的趋势。我国也在2003年的政府机构改革中,新设立了银行业监督管理委员会。但是,尽管如此,中央银行由于与商业银行以及其他金融机构在业务上的天然联系,继续成为政府对金融业进行监督管理的一个环节是毫无疑义的。

三、中央银行制度的初步形成

上述客观经济因素是中央银行得以产生的内在条件。不过,中央银行的产生还需要外部推动力,这就是国家对经济金融的管理。如上所述,中央银行的产生一般有两条途径:一是信誉好、实力强大的大银行逐步演变而成。在逐步演变的过程中,政府根据客观需要不断赋予大银行某些特权,使其逐步具有某些中央银行的特征,最终成为中央银行。二是政府直接组建中央银行。

回顾主要国家中央银行的形成历史,有助于我们理解中央银行的职能。

1. 英格兰银行(1694)

如上所述,英格兰银行在中央银行形成史上产生重要影响,它的历史可以说就是一部中央银行的形成历史。因此,讨论中央银行的形成,少不了对英格兰银行发展的观察。

虽然英格兰银行的成立晚于瑞典国立银行,但其与英国政府的特殊关系使其最早具有中央银行的基本性质和特征。1691年,英国政府财政困难,苏格兰人佩特森建议募集120万英镑作为资本金,设立银行,并将资本金全部借给英国政府。1694年7月27日,英国议会通过了《威廉玛丽法》,确定英格兰银行为国家银行,同意英格兰银行拥有不超过资本总额的货币发行权。根据规定,英格兰银行每年可向政府支取9.6万英镑利息和0.4万英镑管理费。1697年,又通过法案禁止设立新的股份制银行。以后随资本金的增加,英格兰银行借给英国政府的贷款也不断增加。到1746年,英格兰银行借给英国政府的贷款已达到1 168.68万英镑。英格兰银行成为英国政府的大债主,英国政府则以不准设立其他股份制银行作为回报。

1797年,盛传法军将入侵英国,发生银行挤兑,各家私人银行纷纷向英格兰银行提取存款准备金,英国政府通过《限制支付法》,规定除军费和政府命令必须支付金属货币以外,一律支付纸币。

1826年,英国政府虽然通过法案允许设立其他股份制银行,但规定这些银行的银行券只能在离伦敦城65英里以外地区流通。1833年,允许股份制银行在伦敦经营存款业务。但是,只有英格兰银行发行的银行券具有无限清偿的资格。

1825年和1837年,英国爆发了两次比较严重的经济危机,虽然危机的本质是生产过剩,但都是从货币危机开始的。表现为证券价格下跌、支付手段缺乏、信用中断、存款挤提和贷款冻结、银行倒闭,由此产生了围绕货币信用的争论。银行学派认为,货币作为交易媒介应该适应商品流通的需要,其数量多寡完全应该由银行自行决定,政府不得干预。相反通货学派则认为,银行券是贵金属货币的替代物,其发行要有贵金属作保证,否则将造成货币泛滥。

1844年7月29日,英国国会通过由当时的首相皮尔主持的《皮尔条例》。该条例的主要内容如下:

(1)将英格兰银行分为发行部和银行部。发行部可以用持有的1 400万英镑证券(其中1 101.51万英镑是政府债券)以及贵金属作发行准备,发行等额银行券。其中,用证券做准备的发行最高限额为1 400万英镑。超过此限额要用金银做准备,其中白银做准备的发行不得超过以金银为准备发行的25%。

(2)不批准新的银行发行货币。1844年5月6日以前已经获得货币发行资格的其他银行的发行额,不得超过1844年4月27日前12星期的平均数。当时共有279家银行,总发行额为763.1647万英镑。其中,207家私人银行,发行额为515.341 7万英镑。股份制银行72家,发行额为247.823 0万英镑。规定279家银行如发生破产倒闭和合并,该银行的发行额度就自然失效,其额度转移到英格兰银行。

(3) 规定任何人都可以按 3 英镑 17 先令 9 便士兑换 1 盎司黄金的比价向发行部兑换黄金。

(4) 进一步确认英格兰银行券在英格兰和威尔士的法偿货币地位。

《皮尔条例》不仅确立了英格兰银行货币发行银行的地位,也为其他国家以后建立中央银行提供了范本。但是,《皮尔条例》过分僵硬的货币发行制度也在以后历次经济危机中暴露出其缺点。

1896 年,私人银行数减少到 56 家,发行定额减少到 200 万英镑;股份制银行减少到 35 家,发行额度下降到 100 万英镑。1928 年,英格兰银行成为唯一的发行银行,但财政部发行的 1 英镑和 10 先令纸币仍然流通。1928 年,英国通过《通货和钞票条例》,财政部停止发行货币,英格兰银行完全垄断货币发行权。

随英格兰银行货币发行权的扩大,其地位、经济实力和社会信誉也迅速提高,许多商业银行为了结算方便将存款的一部分作为准备金存入英格兰银行,商业银行之间的债权债务关系的划拨冲销和票据交换的最后清算通过英格兰银行进行。1854 年,英格兰银行获得最终清算银行的地位。

尽管在经济繁荣时期,商业银行为工业和商业企业办理票据贴现。但是,毕竟要受到自有资本和吸收存款数量的限制,财力有限,有时为了满足客户的需要不得不将手中未到期的票据向英格兰银行要求再贴现。另外在 1825 年和 1837 年的危机中,英格兰银行曾对普通银行提供过贷款,在此后的危机中也多次使用其银行券充当最后贷款人。1872 年,伦敦已经成为世界上最大的金融市场,英格兰银行面对日益增加的资产负债规模,开始尝试运用对商业银行的贷款利率包括再贴现率对信用进行调节。此举使得英国安然度过 1873 年发生的金融危机,不仅为英格兰银行赢得了巨大的声誉,最终确立其中央银行的地位,也使英格兰银行成为各国建立中央银行的范本。

2. 美国联邦储备体系

美国联邦储备体系作为根据有关法令由政府直接组建的中央银行的典型代表,其发展历史也值得讨论。美国在 1782 年建立的北美银行是美国第一家现代银行。1791 年,美国建立第一联邦银行(The First Bank of The United States)[①],资本金 1 000 万美元。其中,20% 由政府出资,营业期限为

---

① 国内有不少书将此译为第一国民银行。

20年。第一联邦银行在主要城市开设8家分行,主要业务内容是发行货币、接受政府存款和向政府机构提供贷款,以及办理票据贴现和接受私人存款。同时,通过拒收过度发行银行券的州立银行①银行券或要求发行银行兑换黄金,达到管理州立银行、整顿货币发行纪律的目的。这些做法引起了州立银行和反对加强联邦权力的农业州的普遍不满和反对,它们认为第一联邦银行的建立违反了联邦宪法中关于没有明确规定属于联邦政府的权力全部属于各州政府的原则。国会以一票之差否决了第一联邦银行的展期申请。

1811年第一联邦银行关闭以后,州立银行承担发行货币和代理国库的业务,州立银行的数量迅速增加。1812年美国宣布与英国开战,各州立银行给财政提供贷款。结果造成货币滥发,引起金融秩序的大混乱。总结经验教训,1816年国会批准建立第二联邦银行(Second Bank of The United States)。第二联邦银行的资本金为3500万美元,联邦政府拥有20%,其他内容与第一联邦银行基本相同。结果也因同样原因遭到反对,而未能在1836年以后继续存在。

此后至1863年,美国进入自由银行时代,货币流通和信用秩序更加混乱。1863年,美国国会通过《全国货币法》。主要内容是:第一,建立国民银行制度,国民银行在联邦政府注册。第二,设立专门监督国民银行活动的"货币监理官"。第三,建立货币发行准备制度,由财政部印制统一的银行券,国民银行每发行90美元银行券需要在货币监理官处存入100美元公债。若发生银行倒闭,货币监理官将债券出售偿还银行券持有人。这种货币发行制度虽然抑制了货币滥发造成的混乱,但是却不能适应经济发展对货币的需要。1873年至1907年,美国几乎每隔数年就要发生一次金融危机。

1908年5月,国会建立国家货币委员会,调查研究各国银行制度。1912年,决定建立兼顾各州利益、又能满足银行业集中管理需要的联邦储备体系。1913年12月23日,国会通过《联邦储备条例》。这是银行制度史上划时代的创举,为中央管理和地方管理、自愿参加和强迫参加、政府所有和私人所有、政府管理和私人管理的相互平衡和折中提供了成功的范例。

作为中央银行的一种形式,美国联邦储备体系的建立在发达资本主义

---

① 由州政府批准设立的银行。并不是由州政府出资设立的银行。

国家中是比较晚的。美国联邦储备体系的建立标志着中央银行制度在世界范围的基本确立。从1656年瑞典银行建立到美国联邦储备体系的创建,经历了近260年的岁月。在这期间约有29个国家建立了中央银行,其中欧洲19家、美洲5家、亚洲4家和非洲一家。

3. 其他主要国家中央银行制度的初步形成

(1) 日本银行。1877年日本发生西南战争,日本政府为了筹集军费,大量发行货币,造成货币贬值、物价飞涨、贵金属外流和利率居高不下。通货膨胀不仅使财政进一步恶化,也严重阻碍了经济的发展。为了制止急剧恶化的通货膨胀,日本政府认识到必须整顿货币发行秩序和建立中央银行,统一货币发行。1882年3月通过《建立日本银行的奏议》,6月通过了《日本银行条例》,同年10月模仿英格兰银行,建立了日本银行。资本金为1 000万日元,分为5万股,每股200日元,政府持有2.5万股,其余为民间股东所有。民间股东共有580名,其中三井、安田等财阀约占17.9%。目前,日本银行的资本金为1亿日元,其中5 500万元为日本政府持有。

(2) 德意志联邦银行(Deutsche Bandesbank)。德意志联邦银行的前身帝国银行(Reichsbank)作为德国的中央银行诞生于1876年1月1日。在这之前德国的每个州都有中央银行,各自进行货币发行,其中普鲁士银行最为重要。1871年,德国中央集权思想占上风,实现了统一,发行银行推举普鲁士银行作为中央银行,担负运用利率政策、稳定全国信用的职责。虽然以后普鲁士银行改名帝国银行成为中央银行,但各发行银行仍然在一定限额之下保持货币发行权限。1900年前,有20家发行银行将发行权转让给中央银行。至1906年,发行银行仅存4家,除帝国银行以外,其他银行发行货币的数额也非常有限,可以说帝国银行已基本垄断货币发行权。

第二节 中央银行制度的发展

一、中央银行制度的推广

第一次世界大战不仅是对各国战争能力的考验,也是对货币制度的考验。战前大多采用金本位制,战时都停止兑换黄金并禁止黄金出口。同时,为了适应战时财政需要,中央银行大肆发行货币,向财政提供大量借贷,引起通货膨胀。

战后,深受通货膨胀之苦的各国都深感稳定币值的必要性,于是1920

年在比利时的首都布鲁塞尔举行了历史上第一次国际金融会议。会议强调,通货膨胀的根源是财政赤字,稳定币值的关键是财政平衡,货币发行银行要摆脱各国政府政治上的控制。因为要完全恢复金本位制比较困难,银行券已经代替贵金属成为流通货币。因此,会议建议各国应建立中央银行。由中央银行集中货币发行,有利于控制货币发行和稳定币值。

1922年,在瑞士日内瓦召开国际经济会议。又重申和强调了布鲁塞尔会议的决议,建议尚未建立中央银行的国家尽快建立中央银行,共同维持国际货币体系和经济的稳定。因此,第一次世界大战结束与第二次世界大战发生之间成为中央银行制度推广的时期。

在中央银行制度推广时期,对中央银行制度建设最重要的贡献是进一步统一了货币发行。第一次世界大战之前,货币发行已经开始向中央银行集中,但仍有商业银行参与货币发行。战时,为了筹措军费,一些国家的财政部也发行货币。战后,各国建立或改组中央银行以后,基本上规定财政部和商业银行不再发行货币。同时,试图恢复虚金本位制,很多国家建立了比例准备金制度,即规定货币发行的准备由现金准备(金、银、外汇)和保证准备(政府债券和贴现票据)两部分组成。

从1921年至1942年,新成立的中央银行有43家,欧洲16家,美洲15家,亚洲8家,非洲两家,大洋洲两家。世界上主要国家差不多都在这一时期建立了中央银行。在此阶段,中央银行制度的推广具有以下三个特点:

第一,大部分的中央银行都不是由商业银行自然演进而成,而是出于通货膨胀的压力,依靠政府的力量创建的。

第二,大部分中央银行在短暂的金本位制以后,大多对货币发行制度进行了改革,恢复虚金本位制,建立了比例准备金制度和垄断货币发行权,停止对政府财政直接提供贷款。稳定币值成为中央银行的首要任务。

第三,由于该阶段又发生了20世纪30年代大危机,大量金融机构的倒闭给社会经济造成巨大震荡和破坏,使人们认识到金融机构和金融体系保持稳定的必要性,进一步严格和增强了存款准备金制度,使之成为中央银行管理金融的重要手段。

二、中央银行制度的发展

第二次世界大战结束以后,参战各国都面临重建经济的任务。同时在凯恩斯宏观经济理论的指导下,中央银行制度获得进一步完善和发展。中央银行成为国家干预和调节经济、稳定金融市场的必不可少的工具。

1. 各国政府加强对中央银行控制的原因

（1）金本位制已经完成历史使命，虚金本位制也难以恢复，为信用货币政策成为政府干预和调节经济的手段提供了重要条件。首先，在信用货币制度下，中央银行成为唯一的基础货币发行者，虽然其他金融机构也参与信用供应。但是，信用供应量的大小最终取决于基础货币的多寡。其次，中央银行发行货币的数量不再像金本位制那样依赖于持有的黄金数量，可以根据货币政策的需要灵活决定。

（2）宏观经济调节理论为国家干预经济提供了依据。宏观经济调节理论认为，资本主义经济始终存在非充分就业，即存在非自愿失业，可以通过宏观经济调节减少非自愿失业。

（3）20世纪30年代大危机时代，罗斯福新政为政府通过中央银行干预经济提供了依据。各国中央银行都不同程度地加强了作为金融政策制定和执行机构的作用，普遍设立货币政策委员会之类的机构。

（4）金本位制的消亡和国际贸易的不平衡发展带来的贸易战、汇兑战和关税战此起彼伏，需要各国政府和金融当局的合作协调。战后建立的国际货币基金组织、世界银行和国际金融公司等一系列国际金融组织成为各国政府进行政策协调配合的舞台，各国中央银行代表政府参加这些组织。除了上述国际金融组织之外，各种区域性的经济组织、政府间的对话机制相继建立，如ASEAN、G8等，中央银行成为这些对话机制的重要成员。

2. 中央银行制度变化的特点

在此背景下，国家加强了对中央银行的控制，中央银行的发展出现了制度规范化和经济目标统一化的特点。

（1）中央银行国有化。首先是法兰西银行在1945年12月2日被国有化，原股东的股票按照1944年9月1日至1945年8月31日的价格计算，换取3%利率的政府债券。

其次是1946年英国政府将英格兰银行收归国有，股东用股票换取面值4倍的政府债券。在国有化以后，英格兰银行获得了要求其他银行提出报告的权利；向它们发出建议劝告和指令的权限；规定银行必须持有一定比例的流动性资产和交纳存款准备金；有权规定再贴现率和对银行的利率提出建议。

原联邦德国于1957年7月26日公布《德意志联邦银行法》，将10个州的中央银行和柏林中央银行合并为德意志联邦银行,行使中央银行职能。而在这之前,1948年在盟军的指示下,模仿美国的联邦储备体系,建立了州和联邦两级的中央银行制度。虽然州中央银行仍然保留中央银行的名称,实际上是德意志联邦银行的分支机构。德意志联邦银行的资本金2.9亿马克全部由联邦政府出资,盈利全部上缴联邦政府。联邦银行有义务支持联邦政府总的经济政策,同时吸取历史上两次恶性通货膨胀的教训,又规定联邦政府不得影响联邦银行的独立性。

中央银行国有化的原因有以下三点:第一,中央银行作为金融管理当局需要采取中性立场,以社会利益为目标;第二,中央银行不应以营利为目标;第三,信用货币发行产生的巨额利益应归于国家。

(2)中央银行成为国家干预和调节宏观经济的重要工具。由于中央银行垄断了货币发行权,中央银行的最后贷款人职能不仅在商业银行发生危机时行使,更成为日常经济运行中频频向商业银行和其他金融机构提供金融支持以及调节货币供应量的手段。例如,日本银行贷款成为日本经济高速增长时期的重要资金来源,公开市场政策是美国联邦储备银行调节货币供应量的最主要手段。

中央银行在组织结构上也为调节经济进行了改革。例如美国的联邦储备体系,在独立性和中央集权方面进行了改革。1935年,通过《银行法》将储备局改为联邦储备理事会(Board of Governors of The Federal Reserve System,FRB),理事会的成员中不再包括财政部长和货币监理官,而是由总统在征得国会同意后任命,任期14年,每两年更换一人。1951年,美联储又与财政部签订协议,美联储不再承担支持政府发行债券的义务,独立行使货币政策。为加强纽约金融市场的地位,纽约联邦储备银行行长成为联邦公开市场委员会(Federal Open Market Committee,FOMC)的当然委员。公开市场操作和再贴现率、联邦基金利率等均由公开市场委员会决定。虽然地区联邦储备银行还保持决定短期贴现率的权限,但需要经过联邦储备体系理事会的批准,地区联邦储备银行基本上失去货币金融决策权。

1942年,日本通过了《日本银行法》。规定建立日本银行的目的是"为了保证国家经济力量的发挥,按照国家政策,调节货币和金融、维持信用制度的稳定"。很明显,中央银行不仅要维护货币价值和信用制度的稳定,还要服从国家宏观经济政策,帮助经济发展。1949年新设立了货币委员会,作为最高决策机构。

(3) 中央银行调节经济手段的进一步成熟。首先,中央银行放弃商业银行业务,专门行使中央银行职能。

其次,美联储在20世纪30年代偶然参与债券市场的买卖,发现公开市场的债券买卖比再贴现政策对货币供应量的影响更大,对信用量的调节更有效果。受此启发,各国中央银行纷纷仿效美联储,以普通买卖者的身份积极参与公开市场交易。

再次,存款准备金制度的功能由防止流动性危机转变为货币政策工具。存款准备金制度的初衷是集中清算和通过强制集中商业银行的存款准备,增强商业银行以及银行体系抵御流动性危机的能力。但是,1933年美国建立了联邦存款保险机构(Federal Deposit Insurance Corporation,FDIC)和其他存款保险机构以后,商业银行以及其他存款货币银行发生流动性危机的可能性大大降低,存款准备金制度作为增强银行体系防止流动性危机的功能转变为中央银行调节货币供应量的政策工具。

(4) 中央银行成为各国政府进行政策协调窗口的作用越来越大。战后,在布雷顿森林体系框架下,成立了以国际货币基金组织和世界银行等为代表的一系列国际金融组织,负责协调各国货币政策。以后,由于世界经济形势的变化,虽然布雷顿森林体系不再存在,但是上述国际金融组织不仅没有消亡,其作用更加加强了。而且,随经济和金融的国际化,还不断产生新的和区域性的金融组织。各国利用各种形式的政策协调更加频繁,并对经济产生的影响越来越大。中央银行作为一国的货币当局参加政策协调,也更加必要。

第三节　中国中央银行制度的建立和发展

一、中央银行的萌芽

1904年,清政府户部上奏清政府成立户部银行,资本金400万两白银,户部认购一半,其余由国内各界认股,于1905年8月在北京开业。1908年户部改为度支部,户部银行改为大清银行,经理国库、发行货币。同时,又因邮传部指责户部银行管不好外汇,要求成立交通银行。1908年3月4日,交通银行开业,发行货币,经办铁路、轮船、电报、邮政等部门的一切收支,并与户部银行共同分担部分中央银行职能。清政府垮台以后,大清银行改为中国银行。中国银行和交通银行均由北洋政府控制。由于交通银行的总办

(行长)是袁世凯的秘书长,交通银行的中央银行职能有所加强。不仅交通银行的纸币成为法偿货币,而且还代理国库。

二、国民政府时期的中央银行

1924年,孙中山在广州成立国民政府,设立中央银行。1926年攻陷武汉后,又在武汉设立中央银行。但事实上都没有真正行使中央银行职能。

1927年国民政府公布《中央银行条例》,1928年10月公布《中央银行章程》,11月1日中央银行开业。总行设在上海,资本金2 000万元,全部由政府拨款。业务是经理国库、发行货币,行使中央银行职能。国民政府指定中国银行为"国际汇兑银行",交通银行为"发展全国实业的银行",1935年将"豫鄂皖赣四省农民银行"改为"中国农民银行"。

1935年5月23日正式颁布《中央银行法》,进一步明确中央银行是国家银行,隶属于总统府,总行由上海迁移至南京,资本金增加至1亿元。同年11月4日进行币制改革,放弃银本位制。规定中央银行、中国银行和交通银行发行的货币为法币,农民银行发行的货币虽然不是法币,但被准许与法币同时流通。1937年7月,在上海成立"四行联合办事总处"对四行业务进行监督。1939年,又将其作为四行之间联系机构的地位提升为中国金融的最高决策机构。抗战爆发后,中央银行临时迁移上海后,再迁移至重庆。与中国银行、交通银行和农民银行在四川成立联合办事处,处理战时金融事务。1939年颁布《国库法》,1942年7月1日公布《钞票统一发行办法》,完成将货币发行权统一到中央银行的改革。1945年3月,财政部授权中央银行检查监督全国金融机构。抗战胜利后,中央银行迁回上海。

三、苏维埃政府时期的中央银行

与此同时,中国共产党领导的根据地政府也于1932年在江西瑞金成立"中华苏维埃共和国国家银行"。除经营一般业务外,还具有发行货币的特权和代理国库等中央银行的职能。1935年红军长征到达陕北后,中华苏维埃国家银行与陕甘宁苏维埃银行合并,改称国家银行西北分行。1937年陕甘宁边区政府成立以后,又改称陕甘宁边区银行。

四、新中国时期的中央银行

全中国解放前夕,1948年12月1日合并解放区的各家银行在石家庄成立了中国人民银行。1949年2月,北平解放,中国人民银行迁入北平(后改名为"北京"),并按行政区划建立分支行,形成改革开放以前的中央银行体系。

中国人民银行依据其特点及在经济中的作用,大致可以分成三个时期:1948年至1953年,整顿经济时期;1953年至1983年,计划经济时期;1983年以后,改革开放时期。

1. 1948年至1953年整顿经济时期

首先,中国人民银行通过接管官僚资本银行,取缔外国银行在华的一切特权,改造私营企业,建立以中国人民银行为主体,管理公私合营银行,扶助农村集体信用合作组织,监督和利用私营银行的社会主义金融体系。按照行政体系,在全国建立了中国人民银行的分支机构体系。

其次,中国人民银行一方面通过迅速建立自己的分支机构,扩大业务,为恢复经济服务,作为商业银行发挥作用;另一方面,又通过制定和执行统一的金融政策,执行管理金融的职能。

最后,该时期货币政策目标是稳定物价,通过开发储蓄品种、减少游资对市场的冲击和将资金优先贷给国营贸易企业,帮助吞吐物资,平抑物价。

2. 1953年至1983年计划经济时期

首先,配合高度集中的计划经济体制,中国人民银行也形成了"大一统"的集商业银行和中央银行于一身,并排除其他金融形式的金融体制。虽然名义上存在中国银行、中国农业银行和中国人民保险公司等金融机构,但是实际上仅仅是中国人民银行的一个部门,不仅业务上,而且在资金的来源和人事管理上全部隶属于中国人民银行。

其次,中国人民银行通过编制全国综合信贷计划,建立高度集中统一的信贷计划管理体制。即一切存款上缴中国人民银行总行,一切贷款由总行根据国家的计划指标进行分配。

最后,中国人民银行作为中央银行虽然保留垄断货币发行权的职能。但是,货币发行量的控制权并不属于中国人民银行。在计划经济体制下,计划以产品为中心,资金成为配套资金,中国人民银行只能被动地适应产品的生产和流通的需要,配合计划进行发行。货币政策的唯一使命就是如何配合完成计划,而为实现货币政策目标使用的手段也基本上是行政手段。代理国库也仅仅是象征意义上的资金出纳,因为财政资金的收入和支出都必须服从计划,是跟着计划走的。因此,中国人民银行已经失去通常意义上的中央银行职能,成为计划经济体制中的一个政府部门。

3. 1983年以后改革开放时期

配合1978年开始的经济体制改革,中国的金融体制也发生了巨大的变化。

首先是将中国银行、中国农业银行和中国人民保险公司从中国人民银行分离,使之成为独立的金融机构开展经营活动。同时,还建立了中国国际信托投资公司等一批非银行金融机构,增加金融体制的活力。

其次,改革高度集中的信贷体制,提高货币信用调节资源配置的功能。

最后,1983年成立中国工商银行承担中国人民银行的商业银行业务,1984年,中国人民银行专门从事中央银行职能。

重 要 概 念

中央银行 商业银行 皮尔条例 银行券 货币发行纪律

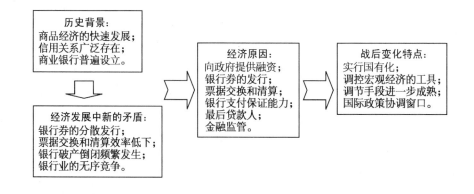

练 习 题

一、填充题

1. 一般认为,最早具有中央银行一般特征的是(　　)银行。
2. 分散发行的银行券流通范围不同,与货币作为(　　)的根本属性相矛盾,给社会生产和流通带来困难。
3. 随政府经济职能的增强,(　　)成为建立中央银行的重要原因。
4. 中央银行的产生有两条途径:(　　)和(　　)。
5. 商业银行为了满足客户借款和自身营利目的的需要,尽量减少(　　),造成(　　)和兑现困难,需要一家权威金融机构集中一部分(　　),并承担(　　)的职能。
6. 产生中央银行的客观经济原因是(　　)、(　　)、(　　)、(　　)和(　　)。
7. 第二次世界大战以后,中央银行制度变化的主要特点是(　　)、(　　)、(　　)和(　　)。
8. 英格兰银行成立于(　　)、美国联邦储备银行体系成立于(　　)、中国人民银行成立于(　　)。

二、简答题

1. 中央银行制度产生的社会经济背景。
2. 货币信用关系的广泛存在和商业银行的普遍建立在促进商品经济发展的同时,也带来了哪些新的矛盾?
3. 战后一些国家中央银行国有化的基本原因。
4. 《皮尔条例》的主要内容及其对货币发行的影响。
5. 银行券分散发行将产生哪些问题?

参 考 答 案

一、填充题

1. 英格兰。
2. 一般等价物。

3. 向政府提供融资。

4. 从商业银行演变；通过立法直接建立中央银行。

5. 支付准备金；资金周转；准备金；最后贷款人。

6. 向政府提供融资；银行券的发行；票据交换和清算问题；银行的支付保证能力和最后贷款人问题；对金融业的监督管理。

7. 实行国有化；成为国家干预和调节宏观经济的重要工具；调节经济的手段进一步成熟；作为国际政策协调窗口的作用越来越大。

8. 1694 年；1913 年；1948 年。

二、简答题

1.（1）商品经济的快速发展。

（2）信用关系广泛存在。

（3）商业银行的普遍设立。

（4）经济发展中新的矛盾显现。

2.（1）银行券的分散发行使得被社会接受的程度差异很大。

（2）票据交换和清算业务的迅速增长使交换和清算的速度减缓。

（3）银行的破产倒闭使信用体系和经济运行不断受到冲击。

（4）缺少统一规则的竞争使金融秩序经常出现混乱。

3.（1）中央银行作为金融管理当局需要采取中性立场，以社会利益为目标。

（2）中央银行不应以营利为目标。

（3）信用货币发行产生的巨额利益应归于国家。

4.（1）将英格兰银行分为发行部和银行部。

（2）将货币的发行权逐渐集中到英格兰银行。

（3）规定货币可以自由兑换贵金属。

（4）进一步确认英格兰银行券的法偿货币地位。

（5）为以后中央银行垄断货币发行提供了范本。

5.（1）银行券的流通范围有限，影响商品经济的发展。

（2）不同的银行券流通的范围不同，与货币作为"一般等价物"的根本属性相矛盾，给社会生产和流通带来困难。

（3）银行券的兑换必须分别在原发行银行进行也给使用者带来不便。

（4）有些银行券不能兑换金属货币给社会经济秩序带来混乱。

（5）银行券的发行超过客观需要，给经济造成混乱。

第二章　中央银行的性质与职能

本章提要

中央银行在其发展演变过程中,形成了有别于一般商业银行的性质。本章从中央银行在信用体系中的地位、与政府的关系和在经济中的作用,讨论了中央银行的性质。

中央银行的性质也决定了中央银行不同于商业银行的特点,这些特点是:成为金融体系的核心,不以营利为目的,以政府和金融机构为业务对象,对金融机构的存款不支付利息,受政府制约但又独立于政府,资产具有最大的清偿性。

中央银行的特点又决定了中央银行的业务活动范围是:发行货币,管理货币流通,金融监管,管理和经营黄金外汇储备,代理国库,对金融业进行审计、统计和调查。

开展业务活动时,应该遵循的基本原则:服从履行职责的需要,目的的非营利性,资产的流动性和业务的主动性。

由中央银行的性质和特点共同决定的中央银行职能,可以概括为发行的银行、银行的银行和政府的银行。

本章最后分析了我国中央银行性质的特点和职能。

第一节 中央银行的性质

一、中央银行是一国信用制度的枢纽

（1）银行信用构成一国信用制度的基础，在整个社会信用中居于主导地位。银行既是信用活动的参与者，也是信用活动的调节者。而中央银行又处于银行体系的核心，维护支付清算系统的正常运行，并根据经济发展的客观需要，运用货币政策工具影响商业银行的信用行为，达到控制社会信用规模、调节信用结构的目的。

（2）中央银行垄断货币发行，是整个社会信用工具的总供给者。通过改变货币发行量，实现对信用规模和结构的调整。中央银行虽不直接向社会公众提供贷款，但由于中央银行垄断货币发行，是商业银行的唯一货币供应者和作为社会信用活动的最后贷款人。因此，中央银行决定社会信用的规模。中央银行还可以通过对不同类型贷款规模的调整、管理货币流通，实行在信用规模不变情况下信用结构的调整。

（3）中央银行既是金融市场的参与者，又是引导者，在金融市场上处于支配地位。通过公开市场操作，中央银行直接参与金融市场的活动，调节社会的货币供应量，影响社会信用规模；通过调整再贴现率和存款准备金比率等政策工具，引导信用活动按中央银行的政策意向进行。

二、中央银行与政府存在特殊关系

（1）中央银行代表国家制定和执行各种金融法规。通过立法，将金融机构及其行为纳入法制轨道是维持和管理金融秩序的最基本方法。中央银行代表国家直接制定或者参与制定金融法规，保障金融稳健运行。不仅如此，不少国家的中央银行还代表国家监督金融法规的执行状况，对金融业执行监督和管理的职能。

（2）中央银行配合政府的宏观经济目标，制定和执行货币政策。中央银行改变货币供应量可以影响金融机构和其他社会公众的行为，具有调控宏观经济的效果。因此，中央银行可以根据国家的宏观经济目标和经济的运行状况，制定合适的货币政策予以配合和调控。

（3）第二次世界大战结束以后，不少国家通过对中央银行实现产权国有化和将中央银行作为隶属政府的行政部门，确保政府对中央银行的控制

权。中央银行与国家的关系更加密切了。

（4）中央银行代表国家管理金融市场。在不少国家,中央银行还是金融市场的组织者和管理者,为金融市场的运作制定规则,对进入金融市场的金融机构和其他交易者进行筛选。即使不作为组织者和管理者,也通过货币政策工具和中央银行的地位对金融市场发挥调节作用,以维持金融市场的秩序。

（5）中央银行代表国家管理国库和向政府提供融资。绝大部分国家都将财政资金的收入和支付委托中央银行进行,当政府的财政资金在收入和支付时间上发生不一致时,中央银行有责任向政府提供融资,以利政府职能的正常进行。

（6）中央银行代表国家参与国际金融活动和管理国家黄金外汇储备。例如,中央银行代表国家参加国际金融组织,参与国际重大金融贸易的谈判和决策,代表国家干预国际金融市场以及代表国家向外举债或提供融资等。

三、中央银行在经济运行和发展中发挥特殊作用

如上所述,由于中央银行垄断货币的发行权,成为全社会货币供应的总闸门,也就拥有了调节经济的手段,发挥着特殊作用。

第一,中央银行的作用体现在稳定货币和稳定经济方面。稳定货币就是要对货币的供应量进行控制,使之符合客观经济的需要。稳定经济就是要对金融机构的经营状况进行监督,避免金融机构的经营不稳影响经济的稳定运行。

第二,中央银行的作用体现在调节信用和调节经济方面。由于中央银行掌握了货币政策的制定权和执行权,可以运用扩张性或紧缩性的货币政策对信用和经济进行调节。

第三,由于金融机构都在中央银行开设账户,形成了以中央银行为中心的资金清算体系。因此中央银行可向金融机构提供集中清算服务,加速资金周转。

第四,中央银行利用其信用制度的枢纽地位和货币发行者的特殊身份,不仅在国内成为政府的银行,还代表国家开展国际金融交流和合作。

因此,随国家宏观经济管理职能的加强和金融在经济活动中的地位提高,中央银行已经逐步摆脱一般银行的性质,成为向社会提供必要的信用规模和政府调节经济的工具。

第二节 中央银行的特点及其业务活动的范围和基本原则

一、中央银行的特点

1. 是一国金融体系的核心

因为金融机构是经营货币及其衍生品的企业,中央银行垄断货币发行,货币发行的多寡直接关系金融机构的经营。其他金融机构都需要利用中央银行的清算体系进行相互之间债务债权关系的清算。货币数量的多寡以及中央银行清算体系的效率决定金融体系的正常运转。

2. 不以营利为目的

与金融机构的经营目的是赚取利润不同,中央银行不以营利为目的,因为营利目的与中央银行作为金融市场的管理者和调节者以及承担的其他职能冲突。如果将营利作为目标,中央银行就可以利用垄断货币发行权的优势滥发货币,轻而易举地实现盈利目标,其他金融机构根本无法与中央银行竞争,很可能形成中央银行独霸金融市场的局面。所谓对市场的调节,是指根据经济发展的需要调节金融市场的资金宽紧程度,当市场上资金过于宽裕、出现通货膨胀征兆时,应该减少货币的供应。但这将减少中央银行的盈利,可能会拖延实施紧缩政策,甚至错失政策实施的良机。因此,金融体系是否稳健和货币政策是否得当是中央银行的目标,也是考核中央银行的指标。

3. 以政府和金融机构为业务对象

由于中央银行不以营利为目的,如果也将一般工商企业和个人列为业务对象的话,就可能降低资金的使用效率和发生与民间金融机构争夺客户的现象。同时,还会降低货币的流通速度,不利货币政策的执行。以政府为业务对象,主要表现在为政府代理国库、充当政府经济金融顾问等。以金融机构为业务对象,表现为接受金融机构存款、向金融机构提供贷款和资金清算服务等。

4. 对存款不支付利息

因为中央银行不以一般工商企业和个人为业务对象,吸收的金融机构准备金存款属于保管和清算资金的性质而非营利性质。如果支付利息,中央银行很可能通过提高向金融机构的贷款利率,转移这部分成本,结果对市场实际利率、中央银行和金融机构的实际成本构成并没有影响。当然,中央银行不支付准备金存款的利息,从而间接降低实际贷款利率也会产生利用中央银行贷款越多,越占便宜的问题。但是,因为向中央银行借款将引起中央银行的关注,对金融机构来说并不是可喜的事。因此,事实上在市场机制健全、金融机构的法人治理结构完善的条件下,这种情况几乎不会发生。财政存款虽然不是保管,但中央银行以提供无息短期贷款、无偿代理发行债券和代理国库服务作为补偿。

5. 受政府制约但又独立于政府

因为第一,中央银行的很多职能是政府授权获得的,在有些国家中央银行是政府的一个部门或是由政府出资建立的,理所当然要受到政府的制约。第二,政府的宏观政策需要货币政策配合,如果货币政策不进行配合,就可能产生南辕北辙的局面,政府的宏观政策目标就无法实现。第三,币值稳定是信用体系正常运行的关键,币值稳定与否与货币的发行量有密切关系。因此,货币发行的权限应该掌握在中央银行手中,由中央银行独立自主地决定货币政策,不应因为受政府制约而成为政府财政赤字的推行者。所以,中央银行又必须独立于政府。

6. 中央银行的资产具有最大的清偿性

无论中央银行采取哪种货币政策手段,最终必然是通过中央银行的资产变动引起全社会货币流通量的变化,实现政策目标的。因此,要求中央银行的资产具有完全的变现和清偿能力。否则,资产的变动不能适应操作要求,就不能使政策工具及时、顺利发挥作用,达不到预期政策目的。例如,中央银行实行紧缩性的货币政策,需要在公开市场出售证券回笼货币。但是,因为该证券的流动性较差,不能立刻售出,那么就不能顺利回笼货币,紧缩货币政策当然也就无法实施。因此,很多国家在中央银行的法律中都规定了中央银行持有资产的范围,限制持有流动性差的资产。

二、中央银行业务活动的范围

根据中央银行的特点和主要职责,其业务活动范围可以包括的内容如下:

(1) 发行货币。

(2) 集中和保管存款准备金,在公开市场从事有价证券的买卖,为在中央银行开设账户的金融机构办理再贴现和贷款业务,管理货币流通。

(3) 对金融机构进行监管,发布行政命令和规章制度。

(4) 持有、管理和经营国家的黄金外汇储备。

(5) 代理国库,代理政府向金融机构发行、兑付国债和其他政府债券。

(6) 对金融业的活动进行稽核、检查、审计、统计和调查。

(7) 法律允许的其他业务。

三、中央银行业务活动的基本原则

1. 服从履行职责的需要

中央银行业务活动是为其履行职责服务的,是履行职责的手段。因此,业务活动必须围绕法定职责展开,以有利于履行职责为原则。

2. 目的的非营利性

中央银行的职责是稳定货币、稳定金融、调控宏观经济与为政府和金融机构服务,是宏观金融管理机构,不能以营利为目的。只要是宏观金融管理所需要,即使是不营利,甚至是亏损的业务也必须去做。

3. 资产的流动性

既然中央银行是宏观金融管理机构,在进行货币操作和调控时,必须拥有相当数量的流动手段,才能及时满足调节货币供求、稳定币值和汇率、调节经济运行的需要。因此,要求中央银行的资产具有最大的清偿性。无论中央银行采取哪种货币政策手段,最终必然是通过中央银行的资产变动引起全社会货币流通量的变化,达到政策目的的。因此,要求中央银行的资产具有完全的变现和清偿能力。否则,资产变动不能适应操作要求,就不能使政策工具及时、顺利发挥作用,达不到预期政策目的。所以,中央银行必须使自己的资产保持最大的流动性。

4. 业务的主动性

因为中央银行的主要职责是向社会提供可靠的、良好的信用流通工具,为广大社会公众创造灵活、方便的支付手段,满足生产和流通的需要。同时,通过货币政策,使社会总需求与总供给保持大体均衡,促进经济稳定发展。所以,中央银行的业务必须根据生产和流通的需要以及社会总需求和总供给的变化,主动进行。例如当经济处于高涨时期,总需求与总供给又大致平衡,中央银行就应该主动扩大负债和资产业务向社会提供流通工具和支付手段,支持随经济的高涨,继续维持总需求和总供给的平衡。否则,随经济的高涨,总需求就会因为流通工具和支付手段的缺乏而受到抑制,阻碍生产和流通的顺利进行,丧失经济高涨的局面。反之,如果经济过热,则应该主动收缩业务,减少货币的供应,抑制总需求使之与总供给保持大体平衡。

第三节 中央银行的职能

通过以上关于中央银行的性质和特点的分析,已经初步了解了中央银行的职能,本节对此进行整理和归纳。一般来说,中央银行的职能可以归纳为三个方面。

一、发行的银行

1. 中央银行集中与垄断货币发行权的意义

(1) 垄断货币发行权已经成为中央银行最基本、最重要的标志。第一章指出,英格兰银行作为中央银行的典范,其从商业银行向中央银行演变的历史就是货币发行权的集中和垄断的历史,只有当货币发行权集中到一家银行手中才标志中央银行制度的最终确立。

(2) 垄断货币发行权是统一货币发行与流通的基本保证。分散发行货币必然造成货币种类过多、劣币和良币混杂,以及货币的流通范围受到限制的缺点。要克服这一缺点,必须统一货币发行,并赋予货币强制流通的权威。由信誉卓著、地位特殊又有权威的中央银行垄断货币发行权,不仅在金本位制下,由于货币发行主体单一,大大扩大了货币流通的范围;即使在信用货币制下,由于中央银行的权威和信誉以及货币的法偿地位,货币的流通也可以得到保证。

(3) 垄断货币发行权是稳定货币币值的基本条件。在金本位制下,中央银行垄断货币发行权,可以防止货币分散发行时可能出现的不与黄金数量保持一定比例的超量发行,使货币数量与黄金数量保持一定比例,稳定货币币值。在信用货币制下,中央银行垄断货币发行权,可以通过使用货币政策工具,调节货币数量使之符合经济发展的客观需要,从而保证货币币值稳定。

(4) 垄断货币发行权也是中央银行发挥其全部职能的基础。因为,建立中央银行制度的必要性,体现在中央银行向金融机构提供集中服务和管理、代表政府管理金融市场和调节社会信用量,而这些都是以垄断货币发行权为前提的。如果有一部分金融机构仍然持有货币发行权,那么,这些金融机构就不一定需要中央银行的集中服务,也可能不一定服从中央银行的管理,中央银行调节社会信用量的职能也就无从谈起。

2. 中央银行垄断货币发行权的必要性

(1) 统一国内货币形式,避免货币流通混乱。因为单个货币发行主体很难统观全社会的货币需求,容易造成发行失控;发行主体过多,容易造成币种过多、鱼龙混杂和混乱;货币发行银行也可能为谋求发行利益竞相发行,造成货币发行过多,币值不稳。

(2) 保证全国货币市场的统一。如果发行主体过多,必然形成依据于货币种类、信誉和币值的分散的货币市场,限制货币流通的范围,阻碍商品的流通。

(3) 保持币值稳定和根据经济形势变化,灵活调节货币流通量。中央银行垄断货币发行权可依据于法律规定的货币发行制度发行货币,保证货币发行纪律。

相反,如果由政府发行货币,可能将货币发行用作弥补赤字的手段;如果由政府和中央银行共同发行,则会引起货币政策和财政政策的摩擦;如果商业银行也可以发行货币,不仅会引起多头发行的弊端,还可能因为考虑与客户关系和自身利益,对中央银行收缩信用的指令采取消极态度。即使商业银行积极配合中央银行的货币政策,随时服从中央银行的指令,也会因为政策传递发生时滞,使流通中货币不能及时增加或减少,延误货币政策发挥作用的时机。

(4) 中央银行垄断货币发行权是中央银行制定和执行货币政策的基础。首先,只有垄断货币发行,中央银行负债中的货币发行才是社会货币供应的总闸门,中央银行负债才能成为支撑流通中各种货币的基础。流通中的货币按其形成过程不同,可以分为发行银行(中央银行)负债和存款货币银行负债。发行银行负债是指发行银行直接向流通投入货币,由于其数量的变化能够引起社会货币供应量的多倍扩张,因此,也称为基础货币或强力货币。而存款货币银行负债是在发行银行负债的基础之上,由存款货币银行体系通过贷款等资产形式创造出来的存款货币。货币银行学指出,货币供应量是由基础货币和货币乘数共同决定的。假定其他因素不变,货币乘数与存款准备金比率呈互为倒数关系,存款准备金比率越高,货币乘数越小;反之,反是。理论上,当存款准备金比率接近于零时,货币乘数趋于无穷大,也就是说,货币的供应可以无限扩张。如果中央银行没有垄断货币发行,货币发行由多个主体共同承担,那么中央银行能够控制的仅仅是自己发行的基础货币;无法控制其他发行银行发行的基础货币。如果还不存在存款准备金制度,那么其他发行银行发行的基础货币的扩张能力在理论上几乎是无限的。中央银行垄断货币发行权,成为唯一发行银行并规定存款准备金比率,就可以使流通中的货币和中央银行的其他负债保持一定比例,通过对法定存款准备金比率的调节,限制存款货币银行的货币创造能力,控制货币供应量。

其次,只有当中央银行垄断货币发行,才能通过改变自身负债影响全社会的货币供应量。因为货币发行是中央银行负债的主要组成部分,货币发行的规模直接决定了向社会投入基础货币的数量,在货币乘数不变的条件下,基础货币数量越多,存款货币银行创造的货币也越多;反之,反是。因此,中央银行可以通过改变自身负债规模达到控制银行信用规模的目的。

最后,只有垄断发行,中央银行货币供应量的变化才能直接带动全社会货币存量的变化,保证社会总供给和总需求的平衡。因为中央银行向社会投入的货币除一部分退出流通,成为潜在的货币以外,绝大部分成为流通中的货币,变为现实的货币购买力,形成社会总需求。因此,中央银行可以通过改变货币供应量,调节货币存量,起到抑制或扩张社会总需求的作用,实现总供给和总需求的大体平衡。否则,因为其他主体发行货币并不受中央银行控制,中央银行货币供应量变化并不一定引起全社会货币存量变化,造成社会总需求和总供给的失控。

3. 中央银行垄断货币发行权的基本职责

(1) 根据经济发展的需要,掌握货币发行,调节货币流通。在信用货币制下,中央银行发行的货币数量要以经济发展的客观要求为依据,货币供应与流通中的货币需求基本保持一致,为经济稳定和持续增长提供适宜的金融环境。

(2) 掌握货币发行准备,控制信用规模,调节货币供应量。所谓货币发行准备,是指在信用货币制下,发行货币时用作保证的资产(详见第五章第一节货币发行业务)。在货币发行制度的发展演变中,货币发行准备的重要性已经下降。但是,中央银行发行货币与某种资产挂钩仍然能够对货币发行发挥制约作用。因此,目前还有不少国家实行货币发行准备制度。例如,美国实行证券准备限额发行制,英国实行贵金属和债券联合准备制度。中央银行根据持有的货币发行准备来发行货币,有利于控制信用规模。

(3) 根据流通的实际需要,印刷、铸造或销毁票币,进行库款调拨,调剂地区间的货币分布和面额比例,满足社会对票币提取和支付的不同要求。

二、银行的银行

中央银行是与商业银行和其他金融机构发生业务往来的机构。与商业银行发生存贷款关系,是全国的票据交换中心;向金融机构提供资金往来和清算服务,是存款准备金的保管者,也是银行的最后贷款人。因此,中央银行也可以称作银行的银行,具体表现如下。

1. 集中存款准备金

中央银行集中存款准备金的目的,首先是保持商业银行的清偿能力。商业银行在经营过程中发现了一条"大数定律",即银行经营达到一定规模,在一定的时间内,既有客户来提取存款,也有客户来存款,用来应付客户提现要求的是所吸收存款的一小部分,其余部分可以用于投资。银行经营规模越大,用以应付客户提现要求的存款准备金在所吸收存款中的比率越低。用于投资占吸收存款的比率,或者说存款准备金比率的高低与银行的营利能力密切相关。因为,吸收存款需要支付利息,持有存款准备金没有收益。于是,银行经营者尽量降低存款准备金比率。但是,这又带来新的问题,准备金比率的高低与银行清偿能力密切相关,比率高,清偿能力强。银行清偿能力强,则克服流动性危机的能力也强;反之,反是。

而且,由于银行与银行之间形成信用的锁链,一家银行倒闭很可能引起连锁反应,造成其他银行的倒闭,甚至导致整个信用体系的瘫痪。因此,在银行业的发展过程中,人们总结出一条经验就是由一家权威机构规定银行的存款准备金的比率并集中保管存款准备金,才能保证商业银行的清偿能力、增强商业银行抵御流动性危机的能力。而且,根据"大数定律",也可以节省存款准备金的数量,提高资金使用效率。

其次,控制商业银行货币创造能力和信用规模。随存款准备金制度的发展,人们发现存款准备金比率的高低不仅与银行的清偿能力有关,而且还与商业银行的存款货币创造能力密切相关。前面已经讲过,货币供应量决定于货币乘数和基础货币的数量。货币乘数是存款准备金比率的倒数,存款准备金比率越低,货币乘数越大,对基础货币的放大作用也越大。因此,中央银行可以通过改变存款准备金比率,控制商业银行的货币创造能力,调节货币供应量。

最后,增强中央银行的资金实力。中央银行在集中保管存款准备金的同时,也拥有了对存款准备金的支配权,增强了中央银行的资金实力。特别是，由于集中存款准备金并不增加中央银行的负债，便有利于中央银行在既定的资金量下调节资金流向。例如，处于经济转轨时期的我国，金融功能正在逐步替代财政功能，通过财政配置的资源越来越少。但是，另一方面，我国幅员辽阔、经济发展不平衡仍需要政府的政策调节，那么通过提高存款准备金比率，集中一部分资金，然后使用政策手段引导这部分资金流向农村和西部等需要政府扶持的地区，也是非常有效的方法。

2. 最后贷款人

中央银行履行最后贷款人职能，通常采用再贴现和抵押贷款两种形式。英格兰银行最早开始再贴现贷款，即商业银行等金融机构将已贴现但未到期的商业票据交给中央银行再贴现，以获得资金融通。最初一般只对商业票据进行再贴现，第一次世界大战以后，政府债务增加，政府发行的票据也成为再贴现对象。以后随政府调节宏观经济职能的加强，中央银行也将再贴现贷款作为调节货币供应量的重要渠道，扩大再贴现对象的范围。随着商业银行资产构成多样化和有价证券市场的发展，商业银行使用高质量的有价证券和票据作为抵押向中央银行申请贷款，也成为中央银行履行最后贷款人职能的重要形式。

中央银行履行最后贷款人职能的主要目的是：首先，当个别金融机构发生资金周转困难时，提供贷款，防止挤兑以及信用危机。由于银行之间形成信用关系的锁链，一家银行发生支付困难，很可能累及其他银行。而且，由于银行经营的对象是货币，是一种价值符号，经营业务形成的负债具有可变性，而资产则具有固定性，由此形成银行经营的特殊性，即使是经营健全良好的银行，也可能由于存款人听信传闻提现而面临倒闭危险。因此，中央银行及时提供贷款可以避免信用危机的发生。

其次，增加金融机构短期头寸的调剂渠道。随金融市场的发展、利率多变和负债业务可变，金融机构经营环境的不确定性增加，虽然同业拆借市场等货币市场发展为商业银行等金融机构调剂短期头寸提供了方便，但并不总是能满足金融机构的需要。例如，中央银行提高存款准备金比率，由于某种原因，商业银行又不能够通过收缩资产提高存款准备金比率，满足法定存款金比率的要求，所以不得不从同业拆借市场拆入资金。但是，因为大部分商业银行都面临同样的问题，造成拆借市场利率飙升。由此可能进一步引起金融市场跌宕起伏，并不利于金融的稳定。因此，有时即使不存在发生金融机构倒闭的危险，中央银行也需要向金融机构提供调剂短期头寸的渠道。

最后,调节银行信用和货币供给。这一目的实际上已经脱离最后贷款人的本意,并没有救助银行的含义,纯粹是为了通过中央银行贷款向社会提供基础货币,再通过商业银行的存款货币创造,调节货币供应。

3. 票据交换和清算

由于商业银行都必须将存款准备金存入中央银行,因此就在中央银行开设账户。其他金融机构并不一定有存款准备金的约束,但是,通过与商业银行建立资金结算关系可以明显提高结算效率。特别是,银行存款资金和非银行金融机构投资资金相互联通的金融创新,进一步促使非银行金融机构也愿意在中央银行开设账户,这些为中央银行负责全国的资金清算带来了极大便利。结果,简化了票据交换和清算,降低了清算费用,加速资金的流通,节约资金的使用。同时,中央银行通过清算系统,及时了解金融机构的经营状况,有利监督和控制金融体系的正常运转。

三、政府的银行

中央银行既是政府管理金融的工具,又为政府提供金融服务。主要表现在以下几方面。

1. 代理国库

包括办理政府预算收入的交纳和划分,办理预算支出的拨付,向政府财政部门报告预算收支的情况和办理有关国库的其他业务。

2. 代理政府债券发行

政府财政经常会发生支出大于收入的赤字,特别是在凯恩斯主义的指导下,政府经常通过发行建设公债,扩大公共支出,刺激经济增长。中央银行利用其掌握的业务手段,代理政府进行债券发行,包括发行规模预测、规定价格幅度、制定竞投标的规则等。

3. 为政府融通资金、提供信贷支持

由于政府财政收入和支出在时间上存在差异,因此中央银行需要向政府提供短期融资。例如,农产品的生产和收购有季节性,收购时节价格可能很低,很多国家为了维持农产品价格的稳定,在收购时节,由中央银行向财政提供贷款帮助收购农产品。也可以通过直接购买政府债券的形式,向政府提供融资。例如,中央银行一般代表国家干预外汇市场,由财政部向中央银行发行短期债券作为干预外汇市场的资金来源。中央银行也可以通过设立财政部的透支账户,向政府提供贷款。这里需要注意的是,中央银行向政府融通资金的原则是不超过一年的短期资金,否则就成为弥补财政赤字的工具。

4. 为国家持有和经营管理国际储备

这有三方面的意义:通过增加或减少储备资产,使货币发行与国际收支相适应,保证国际收支平衡、物价和汇率稳定;管理储备资产的结构达到保值增值的目的;合理运用储备资产,达到内外均衡,如进口商品平抑物价、回笼货币、干预汇市等。

5. 代表国家参加国际金融组织和国际金融活动

随经济一体化和金融国际化,国际性的金融协调越来越重要。中央银行由于其业务性质和专业性,往往经政府授权作为政府代表参加国际金融组织和金融会议,与外国中央银行就金融贸易进行谈判和协调,以及管理政府之间的金融往来和债权债务关系。

6. 制定和实施货币政策

由于中央银行垄断了货币发行和具有"银行的银行"的特殊性质,因此中央银行也就具备了实施货币政策的手段。虽然货币政策具有相对独立性,但是货币政策也需要与政府的总体宏观经济政策相配合。所以,制定和实施货币政策也是中央银行作为"政府的银行"的具体体现。

7. 金融监管[①]

由于存在外部效应、信息不对称,对金融业必须进行监管。而由于对金融业的监管需要高度的技术和操作手段,还要在业务上与银行有密切的联系,以便制定的各项政策和规定能够通过业务活动得到贯彻实施。因此,仍然实行由中央银行承担监管的职能,表现为:制定和执行有关金融的法规和银行业务的基本规则;监督和管理金融机构的业务活动;管理境内金融市场(详见本节"四、中央银行职能的变化"和第十三章"中央银行与金融监管")。

8. 向政府提供信息和决策建议

中央银行在其业务活动的过程中,集聚了大量经济金融信息和资料。不少国家的中央银行还利用其发行货币获得的巨额利润,组织和委托进行各种研究和调查,获得大量分析资料和研究报告。而且,由于中央银行地位的特殊,通过中央银行渠道获得的资料和研究报告真实可靠、具有权威性。因此,政府在进行决策时,中央银行是信息和决策建议的重要来源。同时,

---

① 有的教科书将"6."和"7."两方面称之为"管理金融的银行"的职能。

中央银行还常常担任政府的经济顾问。

四、中央银行职能的变化

1. 中央银行在现代经济中的地位

首先,为经济发展创造货币和信用条件,为经济稳定运行提供保证。中央银行作为唯一的货币供给者,根据客观经济需要向经济体系提供相应的货币;通过垄断货币发行权,保持货币供应的稳定,为经济的稳定提供保障;通过最后贷款人的职能,保证信用和支付体系的顺畅。

其次,在国际经济活动中发挥纽带的作用。在经济一体化的背景下,中央银行作为一国货币的供应者和管理者,以及国际间货币支付体系的参与者和维护者起着十分关键的作用。作为一国金融的管理者代表国家参与国际间金融谈判,推动国际金融合作;参与国际协调、决策和国际宏观管理。

最后,金融成为现代经济的核心,中央银行成为最重要的宏观经济调控机构之一。

2. 中央银行职能的扩展和变化

由于中央银行在经济中的地位越来越重要,其职能也开始发生变化。

(1) 早期的中央银行作为发行的银行,主要职责是保持货币的稳定。而在现代,随着政府增强对经济的调控,中央银行的货币发行职能不仅要维持货币的稳定,还承担促进经济增长和增加就业的职责,保证货币的供应量适应经济发展的需要。金融环境成为决定经济正常运行的重要因素,公布货币供应量各层次的数据已经成为中央银行的义务,并且也同时成为政府和企业经营者作决策时的重要依据。

(2) 存款准备金作为银行支付保证的意义已经淡化,主要作为中央银行调控货币供应量的手段。作为最后手段的中央银行贷款,也已成为中央银行扩大货币供应的手段,并且经常使用。清算体系已经变得极其复杂,成为现代经济体系运转的重要条件。

(3) 随政府经济职能的加强,政府收支在国民经济中的比重上升,中央银行代理国库的业务量大幅增加。不仅在战时,即使在平时,帮助政府筹划资金的融通,代理政府债券发行、直接和间接买卖政府债券也已成为中央银行的经常性业务。尤其是在二级市场上买卖政府债券,成为中央银行调控货币供应量的重要和经常性手段。随金融深化,金融在经济中的地位越来越突出,代表政府对金融机构和金融市场实施监督管理的作用也越来越重要。同时,随经济全球化和金融国际化,产生了各种国际经济组织和各国政府之间的经济协调越来越频繁,中央银行作为政府的代表参加协调的职能也越来越突出。

(4) 中央银行货币政策职能和金融监督职能的分离。

首先,包括货币市场和资本市场的金融市场在金融体系中的重要性增强,直接参与金融市场的交易越来越成为中央银行调节经济的主要方式,使得中央银行作为市场参与者和管理者、以及作为参与者的政策目标和作为管理者的金融监管目标的矛盾增加。例如,在通货膨胀比较严重时期,作为政策目标应该采取紧缩政策;而作为监管目标,又要求维持金融体系的稳定,采取紧缩政策必然造成一部分金融机构经营困难。

其次,货币市场和资本市场在银行等金融机构业务活动中的重要性增加,而这些市场的监管方式与传统的存贷款市场有所不同。例如,传统存贷款市场的主要风险是信用风险,监管的方法比较简单,主要采用资产负债的期限结构方法、各种资产负债的比例方法以及单笔贷款的限额方法等;而货币市场和资本市场不仅存在信用风险,更常见的是价格风险,控制价格风险最有效方法是各种衍生金融工具。由货币市场、资本市场衍生出衍生金融市场,要求监管当局具有更高的专业化手段,而不仅仅是一些规定。

最后,主要市场经济国家的金融体制已经从分业经营转变为混业经营,也需要专门的机构对所有金融机构进行全方位的监管,避免金融盲点的产生。

第四节 我国中央银行的性质和职能

一、我国中央银行的性质

中央银行的性质取决于其在国民经济中的地位。在计划经济时代,中国人民银行是计划经济体制下唯一的银行,职责是为计划经济服务。因此,既具有中央银行的性质,也同时具有商业银行的性质。作为商业银行,不以营利为目的,也不能自主开展业务活动;作为中央银行,没有货币政策目标,也基本不具备货币政策手段。

1983 年 9 月,国务院决定中国人民银行专门行使国家中央银行职能。从 1984 年开始,由新建立的中国工商银行承接中国人民银行的商业银行业务,中国人民银行专门履行中央银行职责。1995 年 3 月 18 日,第八届全国人民代表大会第三次会议通过了《中华人民共和国中国人民银行法》，至此，中国人民银行作为中央银行以法律形式被确定下来。

根据《中华人民共和国中国人民银行法》，中国人民银行是中华人民共和国的中央银行，是在国务院领导下制定和实施货币政策、对金融业实施监督管理的宏观调控部门（详见第十三章）。中国人民银行是我国政府的一个组成部门，从而决定中国人民银行的货币政策必须服从政府的宏观经济政策。这个性质决定了中国人民银行不能像发达市场经济国家那样，过分强调中央银行的独立性。因为我国经济正在从传统的经济体制向社会主义市场经济体制转变，从宏观到微观需要改革的部分很多，而从整个社会的角度对改革进行通盘考虑，作出决策和承担实施责任的是政府，中国人民银行理应配合我国政府完成这个转变。

同时，为了防止中国人民银行成为向财政提供资金的"钱袋"，损坏人民币的信用基础，不利改革的顺利进行。《中华人民共和国中国人民银行法》明确规定，中国人民银行不得对政府财政透支，不得直接认购、包销国债和其他政府债券，不得向地方政府、各级政府部门提供贷款，不得向非银行金融机构以及其他单位和个人提供贷款。从而保证中国人民银行具有相对独立性，既要为改革和政府的宏观政策服务，又要维护币值的稳定。

二、中国人民银行的职能

中国人民银行的主要职能包括：发行的银行、政府的银行和银行的银行。

1. 作为发行的银行

《中华人民共和国中国人民银行法》第一章第四条规定：中国人民银行的职责之一是发行人民币、管理人民币流通、调节货币供应量。但是，在第五条又规定：中国人民银行就年度货币供应量、利率、汇率和国务院规定的其他重要事项作出的决定，报国务院批准后执行。也就是说，调节社会信用量的货币供应量、利率和汇率等政策手段的使用，最终还需要政府的批准。

2. 作为政府的银行

《中华人民共和国中国人民银行法》规定：

（1）依法制定和执行货币政策。

（2）代理国库，代表政府参加国际金融组织。

（3）研究和拟订金融工作的方针、政策、法规、制度和业务规章。

(4) 统一管理存贷款利率和人民币汇价。
(5) 按照规定审批、监督管理金融机构。
(6) 管理境内金融市场等。
(7) 负责金融业的统计、调查、分析和预测。
(8) 国务院规定的其他职责。

3. 作为银行的银行

(1) 集中保管存款准备金、充当商业银行的最后贷款人和全国金融机构的资金清算中心。

(2) 维护支付、清算系统的正常运行。

此外,中国人民银行还受国家委托持有、管理、经营国家外汇储备、黄金储备,根据国务院规定管理国家外汇管理局。

重 要 概 念

发行的银行　银行的银行　政府的银行　最后贷款人

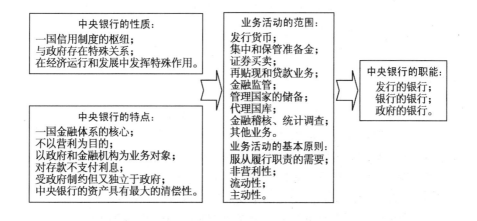

练 习 题

一、填充题

1. 中央银行业务活动的基本原则是（　　）、（　　）、（　　）、（　　）。
2. 中央银行的职能是（　　）、（　　）和（　　）。
3. 中央银行作为银行体系的核心,表现为（　　）的正常运行和根据经济发展的客观需要,运用（　　）影响商业银行的信用行为达到控制（　　）、调节（　　）的目的。
4. 中央银行在金融市场上处于支配地位,表现为通过（　　）,（　　）金融市场的活动,调节社会的（　　）;通过调整（　　）和（　　）等政策工具,引导信用活动按中央银行的政策意向进行。
5. 中央银行不能将营利作为目的,是因为与中央银行作为金融市场的管理者和调节者的职能（　　）。
6. 中央银行垄断货币发行权的必要性表现在（　　）、（　　）、（　　）和（　　）。
7. 中央银行业务活动范围包括以下内容（　　）、（　　）、（　　）、（　　）、（　　）、（　　）和（　　）。

二、简述题

1. 中央银行的特点。
2. 为什么说中央银行是一国信用制度的枢纽。
3. 中央银行业务活动为什么要遵循主动性原则。
4. 中央银行业务活动为什么要遵循流动性原则。
5. 为什么中央银行不能以营利为目的。
6. 简述中央银行职能变化的主要原因和内容。
7. 中央银行货币政策职能和金融监管职能分离的主要原因。
8. 为什么要强调我国中央银行货币政策的相对独立性。

参 考 答 案

一、填充题

1. 服从履行职责的需要；非营利性；流动性；主动性。
2. 发行的银行；政府的银行；银行的银行。
3. 维护支付清算系统；货币政策工具；社会信用规模；信用结构。
4. 公开市场操作；直接参与；货币供应量；贴现率；存款准备金比率。
5. 冲突。
6. 统一国内货币形式，避免货币流通混乱；保证全国货币市场的统一；保持币值稳定和根据经济形势变化，灵活调节货币流通量；是中央银行制定和执行货币政策的基础。
7. 发行货币；通过业务操作，管理货币流通；金融监管；持有、管理和经营黄金外汇储备；代理国库；统计和调查；其他业务。

二、简述题

1. 是一国金融体系的核心；不以营利为目的；以政府和金融机构为业务对象；对存款不支付利息；受政府制约但又独立于政府；中央银行的资产具有最大的清偿性。
2. 在整个社会信用中居于主导地位；在金融市场上处于支配地位；是整个社会信用工具的总供给者。
3. 因为中央银行的主要职责是向社会提供可靠的、良好的信用流通工具；为社会公众创造灵活方便的支付手段，满足生产和流通的需要；保持社会总需求与总供给大体均衡，促进经济稳定发展。所以，中央银行的业务必须根据生产和流通的需要以及社会总需求和总供给的变化，主动进行。
4. 因为中央银行是宏观金融管理机构，其操作手段必须具有完全的流动性，才能及时满足调节货币供求、稳定币值和汇率、调节经济运行的需要。无论中央银行采取哪种货币政策手段，最终必然是通过中央银行的资产变动引起全社会货币流通量的变化，达到政策目的。因此，要求中央银行的资产具有完全的变现和清偿能力。否则，资产变动不能适应操作要求，就不能使政策工具及时顺利发挥作用，达不到预期政策目的。
5. 因为营利目的与作为金融市场的管理者和调节者的职能冲突。如果将营利作为目标,中央银行就可以利用垄断货币发行权的优势滥发货币,轻而易举地实现盈利。

6.（1）中央银行作为发行的银行主要职责由保持货币稳定转向适应经济发展的需要,调节货币供应量。

（2）存款准备金作为银行支付保证的意义淡化,主要作为调控货币供应量的手段。

（3）中央银行最后贷款人的手段经常使用。

（4）帮助政府筹划资金的融通,成为中央银行的经常性业务。

（5）中央银行作为政府的代表参加国际协调的职能越来越突出。

（6）金融市场管理日益复杂,中央银行货币政策职能和金融监督职能的分离。

7.（1）直接参与金融市场的交易越来越成为中央银行调节经济的主要方式,使得中央银行作为市场参与者和管理者的矛盾增加。

（2）货币市场和债券市场监管方式与传统的存贷款市场有所不同。

（3）主要市场经济国家金融体制已经从分业经营转变为混业经营,也需要专门的机构对所有金融机构进行全方位的监管。

8.因为我国经济正在从传统的经济体制向社会主义市场经济体制转变,从宏观到微观需要改革的部分很多,而从整个社会的角度对改革进行通盘考虑,作出决策和承担实施责任的是政府,中国人民银行理应配合我国政府完成这个转变。

附　录

中华人民共和国中国人民银行法（修正）

（1995 年 3 月 18 日第八届全国人民代表大会第三次会议通过，根据 2003 年 12 月 27 日第十届全国人民代表大会常务委员会第六次会议《关于修改〈中华人民共和国中国人民银行法〉的决定》修正）

第一章　总　　则

第一条　为了确立中国人民银行的地位，明确其职责，保证国家货币政策的正确制定和执行，建立和完善中央银行宏观调控体系，维护金融稳定，制定本法。

第二条　中国人民银行是中华人民共和国的中央银行。中国人民银行在国务院领导下，制定和执行货币政策，防范和化解金融风险，维护金融稳定。

第三条　货币政策目标是保持货币币值的稳定，并以此促进经济增长。

第四条　中国人民银行履行下列职责：

（一）发布与履行其职责有关的命令和规章；

（二）依法制定和执行货币政策；

（三）发行人民币，管理人民币流通；

（四）监督管理银行间同业拆借市场和银行间债券市场；

（五）实施外汇管理，监督管理银行间外汇市场；

（六）监督管理黄金市场；

（七）持有、管理、经营国家外汇储备、黄金储备；

（八）经理国库；

（九）维护支付、清算系统的正常运行；

（十）指导、部署金融业反洗钱工作，负责反洗钱的资金监测；

（十一）负责金融业的统计、调查、分析和预测；

（十二）作为国家的中央银行，从事有关的国际金融活动；

（十三）国务院规定的其他职责。

中国人民银行为执行货币政策，可以依照本法第四章的有关规定从事金融业务活动。

第五条 中国人民银行就年度货币供应量、利率、汇率和国务院规定的其他重要事项作出的决定,报国务院批准后执行。

中国人民银行就前款规定以外的其他有关货币政策事项作出决定后,即予执行,并报国务院备案。

第六条 中国人民银行应当向全国人民代表大会常务委员会提出有关货币政策情况和金融业运行情况的工作报告。

第七条 中国人民银行在国务院领导下依法独立执行货币政策,履行职责,开展业务,不受地方政府、各级政府部门、社会团体和个人的干涉。

第八条 中国人民银行的全部资本由国家出资,属于国家所有。

第九条 国务院建立金融监督管理协调机制,具体办法由国务院规定。

第二章 组织机构

第十条 中国人民银行设行长一人,副行长若干人。中国人民银行行长的人选,根据国务院总理的提名,由全国人民代表大会决定;全国人民代表大会闭会期间,由全国人民代表大会常务委员会决定,由中华人民共和国主席任免。中国人民银行副行长由国务院总理任免。

第十一条 中国人民银行实行行长负责制。行长领导中国人民银行的工作,副行长协助行长工作。

第十二条 中国人民银行设立货币政策委员会。货币政策委员会的职责、组成和工作程序,由国务院规定,报全国人民代表大会常务委员会备案。中国人民银行货币政策委员会应当在国家宏观调控、货币政策制定和调整中,发挥重要作用。

第十三条 中国人民银行根据履行职责的需要设立分支机构,作为中国人民银行的派出机构。中国人民银行对分支机构实行统一领导和管理。中国人民银行的分支机构根据中国人民银行的授权,维护本辖区的金融稳定,承办有关业务。

第十四条 中国人民银行的行长、副行长及其他工作人员应当恪尽职守,不得滥用职权、徇私舞弊,不得在任何金融机构、企业、基金会兼职。

第十五条 中国人民银行的行长、副行长及其他工作人员,应当依法保守国家秘密,并有责任为与履行其职责有关的金融机构及当事人保守秘密。

第三章 人 民 币

第十六条 中华人民共和国的法定货币是人民币。以人民币支付中华人民共和国境内的一切公共的和私人的债务,任何单位和个人不得拒收。

第十七条 人民币的单位为元,人民币辅币单位为角、分。

第十八条 人民币由中国人民银行统一印制、发行。

中国人民银行发行新版人民币,应当将发行时间、面额、图案、式样、规格予以公告。

第十九条 禁止伪造、变造人民币。禁止出售、购买伪造、变造的人民币。禁止运输、持有、使用伪造、变造的人民币。禁止故意毁损人民币。禁止在宣传品、出版物或者其他商品上非法使用人民币图样。

第二十条 任何单位和个人不得印制、发售代币票券,以代替人民币在市场上流通。

第二十一条 残缺、污损的人民币,按照中国人民银行的规定兑换,并由中国人民银行负责收回、销毁。

第二十二条 中国人民银行设立人民币发行库,在其分支机构设立分支库。分支库调拨人民币发行基金,应当按照上级库的调拨命令办理。任何单位和个人不得违反规定,动用发行基金。

第四章 业 务

第二十三条 中国人民银行为执行货币政策,可以运用下列货币政策工具:

(一)要求银行业金融机构按照规定的比例交存存款准备金;

(二)确定中央银行基准利率;

(三)为在中国人民银行开立账户的银行业金融机构办理再贴现;

(四)向商业银行提供贷款;

(五)在公开市场上买卖国债、其他政府债券和金融债券及外汇;

(六)国务院确定的其他货币政策工具。

中国人民银行为执行货币政策,运用前款所列货币政策工具时,可以规定具体的条件和程序。

第二十四条 中国人民银行依照法律、行政法规的规定经理国库。

第二十五条 中国人民银行可以代理国务院财政部门向各金融机构组

织发行、兑付国债和其他政府债券。

第二十六条 中国人民银行可以根据需要,为银行业金融机构开立账户,但不得对银行业金融机构的账户透支。

第二十七条 中国人民银行应当组织或者协助组织银行业金融机构相互之间的清算系统,协调银行业金融机构相互之间的清算事项,提供清算服务。具体办法由中国人民银行制定。

中国人民银行会同国务院银行业监督管理机构制定支付结算规则。

第二十八条 中国人民银行根据执行货币政策的需要,可以决定对商业银行贷款的数额、期限、利率和方式,但贷款的期限不得超过一年。

第二十九条 中国人民银行不得对政府财政透支,不得直接认购、包销国债和其他政府债券。

第三十条 中国人民银行不得向地方政府、各级政府部门提供贷款,不得向非银行金融机构以及其他单位和个人提供贷款,但国务院决定中国人民银行可以向特定的非银行金融机构提供贷款的除外。

中国人民银行不得向任何单位和个人提供担保。

第五章　金融监督管理

第三十一条 中国人民银行依法监测金融市场的运行情况,对金融市场实施宏观调控,促进其协调发展。

第三十二条 中国人民银行有权对金融机构以及其他单位和个人的下列行为进行检查监督:

(一) 执行有关存款准备金管理规定的行为;

(二) 与中国人民银行特种贷款有关的行为;

(三) 执行有关人民币管理规定的行为;

(四) 执行有关银行间同业拆借市场、银行间债券市场管理规定的行为;

(五) 执行有关外汇管理规定的行为;

(六) 执行有关黄金管理规定的行为;

(七) 代理中国人民银行经理国库的行为;

(八) 执行有关清算管理规定的行为;

(九) 执行有关反洗钱规定的行为。

前款所称中国人民银行特种贷款,是指国务院决定的由中国人民银行向金融机构发放的用于特定目的的贷款。

第三十三条 中国人民银行根据执行货币政策和维护金融稳定的需要,可以建议国务院银行业监督管理机构对银行业金融机构进行检查监督。国务院银行业监督管理机构应当自收到建议之日起三十日内予以回复。

第三十四条 当银行业金融机构出现支付困难,可能引发金融风险时,为了维护金融稳定,中国人民银行经国务院批准,有权对银行业金融机构进行检查监督。

第三十五条 中国人民银行根据履行职责的需要,有权要求银行业金融机构报送必要的资产负债表、利润表以及其他财务会计、统计报表和资料。中国人民银行应当和国务院银行业监督管理机构、国务院其他金融监督管理机构建立监督管理信息共享机制。

第三十六条 中国人民银行负责统一编制全国金融统计数据、报表,并按照国家有关规定予以公布。

第三十七条 中国人民银行应当建立、健全本系统的稽核、检查制度,加强内部的监督管理。

第六章 财务会计

第三十八条 中国人民银行实行独立的财务预算管理制度。中国人民银行的预算经国务院财政部门审核后,纳入中央预算,接受国务院财政部门的预算执行监督。

第三十九条 中国人民银行每一会计年度的收入减除该年度支出,并按照国务院财政部门核定的比例提取总准备金后的净利润,全部上缴中央财政。中国人民银行的亏损由中央财政拨款弥补。

第四十条 中国人民银行的财务收支和会计事务,应当执行法律、行政法规和国家统一的财务、会计制度,接受国务院审计机关和财政部门依法分别进行的审计和监督。

第四十一条 中国人民银行应当于每一会计年度结束后的三个月内,编制资产负债表、损益表和相关的财务会计报表,并编制年度报告,按照国家有关规定予以公布。

中国人民银行的会计年度自公历1月1日起至12月31日止。

第七章 法律责任

第四十二条 伪造、变造人民币,出售伪造、变造的人民币,或者明知是伪造、变造的人民币而运输,构成犯罪的,依法追究刑事责任;尚不构成犯罪的,由公安机关处十五日以下拘留、一万元以下罚款。

第四十三条 购买伪造、变造的人民币或者明知是伪造、变造的人民币而持有、使用,构成犯罪的,依法追究刑事责任;尚不构成犯罪的,由公安机关处十五日以下拘留、一万元以下罚款。

第四十四条 在宣传品、出版物或者其他商品上非法使用人民币图样的,中国人民银行应当责令改正,并销毁非法使用的人民币图样,没收违法所得,并处五万元以下罚款。

第四十五条 印制、发售代币票券,以代替人民币在市场上流通的,中国人民银行应当责令停止违法行为,并处二十万元以下罚款。

第四十六条 本法第三十二条所列行为违反有关规定,有关法律、行政法规有处罚规定的,依照其规定给予处罚;有关法律、行政法规未作处罚规定的,由中国人民银行区别不同情形给予警告,没收违法所得,违法所得五十万元以上的,并处违法所得一倍以上五倍以下罚款;没有违法所得或者违法所得不足五十万元的,处五十万元以上二百万元以下罚款;对负有直接责任的董事、高级管理人员和其他直接责任人员给予警告,处五万元以上五十万元以下罚款;构成犯罪的,依法追究刑事责任。

第四十七条 当事人对行政处罚不服的,可以依照《中华人民共和国行政诉讼法》的规定提起行政诉讼。

第四十八条 中国人民银行有下列行为之一的,对负有直接责任的主管人员和其他直接责任人员,依法给予行政处分;构成犯罪的,依法追究刑事责任:

(一) 违反本法第三十条第一款的规定提供贷款的;
(二) 对单位和个人提供担保的;
(三) 擅自动用发行基金的。

有前款所列行为之一,造成损失的,负有直接责任的主管人员和其他直接责任人员应当承担部分或者全部赔偿责任。

第四十九条 地方政府、各级政府部门、社会团体和个人强令中国人民银行及其工作人员违反本法第三十条的规定提供贷款或者担保的,对负有直接责任的主管人员和其他直接责任人员,依法给予行政处分;构成犯罪的,依法追究刑事责任;造成损失的,应当承担部分或者全部赔偿责任。

第五十条 中国人民银行的工作人员泄露国家秘密或者所知悉的商业秘密,构成犯罪的,依法追究刑事责任;尚不构成犯罪的,依法给予行政处分。

第五十一条 中国人民银行的工作人员贪污受贿、徇私舞弊、滥用职权、玩忽职守,构成犯罪的,依法追究刑事责任;尚不构成犯罪的,依法给予行政处分。

第八章 附 则

第五十二条 本法所称银行业金融机构,是指在中华人民共和国境内设立的商业银行、城市信用合作社、农村信用合作社等吸收公众存款的金融机构以及政策性银行。在中华人民共和国境内设立的金融资产管理公司、信托投资公司、财务公司、金融租赁公司以及经国务院银行业监督管理机构批准设立的其他金融机构,适用本法对银行业金融机构的规定。

第五十三条 本法自公布之日起施行。

第三章　中央银行的体制

> **本章提要**
>
> 　　中央银行体制有四种主要形式：一元中央银行体制、二元中央银行体制、准中央银行体制和跨国中央银行体制。
> 　　中央银行的资本金来源也可以分为四种：国家所有、公私混合所有、私人所有和无资本金。
> 　　中央银行的决策权、执行权和监督权的组成分为高度集中和相对分离两种模式。
> 　　分支机构设置方式有三种：按经济区域、按行政区域和两者兼顾。内部机构基本上按照执行中央银行职能、提供支援和调研咨询的划分进行设置。

第一节 中央银行体制的类型

一、一元中央银行体制

一元中央银行体制是指仅有一家中央银行行使中央银行的权力和履行中央银行的全部职能。这种形式中央银行的特点是权力集中统一、职能完善，根据需要在全国设立一定数量的分支机构，是中央银行最完整和标准的形式。目前，世界上绝大多数国家的中央银行体制都采取这种形式。至于分支机构的多少，依据于各国中央银行的性质和在本国经济中的地位而定。英格兰银行作为英国的中央银行，总行设在伦敦，在全国设立8个分行；日本的中央银行是日本银行，总行设在东京，并在全国各地设立32家分行和12家办事处。

二、二元中央银行体制

二元中央银行体制是指在一个国家内设立一定数量的地方中央银行，并由地方中央银行推选代表组成在全国范围行使中央银行职能的机构，从而形成由中央和地方两级相对独立的中央银行机构共同组成的中央银行体系。在这种体系中，中央的中央银行是最高金融决策机构，地方中央银行要接受中央的中央银行的监督和指导。货币政策在全国范围内是统一的，但在货币政策的具体实施、金融监管和中央银行有关业务的具体操作方面，地方中央银行在其辖区内有一定的独立性。在组织结构上，一般来说，地方中央银行与中央的中央银行不是总分行的关系。

一般来说，采取此种中央银行体制与实行联邦制的国家体制有关，美国是其典型代表。美国全国被分为12个联邦储备区，每个区设立一家联邦储备银行。联邦储备银行的资本金不得少于400万美元，由会员银行认缴。每家联邦储备银行设董事会，董事9人，分成：甲3人，由会员银行选举产生；乙3人，由工农商代表担任；丙3人，由联邦储备银行理事会任命。联邦储备银行的职责是调节区内金融、为公众服务，不以营利为目的。业务内容是发行货币、代理国库、组织清算、保管会员银行存款准备金、向会员银行提供贷款和票据再贴现、进行公开市场活动。所有联邦注册的银行必须成为会员银行，在州注册的银行则自愿加入。会员银行的权限是按照规定认购联邦储备银行的股份，获取年率不超过6%的股息和选举董事。同时，接受联邦储备银行的业务管理。

12家联邦储备银行共同构成美国联邦储备体系,就是美国的中央银行。负责联邦储备体系具体运营的是联邦储备体系理事会,具体负责货币政策的制定,对外代表美国的中央银行。

1948年建立的德国中央银行也是二元中央银行体制,由联邦德国各州法律上独立的州中央银行以及中央银行理事会组成,各州中央银行在辖区行使中央银行职能。1957年7月26日颁布的《德意志联邦银行法》,废除了二元中央银行体制,代之以统一的德意志联邦银行行使中央银行职权。各州中央银行虽然在名称上仍然保留州中央银行,但已不再是独立的州中央银行,而是德意志联邦银行的分支机构。

三、准中央银行体制

准中央银行体制是指不设通常意义上的完整的中央银行,而设立类似中央银行的金融管理机构,执行部分中央银行职能,或者由政府授权某个或几个商业银行承担部分中央银行的职能。

我国香港特别行政区属于这种类型。在货币发行制度方面,至今为止没有统一,由汇丰银行和渣打银行负责,1994年中国银行也成为发行银行。货币发行过去实行英镑汇兑本位制,1972年改为与美元挂钩,1983年进一步实行与美元挂钩的货币局制。由于实行货币局制,货币政策调控经济的余地很小,也可以说放弃货币政策。在金融监管方面,长期采取自由放任的方针,不设金融管理机构。1993年,设立香港金融管理局,行使非常有限的货币政策、金融监管和支付体系管理的职能,而票据清算由汇丰银行进行。香港特区政府财政资金的进出,根据《公共财政条例》(香港法律第2章)由财政司司长书面授权民间银行办理。

四、跨国中央银行体制

跨国中央银行体制是指若干国家联合组建一家中央银行,在成员国范围内行使全部或部分中央银行职能。其中有两种情况,一种是没有建立中央银行的数个国家组建一家联合中央银行;另一种是联合建立跨国中央银行的各国本来就建立了中央银行。不管情况如何,建立这种中央银行体制多数是为了与区域性经济联合,并和货币联盟体制相适应。跨国中央银行的主要职能是为成员国发行共同使用的货币,制定统一的货币政策,监督成员国的金融机构和金融市场,对成员国政府进行融资以及办理成员国共同商定并授权的其他金融业务。20世纪70年代实行跨国中央银行体制的西非货币联盟、中非货币联盟和东加勒比海货币区,成员国没有中央银行。

欧洲中央银行体系(The European System of Central Banks, ESCB)则是成员国本来就存在中央银行,为了加强区域的经济合作,又建立了跨国中央银行的例子。欧洲中央银行的起源可以追溯到1950年7月1日成立的"欧洲支付同盟",经过将近50年的摸索和稳步发展,终于在1998年的6月1日成立了欧洲中央银行(European Central Bank, ECB)。欧洲中央银行在1999年发行欧盟统一货币"欧元",2002年1月1日欧元不仅作为结算手段,还作为支付手段开始全面流通,成为欧盟区域内的统一流通手段。

欧洲中央银行体系的最高决策机构是理事会,理事会由欧洲中央银行执行委员会的6名成员和加入欧元区成员国的中央银行行长组成。理事会的职能是制定货币政策和监督成员国中央银行是否根据欧洲中央银行的指导行事。与一般中央银行相比,欧洲中央银行的职能主要表现在货币政策方面,中央银行的其他职能继续由各国中央银行承担。

五、计划经济体制下的中央银行体制

计划经济体制下,银行的职能仅限于现金的出纳和保管,中央银行成为单纯的货币发行机构。宏观和微观的经济活动都被纳入计划的轨道,货币政策完全丧失调节经济的功能。因此,在曾经实行计划经济体制的苏联和我国等国家,都不单独设立行使中央银行职能的中央银行,而是由国家银行兼行中央银行和商业银行的职能。

第二节 中央银行的资本组成类型

一、全部股份为国家所有

全部资本为国家所有的中央银行有两种情况。即由国家直接拨款建立中央银行;国家收购私人股份,将私人所有或部分国家所有的中央银行改组而成。历史悠久的中央银行大部分是从商业银行演变而来,其资本最初也为私人所有。在中央银行的长期发展和演变过程中,国家为了加强对经济的干预,认为排除私人资本更有利于为国家整体经济目标服务,逐步实行国有化。特别是在第二次世界大战结束之后,掀起了中央银行国有化的高潮,英国和法国等欧洲历史比较悠久的中央银行就是在这个时期实现国有化的。受此影响,在这个时期新成立的中央银行大多是由国家出资建立的。

中央银行采取国家所有制形式的主要国家还有:荷兰、挪威、西班牙、加拿大、澳大利亚、埃及等50多个国家。

二、公私股份混合所有

公私股份混合所有的中央银行,也可以称为半国有化中央银行。其资本金的一部分为国家所有,另一部分为私人所有。国家持有的股份一般占资本总额的一半以上。例如日本的中央银行日本银行就是公私混合所有的中央银行,银行总资本为1亿日元,国家持有总资本的55%,其余45%由私人持有。在采取这种所有制结构的中央银行体制中,股东的权限受到很大限制。例如日本银行法就规定,日本银行不成立股东大会,股东不能参加日本银行的经营活动,负责日本银行日常运营的理事就更不是由股东推举产生的。股东的权限仅仅是按照法律规定,每年领取最高不超过5%的红利。日本银行的盈余,在扣除红利和公积金以后全部上缴国库。私人持有股份的转让需要获得日本银行的同意。

中央银行采取这种所有制形式的主要国家还有:比利时(国家所有占50%)、墨西哥(国家所有占51%),以及奥地利和土耳其等国。

三、全部股份私人所有

全部股份私人所有的中央银行,实际上是私人银行经国家授权,执行中央银行职能。意大利的中央银行意大利银行(Banca d'ltalia)是其典型代表。由于中央银行的特殊性,因此,由私人银行执行中央银行职能,也受到某些限制。意大利银行在1936年成为唯一发行货币的银行的同时,根据同年公布的《储蓄保护和信用管制法》,意大利银行的股份持有人被限定为储蓄银行、全国性银行、公营信贷机构等金融机构。

美国12家联邦储备银行的资本金,也都是由联邦储备银行各会员银行出资的。商业银行要成为联邦储备银行的会员银行必须购买所属联邦区的联邦储备银行的股份,购买的股份既不能多也不能少,而是按照规定相当于该银行资本金和公积金的6%,实际上缴3%,联邦储备银行董事会根据需要可以随时要求会员银行上缴其余3%。但是,联邦储备银行几乎不需要这些资金。因此,董事会也从来没有向会员要求过。由于会员银行资本金和公积金会发生变化,因此,上缴联邦储备银行6%的实际数额也需要随时跟着调整。会员银行不能将所持联邦储备银行的股份转卖和用于抵押。会员银行可以依据所持股份,获得年率最高不超过6%的红利,如果是1942年3月以前的股份还可以享受红利免税优待。

四、无资本金的中央银行

由于中央银行获得国家的特别授权执行中央银行职能以后,马上就可以通过发行货币和吸收金融机构的存款准备金获得资金来源。因此,作为中央银行有无资本金在其实际业务活动中并不重要。例如韩国的中央银行韩国银行就是无资本金的特殊法人。

第三节 中央银行的权力分配模式和组织结构类型

一、中央银行的权力分配模式

依据所在国家经济发展水平、国家体制以及历史传统等,中央银行的权力、职责和范围等也有所不同。中央银行在货币政策、业务方针和主要干部的人事任免以及规章制度方面的权力,可以分为决策权、执行权和监督权。各国中央银行体制不同,如何行使上述权限可以分为高度集中和相对分离两种模式。

1. 决策机构(权)、执行机构(权)和监督机构(权)一体化的模式

在这种模式中,一般通过建立理事会集中所有的权限,理事会既是货币政策、业务方针和规章制度的制定者,也是具体实施者和监督者。

美国联邦储备体系是这种模式的代表。美国联邦储备体系的最高决策机构是联邦储备体系理事会,主要职责是:制定货币政策(变更存款准备金率、批准调整再贴现率),保证支付体系的正常运转,监管联邦储备银行和会员银行,监督执行有关消费信贷的联邦法规。

联邦储备体系理事会的成员共7人,由总统任命,但需得到参议院批准。任期14年,每两年更换一人,不得连任。如果有理事任期未满辞职,新补充的理事不仅可以担任前任理事余下的任期,如果重新当选的话,还可以继续任职14年。因此,理论上理事的任期可以长达接近28年。理事会设主席、副主席各一人,由总统在理事会成员中挑选,但也需得到参议院的认可,任期4年,可在理事任期内连任。联邦储备体系内又设联邦公开市场委

员会,负责联邦储备体系理事会在公开市场的操作,买卖政府和联邦机构证券、吞吐存款机构的存款准备金以及规定和指导外汇市场上美元对外币的操作。联邦公开市场委员会由12人组成,联邦储备体系理事会7名成员,加5名联邦储备银行行长,其中纽约联邦储备银行行长是当然委员,其余4人由各联邦储备银行行长轮流担任,任期4年。

英格兰银行也是这种模式。英格兰银行理事会负责货币政策的制定和实施。理事会由正副总裁和16名理事组成,均由政府推荐,英王任命。正副总裁任期5年,可以连任。理事任期4年,轮流离任,每年更换4人。1997年设立货币政策委员会,专门负责再贴现率的调整。由英格兰银行正副总裁和来自英格兰银行的内部委员两名,以及外部委员4名组成。其中,内部委员由总裁与财政部长协商之后任命,外部委员由政府挑选金融专家担任。正副总裁的委员任期5年,内部和外部委员的任期均为3年。

2. 决策机构(权)、执行机构(权)和监督机构(权)相对分离的模式

在这种模式中,分别由不同的机构行使决策、执行和监督权。在世界主要国家中,日本、法国、德国和瑞士采取这种模式。

日本银行的最高决策机构是日本银行政策委员会,其主要职责是:改变再贴现率和存款准备金比率;调整金融市场运行规则,以及日本银行主要职能机构的变更等重要事项。日本银行政策委员会由9名委员组成,包括日本银行总裁和两名副总裁以及来自外部的6名委员,全部由内阁任命,国会批准,任期5年。

日本银行的最高执行机构是日本银行理事会,主要职责是执行政策委员会的决定和处理日常经营中的重大事项。理事会由日本银行正副总裁和6名理事组成。除正副总裁任期5年外,其他理事任期4年,由财务大臣任命。日本银行另设监事会,负责监督检查日本银行的业务和政策执行情况。

德意志联邦银行的最高决策机构是联邦银行理事会,负责决定货币和信用政策、业务和经营管理的一般方针,以及联邦银行执行理事会和州中央银行执行理事会的权限范围等。其成员由德意志联邦银行正副总裁和6名理事,以及9个州中央银行总裁组成。正副总裁和理事由联邦政府听取联邦银行理事会意见之后,向总统推荐。担任正副总裁和理事的必要条件是对金融有专门知识。9名州中央银行总裁是由联邦参议院听取联邦银行理事会和各州政府主管部门意见之后,向总统推荐,由总统任命。任期均为

8年。执行机构是联邦银行执行理事会,主要职责是负责与大银行之间的业务、票据的交换和外国银行的交易,以及公开市场操作。成员由联邦银行正副总裁和联邦银行理事会6名理事组成,任期也是8年。

法兰西银行的最高决策机构是货币政策委员会,其职责是决定货币政策和监督、管理通货总量。政府总理和财政部长可以参加货币政策委员会的会议,但没有投票权。其成员由法兰西银行正副总裁和6名理事组成,任期9年。

法兰西银行理事会是法兰西银行的执行机构,负责日常业务活动。其成员由货币政策委员会的成员和法兰西银行的职员代表一名组成。财政部长任命的监理官或其代表可以参加理事会,并对理事会的审议有权提出动议。

决策权、执行权和监督权集中的模式决策层次少、权力集中,有利于政策间的衔接和一致,便于迅速决策和操作;缺点是相互之间缺乏制衡机制。决策权、执行权和监督权相对分离的模式,有利于专业化管理和权力的制衡,但是相互协调的效率较低。

但是不管哪种模式,中央银行的权力都比较大,不仅对金融经济决策发挥重大影响,而且具有一定的独立性,尽量避免受政治或政治家的干扰。中央银行权力机构的成员来源比较广泛,力求具有比较广泛的代表性,同时任期较长,力求避免受某个利益团体的左右。

二、中央银行的内部机构设置

中央银行履行其职能是通过其内部机构进行的。因此,内部机构设置得合理与否和各机构相互之间配合如何,将直接关系到中央银行业务的开展和完成其职能的效率。虽然各国中央银行的内部机构设置不尽相同,一般来说,都是以履行中央银行职能为中心,并包括为履行职能提供支援的原则进行设置的,包括以下三大部门:

(1)行使中央银行职能的部门。这是中央银行内部机构的核心部分,包括货币发行的部门、办理与金融机构业务往来的部门、组织清算的部门和货币政策操作部门。如果金融监管没有从中央银行分离,还包括监管部门。

(2)为中央银行有效行使职能提供支援和后勤保障的部门,包括行政管理部门、服务部门和后勤部门。

(3)为中央银行行使职能提供咨询、调研和分析的部门。由于中央银行货币政策在宏观经济政策中的地位越来越重要,货币政策正确与否又主要依据于中央银行对经济和金融形势的正确分析和判断。因此,各国中央银行越来越重视调查统计和政策研究部门,这个部门在中央银行内部机构设置中所占的比重不断提高。

三、中央银行分支机构的设置

中央银行为了高效和顺利完成其职责,需要通过在地方建立分支机构推行其业务和货币政策。例如,货币的发行就需要通过散布在各地的分支机构进行。如果一个国家幅员辽阔、各地经济发展水平差异较大,由各地分支机构搜集信息并向总行报告,就可以使得货币政策的制定更加符合实际情况。因此,中央银行普遍实行分支机构的体制。不仅一元中央银行体制设置分支机构,即使是二元中央银行体制也往往设置分支机构。例如,美国联邦储备体系除了包括12个联邦储备银行外,还设置有24个分支机构。

中央银行设置分支机构一般根据三种情况进行。

1. 按经济区域设置分支机构

按照这个原则设置分支机构,主要考虑各地经济金融发展状况和中央银行业务量的多少,根据实际需要进行设置。主要考虑因素有:地域关系,经济金融联系的密切程度,历史传统和业务量。分支机构一般设置在该区域的经济金融中心,机构规模大小也视实际情况而定。

这种设置方式的主要特点是:第一,反映了中央银行是国家宏观经济调控部门,而非一般行政机构;第二,有利于中央银行各项政策的贯彻和货币政策的集中统一,少受地方政府的干预;第三,有利于贯彻市场经济的原则;第四,设置的主动权在中央银行,可根据需要确定设置的数量和分布。

目前,大多数国家中央银行都是按照这个原则设置分支机构的。虽然美国的12家联邦储备银行并不是联邦储备体系的分支机构,但事实上作为联邦储备体系的组成部分,发挥着分支机构的作用。美国全国50个州和哥伦比亚特区按照经济区域的原则,划分为12个联邦储备区,每个区设立一家联邦储备银行,分别是纽约、波士顿、费城、柯里夫兰、里奇蒙、亚特兰大、芝加哥、圣路易斯、明尼伯利、肯萨斯、达拉斯和旧金山。联邦储备银行还在辖区内设立分行和办事处。

英格兰银行则在全国5个中心城市设立区域分行,分别是:伯明翰、布里斯尔、利兹、曼彻斯特和纽卡斯尔,在3个城市格拉斯哥、利物浦和南安普敦设立代理处。

2. 按行政区域设置分支机构

这种设置模式一般是为了与计划经济体制相适应，如前苏联和1998年以前的我国中国人民银行。在这种模式下，中央银行的分支机构设置与国家行政区划一致，逐级设置分行或支行，并规定分支机构的行政级别。分支机构的规模与业务量无关，而与行政级别有关，各分支机构之间根据行政级别发生垂直的隶属关系。

3. 以经济区域为主、兼顾行政区划设置分支机构

这种设置模式是按照经济区域设置分行，并考虑行政区划的因素。例如，日本银行把全国47个都道府县划分为32个业务区，每区设立一个分行；德国，则将各州中央银行作为德意志联邦银行的分行，分行以下根据业务需要设置分支机构。其他采取这种模式的还有意大利、匈牙利和南斯拉夫等国的中央银行。

我国也在1998年对中国人民银行的分支机构设置进行了改革，改按行政区域设置分支机构为以经济区域为主、兼顾行政区划的模式。将全国划分为9个业务区，分别是：天津、沈阳、上海、南京、济南、武汉、西安、广州和成都，每区设分行。同时，在北京和重庆设总行营业部。在各个区内，基本上根据行政区划，设立中心支行和支行。

第四节 我国中央银行体制

一、体制

我国中国人民银行实行一元中央银行体制，由中国人民银行执行中央银行的全部职责，并按照《中华人民共和国中国人民银行法》第二章第十二条的规定，根据履行职责的需要设立分支机构，作为中国人民银行的派出机构。中国人民银行对分支机构实行集中统一领导和管理。

二、资本所有

根据《中华人民共和国中国人民银行法》第一章第八条，中国人民银行的全部资本由国家出资，属于国家所有。

三、内部结构和分支机构

2003年,中国银行业监督与管理委员会成立以后,银行业的监督管理职能从中国人民银行分离,后又几经调整,目前根据履行职责的需要,设有以下司(厅,局)。

1. 办公厅(党委办公室)

组织协调中国人民银行总行机关日常工作,承担重要会议的组织、有关文件的起草、文电处理、秘书事务、督查督办、应急管理、信息综合、新闻宣传组织管理、政务公开、档案管理、信访、保密和密码管理工作。承办中国人民银行党委办公室的日常工作。

2. 条法司

起草与中央银行职责有关的金融法律、法规草案;起草、审核与中央银行职责有关的金融规章;承办中国人民银行发布的有关命令和规章的解释工作;开展金融法律咨询服务、相关金融法律事务和金融法制宣传教育工作;承办行政复议和行政应诉工作;对中国人民银行参加的国际金融活动提供法律意见,出具法律证明书。

3. 货币政策司

研究、拟订货币政策调控方案,并组织实施;拟订货币政策中介目标,并组织执行;研究提出各种货币政策工具选择,并组织实施;拟订并组织实施本外币存款准备金政策、本外币利率政策、再贷款再贴现政策及相关管理办法;拟定中央银行本外币公开市场操作方案和操作规程,并组织实施;拟订货币政策战略,研究改进货币政策框架的政策措施,健全货币政策调控体系;承办宏观调控部门协调机制的相关工作。

4. 货币政策二司

研究、拟订进一步完善人民币汇率形成机制的改革方案;跟踪监测全球金融市场汇率变化;研究、监测国际资本流动;研究人民币境外使用有关问题;拟订人民币跨境业务相关制度、办法,并组织实施;拟订与有关经济体货币当局开展货币合作方案,并协调组织实施;协助有关方面提出人民币资本项目可兑换政策建议;跟踪研究分析主要国家货币政策状况、取向及影响;承办中国人民银行货币政策委员会日常工作。

5. 金融市场司

拟订金融市场发展规划,协调金融市场发展,推动金融产品创新;监督和管理银行间同业拆借市场、银行间债券市场、银行间票据市场、银行间外汇市场和黄金市场,以及上述市场的有关衍生产品交易;分析金融市场发展对货币政策和金融稳定的影响,并提出政策建议;拟订宏观信贷指导政策,承办国务院决定的信贷结构调节管理工作。

6. 金融稳定局

综合分析和评估系统性金融风险,提出防范和化解系统性金融风险的政策建议;评估重大金融并购活动对国家金融安全的影响,并提出政策建议;承担会同有关方面研究拟订金融控股公司的监管规则和交叉性金融业务的标准、规范的工作;负责金融控股公司和交叉性金融工具的监测;承办涉及运用中央银行最终支付手段的金融企业重组方案的论证和审查工作;管理中国人民银行与金融风险处置或金融重组有关的资产;承担对因化解金融风险而使用中央银行资金机构的行为的检查、监督工作,参与有关机构市场退出的清算或机构重组工作。

7. 调查统计司

承办金融信息和有关经济信息的搜集、汇总、分析工作;制定金融业综合统计制度,协调金融业综合统计工作;负责货币供应和货币政策方面的统计,并按规定对外公布;参与金融和货币统计有关的会计科目设置;搜集、整理与中国人民银行有贷款关系金融机构的资产负债表和损益表;按照规定提供金融信息咨询。

8. 会计财务司

协助有关部门,完善中央银行和商业银行会计准则、制度、办法和会计科目;组织实施中国人民银行财务制度;编制并监督检查中国人民银行系统财务预决算;编制中国人民银行资产负债表和损益表等会计财务报表;承办中国人民银行系统会计、财务、基建、固定资产和政府采购项目管理工作。

9. 支付结算司

拟订全国支付体系发展规划;会同有关方面研究拟订支付结算政策和规则,制定支付清算、票据交换和银行账户管理的规章制度并组织实施;维护支付清算系统的正常运行;组织建设和管理中国现代化支付系统;拟订银行卡结算业务及其他电子支付业务管理制度;推进支付工具的创新;组织中国人民银行会计核算。

10. 科技司

拟订金融业信息化发展规划,承担金融标准化的组织管理协调工作;指导、协调金融业信息安全和信息化工作;承担中国人民银行信息化及应用系统的规划、建设、安全、标准化及运行维护等工作;承办中国人民银行系统的科技管理工作;拟订银行卡业务技术标准,协调银行卡联网通用工作。

11. 货币金银局

拟订有关货币发行和黄金管理办法,并组织实施;承担人民币管理和反假货币工作;制定现钞、辅币和贵金属纪念币的生产计划,负责对人民币现钞、贵金属纪念币的调拨、发行库管理,以及流通中现金的更新和销毁;管理现金投放、回笼工作和库款安全;管理国家黄金储备;承办国务院反假货币联席工作会议的具体工作。

12. 国库局

经理国家金库业务,组织拟订国库资金银行支付清算制度并组织实施,参与拟订国库管理制度、国库集中收付制度;为财政部门开设国库单一账户,办理预算资金的收纳、划分、留解和支拨业务;对国库资金收支进行统计分析;定期向同级财政部门提供国库单一账户的收支和现金情况,核对库存余额;按规定承担国库现金管理有关工作;按规定履行监督管理职责,维护国库资金的安全与完整;代理国务院财政部门向金融机构发行、兑付国债和其他政府债券。

13. 国际司(港澳台办公室)

承办中国人民银行与国际金融组织、香港特别行政区、澳门特别行政区、台湾地区金融组织,以及各国中央银行、欧洲中央银行的官方联系和业务往来的有关工作;按照规定承办我国加入世界贸易组织后金融业开放的有关工作;承办中国人民银行外事管理工作;联系、指导中国人民银行驻外机构的业务工作。

14. 内审司

拟定中国人民银行内审工作规章、制度和办法;监督、检查中国人民银行各级机构及其工作人员执行金融政策、法规,依法履行公务和执行财务纪律的情况;承办主要负责人的离任审计工作,对违法违规人员的处理提出建议,指导、监督、检查中国人民银行系统内审工作。

15. 人事司(党委组织部)

拟定中国人民银行组织、人事、培训、劳动工资和社会保险等制度、办法,并组织实施;负责中国人民银行系统党组织的建设、党员发展与管理工作;管理中国人民银行系统的机构和人员编制;负责中国人民银行系统的干部管理工作;管理中国人民银行驻外机构、编制及人员;与国际司共同承办中国人民银行智力引进工作;拟定中国人民银行人员培训规划;组织中国人民银行人员考试测评工作;负责中国人民银行统战工作。

16. 研究局

围绕货币政策决策,对经济增长及运行进行分析与预测;研究金融法律、法规、制度,跟踪了解其执行情况;跟踪研究我国产业政策和工业、农业、财税、外贸等部门经济动态以及货币信贷、利率、汇率、金融市场等重大政策的执行情况,并提出建议。

17. 征信管理局

承办征信业管理工作;组织推动社会信用体系建设;组织拟定征信业发展规划、规章制度及行业标准;拟定征信机构、征信业务管理办法,以及有关信用风险评价准则;承办征信及有关金融知识的宣传教育培训工作;受理征信业务投诉;承办社会信用体系部际联席会议办公室的日常工作。

18. 反洗钱局(保卫局)

承办组织协调国家反洗钱工作;研究和拟订金融机构反洗钱规则和政策;承办反洗钱的国际合作与交流工作;汇总和跟踪分析各部门提供的人民币、外币等可疑支付交易信息,涉嫌犯罪的,移交司法部门处理,并协助司法部门调查涉嫌洗钱犯罪案件;承办中国人民银行系统的安全保卫工作,制定防范措施;组织中国人民银行系统的金银、现钞、有价证券的保卫和武装押运工作。

19. 金融消费权益保护局

在履职范围内组织推动商业银行开展金融消费者权益保护工作,建立健全相应的组织机构、工作流程和业务规则,切实保障金融消费者的合法权益。

内设部门中还包括:党委宣传部,机关党委,纪委,派驻监察局,离退休干部局,参事室,工会和团委。

2005年8月,中国人民银行根据改革的需要成立了上海总部。上海总部的职能是:在总行的领导和授权下开展工作,主要承担部分中央银行业务的具体操作职责,同时履行一定的管理职能。上海总部建设总的目标可归纳为"两个平台、一个窗口和一个中心",即把上海总部建设成为总行公开市场操作的平台、金融市场运行监测的平台、对外交往的重要窗口和一部分金融服务与研究和开发业务的中心。

上海总部承担的主要职责:

(1)根据总行提出的操作目标,组织实施中央银行公开市场操作。

(2)承办在沪商业银行及票据专营机构再贴现业务。

(3)管理银行间市场,跟踪金融市场发展,研究并引导金融产品的创新。

(4)负责对区域性金融稳定和涉外金融安全的评估。

(5)负责有关金融市场数据的采集、汇总和分析。

(6)围绕货币政策操作、金融市场发展、金融中心建设等开展专题研究。

(7)负责有关区域金融交流与合作工作,承办有关国际金融业务。

(8)承担国家部分外汇储备的经营和黄金储备经营管理工作。

(9)承担上海地区人民银行有关业务的工作。

(10)上海总部承担的管理职能包括对原上海分行辖区内人民银行分支机构的管理,以及人民银行部分驻沪企事业单位的管理和协调。

在1998年以后,中国人民银行根据按经济区域设置分支行的原则,在全国下设两个营业管理部,9个分行,326个中心支行和1 827个县(市)支行。中国人民银行的分支机构是总行的派出机构,其主要职责是按照总行的授权,主要负责本辖区的金融监管。

此外,中国人民银行还设立了反洗钱检测分析中心,征信中心,中国外汇交易中心(中国银行间同业拆借中心),印钞造币总公司、金币总公司,清算总中心,金融电子化公司、金融信息中心,钱币博物馆,郑州培训学院,金融时报社,金融出版社等直属机构及驻外机构。

重 要 概 念

一元中央银行体制　二元中央银行体制　准中央银行体制　跨国中央银行体制　公私混合所有中央银行　私人所有中央银行　无资本金中央银行

第三章 中央银行的体制

```
┌─────────────────────┐
│ 中央银行体制类型：    │
│ 一元中央银行体制；    │
│ 二元中央银行体制；    │                                    ┌─────────────────┐
│ 准中央银行体制；      │                                    │ 分支机构设置形式：│
│ 跨国中央银行体制。    │      ┌──────────────────┐         │  按经济区域；    │
└─────────────────────┘  ⇒  │ 权力分配模式：     │  ⇒     │  按行政区域；    │
                              │ 决策权、执行权和  │          │  两者兼顾。      │
┌─────────────────────┐      │ 监督权高度集中和  │         └─────────────────┘
│ 资本金来源：          │      │ 相对分离两种。    │
│ 国家所有；            │      └──────────────────┘         ┌─────────────────┐
│ 公私混合所有；        │                                    │ 内部机构分类：   │
│ 私人所有；            │                                    │  执行职能；      │
│ 无资本金。            │                                    │  提供支援；      │
└─────────────────────┘                                    │  调研咨询。      │
                                                             └─────────────────┘
```

练 习 题

一、填充题

1. 一元中央银行体制的特点是(　　)、(　　),根据需要在全国设立(　　)。
2. 二元中央银行体制是指在一个国家内设立一定数量的地方中央银行,并由地方中央银行推选代表组成在(　　)行使中央银行职能的机构,从而形成由(　　)的中央银行机构共同组成的中央银行体系。
3. 美国联邦储备体系是世界上为数较少的(　　)体制。
4. 世界上绝大多数国家的中央银行都采用(　　)体制。
5. 美国联邦储备银行的股份归(　　)的。
6. 日本银行的资本是由(　　)所有的。
7. 按经济区域设置分支机构,主要考虑的因素有(　　)、(　　)、(　　)和(　　)。
8. 中央银行内部机构通常包括(　　)、(　　)和(　　)部门。
9. 中央银行设置分支机构通常按(　　)、(　　)和(　　)三种模式。
10. 中国人民银行分支机构设置是按照(　　)进行的。

二、简述题

按经济区域设置分支机构的主要特点。

参 考 答 案

一、填充题

1. 权力集中统一;职能完善;一定数量的分支机构。
2. 全国范围;中央和地方两级相对独立。
3. 二元中央银行。
4. 一元中央银行。
5. 私人所有。
6. 公私混合。
7. 地域关系;经济金融联系的密切程度;历史传统;业务量。

8. 行使中央银行职能的部门；提供支援和后勤保障的部门；咨询、调研和分析的部门。

9. 经济区域；行政区域；兼顾经济区域和行政区划。

10. 兼顾经济区域和行政区划。

二、简述题

第一，反映了中央银行是国家宏观经济调控部门，而非一般行政机构；第二，有利于中央银行各项政策的贯彻和货币政策的集中统一，少受地方政府的干预；第三，有利于贯彻市场经济的原则；第四，设置的主动权在中央银行，可根据需要确定设置的数量和分布。

第四章 中央银行的独立性问题

> **本章提要**
>
> 中央银行的独立性是相对独立性,包括中央银行垄断货币发行、选择货币政策最终目标的相对独立性和为实现最终目标使用货币政策手段的独立性。
>
> 中央银行保持相对独立性的必要性:中央银行和政府在职能方面存在差异;中央银行与政府地位、目标、利益驱动机制和制约机制不同;货币政策的效果依据于金融市场的作用机制,制定和执行货币政策需要专门知识。
>
> 决定中央银行独立性的主要因素:法律地位,隶属关系,中央银行负责人的产生,决策机构的组成,对中央银行的检查,收入来源及其支配。

第一节 中央银行独立性问题的提出

一、中央银行独立性的含义

什么叫中央银行的独立性？中央银行作为国家的货币当局,履行国家赋予的职能,中央银行构成了国家权力的一部分。那么所谓中央银行的独立性,应该是指独立于国家的权力。前面几章已经谈到,中央银行不管是从哪条途径产生,最终都是通过立法确定的,中央银行的职能和权限也都是由法律赋予的。因此,所谓的独立性不可能是独立于立法和司法,中央银行的活动必须在法律授予的范围内进行。

那么,中央银行的独立性是否就是指独立于行政或政府呢？问题也并不那么简单。首先,无论是作为总统制的政府,还是作为内阁制的政府都对议会负责。其次,中央银行作为政府的银行和政府在金融领域的代理人,必然要体现和实现政府的某些意图,在为政府提供服务的同时,还要接受政府的一定控制。从英格兰银行向中央银行演变的历史来看,也是在与英国政府千丝万缕的关系中发展起来的。最后,中央银行在很多国家是作为政府机构存在的。在有些国家虽然不是作为政府机构,也是通过专门立法作为特殊法人或机构成立的。因此,要完全独立于行政或政府也是不可能的,独立性只能是相对的。

那么相对独立性又是在什么样的背景之下,成为经济学界和银行界争论的问题的呢？中央银行的独立性问题,最初提出并引起广泛重视是在第一次世界大战结束后的1920年布鲁塞尔会议上。第一次世界大战之前,由于金本位制下中央银行的货币发行不能脱离所持黄金的数量,因此,金融秩序相对比较稳定,政府对中央银行的控制和干预程度也有限。第一次世界大战期间,各国政府为了筹措军费,大量发行赤字国债,并要求中央银行直接购买国债。为了保证中央银行能够顺利为政府筹集战争费用,各国政府加强了对中央银行的干预和控制,并给予中央银行脱离所持黄金数量进行货币信用发行的机动权。

第一次世界大战结束之后,各国政府为了恢复经济和战败国为了支付战争赔款,继续沿用增加货币发行的办法,造成严重的通货膨胀。反过来,又冲击货币制度和金融制度的稳定,加剧经济的困难。因此,在布鲁塞尔会议上,不少国家的中央银行提出减少政府干预,实行中央银行独立于政府的主张。虽然该主张受到重视,并有不少国家在法律上明确中央银行相对独立的地位。但是,20世纪30年代不期而遇的世界性金融危机演变成历史上最严重的全面经济危机,为政府全面干预经济提供了必要性和可能性。而中央银行在经济和金融体系中的地位以及货币政策在宏观经济政策中的重要性,也在政府对经济的干预过程中进一步得到认识,政府加强对中央银行的干预和控制,使得中央银行独立性问题被暂时冷落。其中,凯恩斯的宏观经济理论起了重要作用。

但是在70年代,主要发达国家在经历了战后经济的顺利发展以后,相继出现了经济发展停滞和通货膨胀并存的状况。减少政府对中央银行的干预、维护中央银行对政府的相对独立性,再次成为经济学家们的热门话题。

中央银行作为一个国家的货币当局,负责具体制定和贯彻执行货币政策,必须以国家经济发展目标为根本目标,遵从经济发展客观规律和货币信用规律,独立制定和执行货币政策。中央银行的相对独立性是中央银行制定和执行货币政策的独立性,包括中央银行选择货币政策最终目标的相对独立性和为实现最终目标使用货币政策手段的独立性。

二、中央银行相对独立性的主要内容

中央银行相对独立性的内容大致可以归结为以下三个方面。

1. 垄断货币发行权

中央银行必须建立符合国家实际经济状况的货币发行制度,维持货币币值的稳定。第一,中央银行必须垄断货币发行权,不能搞多头发行。第二,中央银行发行货币的多寡、发行货币的时间和发行方式,应该由中央银行根据货币政策的目标以及经济发展和货币信用规律,自行决定而不能受政府或其他利益团体的干扰。第三,中央银行应按经济原则发行货币,不能搞财政发行,不能在国债发行市场上直接购买长期国债,也不能代行应由财政行使的职能。

2. 独立制定货币政策目标

中央银行必须遵从经济发展的客观规律和货币信用规律,独立决定货币政策目标。在决定货币政策目标时,必须考虑政府的宏观经济目标,尽可能保持货币政策目标与宏观经济目标一致。万一发生分歧,中央银行与政府必须本着相互信任、相互尊重的态度进行充分的沟通,防止双方目标不一致造成经济政策和货币政策的失败。有不少国家在中央银行立法中明确规定中央银行的目标是维持币值稳定,这些国家的中央银行对货币政策目标的选择就比较受到限制。但也不是没有选择余地,货币政策的目标是在维持币值稳定的前提下,而独立决定货币政策的。

3. 独立选择货币政策手段

货币政策目标能否顺利实现,完全依靠货币政策的具体操作手段。因此,货币政策目标决定以后,中央银行应独立选择实现货币政策目标的手段。也就是说,货币政策的操作权必须掌握在中央银行手中。同时,各级政府和政府的其他部门必须配合中央银行运用好货币政策操作手段,而不应采取直接和间接的方法抵消货币政策的作用和效果。

三、中央银行独立性争论的几个阶段

有关中央银行独立性的主张和争论大致经历了三个阶段。

1. 中央银行成立至第一次世界大战以前

第一次世界大战以前,政府对中央银行的干预较少,中央银行相对来说比较独立。其主要背景是:第一,资本主义尚处于自由竞争阶段,中央银行没有成为国家干预和调节经济的工具。第二,在经济思想上,传统的货币主义占据统治地位,认为货币仅仅是实体经济的面纱,资本主义经济可以通过"看不见的手"自发地实现充分就业的均衡。第三,货币制度处于金本位制的鼎盛时期,中央银行的首要任务是维护金本位制,维持银行券与黄金的自由兑换。第四,尽管中央银行已经开始履行政府的银行的职能,但是,中央银行仍然是私人银行,除代理国库外,作为政府的银行的职能还非常有限。

2. 第一次世界大战至20世纪60年代

中央银行独立性受到严重威胁,货币政策成为国家干预经济的重要手段。

第一,资本主义经济可以通过"看不见的手"自发地实现充分就业均衡的美梦被频繁出现的周期性经济危机打破,尤其是20世纪30年代的大危机宣告资本主义自由竞争时代的结束,国家全面干预经济成为资本主义经济运行的保证。

第二,在经济思想上,凯恩斯的宏观经济理论取代自由放任的传统经济思想,成为经济理论的主流。充分就业和经济增长成为宏观经济的主要目标,各种宏观经济政策手段日臻完善,为国家对经济的调控创造了必要条件。

第三,两次世界大战,在一切为了战争的口号之下,货币政策成为筹措战争费用、弥补财政赤字的手段,需要中央银行服从政府的领导。第二次世界大战结束之后,在欧洲复兴计划之下,欧洲各国为了医治战争创伤和恢复经济,纷纷仿效美国的罗斯福新政,推行了一系列刺激经济发展的扩张性财政货币政策。为了充分利用中央银行的货币发行职能和按政府的意图制定和执行货币政策,德、意、法等国相继通过立法将中央银行收归国有。

第四,就中央银行的货币发行制度来说,由于金本位制越来越成为发展经济的桎梏,在30年代大危机以后,各国纷纷废除金本位制,开始实行信用货币制度。如何控制货币发行使之符合实体经济需要,本身也是中央银行需要研究的新问题。不少国家政府错误地理解为摆脱金本位制的禁锢,可以利用国家信誉随意发行货币,将信用货币制度作为实现宏观经济目标的工具。

3. 20世纪70年代至今

此间中央银行独立性问题再次被提出,引起广泛注意。

第一,主要资本主义国家在经历战后至60年代末的高速经济增长之后,出现经济增长停滞和通货膨胀并存在状况,说明凯恩斯关于通货膨胀和经济增长目标可以相互替代的理论存在重大缺陷,凯恩斯关于国家干预和调节经济的理论走向尽头。

第二,以弗里德曼为代表的现代货币主义思想重新抬头,并一度成为经济学的主流。认为造成资本主义经济停滞膨胀并存局面的原因是推行凯恩斯宏观经济理论的结果,发生通货膨胀的唯一原因是过度扩张的货币政策,提出固定货币供应量增长率的"单一规则"的货币政策。

第三,在此阶段,较之充分就业和经济增长目标,治理通货膨胀成为各国政府和中央银行面临的最重要政策目标。要治理通货膨胀,采取适度的货币政策是关键。而要使货币政策适度,就必须保证中央银行能够独立自主地决定货币政策,使货币的供应符合实体经济需要。

但是,进入21世纪,特别是2008年世界金融危机以后,面对世界性的经济萧条,克服萧条、维持增长再次成为各国政府宏观经济政策的首要目标,理所当然要求货币政策配合。中央银行独立性问题再次走向下风,如美联储理事会3次推出非常规的量化宽松政策(quantitative easing)、日本银行总裁被迫提前结束任期等。

第二节　中央银行相对独立性的争论

一、政府与中央银行的关系

首先,中央银行与政府在职能方面存在差异。在第二章分析中央银行的职能时,已经讨论过中央银行的职能是为经济发展创造货币和信用条件,为经济稳定运行提供保证。很明显,中央银行的职能体现在为经济运行提供良好的货币环境方面。而在现代社会,政府职能的范围要广得多,政府不仅要承担经济和社会的责任,还要承担政治、外交和国防的责任。政府的目标也是多元的,不仅有经济目标,更有社会目标。经济目标也不仅仅是物价稳定,可能更关注的是失业率和经济增长率。

这种差异产生货币政策是否有特殊性的争论。支持独立性的理论和人认为,货币政策非常重要,其作用是长期过程,不能将其交由缺乏专业知识和短期行为的政治家决定。反驳者则认为,总统由公众选举产生,对本国经济福利全面负责,却无法控制决定经济运行最重要因素的中央银行及其货币政策是不合理的。将货币政策交给不对任何人负责的人去制定和执行,是不民主和不公平的。外交政策也需要长期目标,但是政治家们处理得很好。是否外交政策和国防政策也要独立呢?

其次,中央银行与政府的利益驱动和制约机制不同。政府中的政治家们受选民们选票的制约,往往将赢得下一次竞选胜利为最高目标,在该目标驱使下,制定经济政策目标。因此,不太关注需要通过长期调整和努力才能实现的物价稳定目标,而是选取比较容易实现的充分就业等的短期目标。为了实现充分就业,采取扩张性的财政政策,并要求扩张性货币政策予以配合,降低利率。短期内可能是有效的,利率下降。但是经过对经济预期的调整以后,通货膨胀率加剧,利率上升。中央银行进一步增加货币供应,压低利率,造成货币供应量增加和通货膨胀率上升的恶性循环。

由此,产生长期政策目标和短期政策目标的争论。支持独立性的论者认为,根据对美国的研究,美国经济的波动存在政治产业周期,即竞选是有周期的。在选举来临之前,实行降低失业率和利率的扩张性政策。选举结束之后,扩张性政策的恶果开始显现,出现高通货膨胀率,便采取紧缩性政策。如果中央银行没有独立性,还可能被迫购买财政部债券,进一步加剧波动幅度。只有与政治隔离的中央银行才能做到关注长期目标,成为币值稳定和物价稳定的捍卫者。中央银行较之一般公众更加厌恶通货膨胀,因此,将货币政策委托给中央银行有利于币值稳定,可以获得与单一规则货币政策相同的经济福利。如果中央银行的目标函数是重视币值稳定,而不是经济增长,那么,中央银行比社会公众在非预期通货膨胀中获得的收益小,就更不具备通货膨胀的动机,社会公众对通货膨胀的预期也就更小。

但是反对者认为,财政政策需要货币政策配合,应该将货币政策置于同样掌握财政政策的政治家手中,才能防止政策冲突,提高政策效果。中央银行并非总是成功运用它的独立性,大危机就是货币政策失败的后果,战后也可以举出货币政策失败的大量例子。所谓独立性,结果往往被中央银行用来作为追求自身利益的工具。失去政府监督压力的中央银行组织的效率如何保证,即使中央银行行长的目的是要维持币值稳定,但并不能保证行员们是否有效地行动,也是一个问题。套用法人治理结构理论,如果没有了政府这些利害关系人的监督,公众和市场的监督能否有效发挥作用都是未知数。来自外部的压力减少以后,中央银行组织管理上的效率发生问题。中央银行目标多样化以后,政府的很多问题同样会发生在中央银行。

二、中央银行的职能与宏观政策的关系

中央银行在履行自己职能的同时,如何协调与宏观政策的关系也是引起中央银行独立性争论的原因之一。中央银行的职能比较单一,政府宏观经济目标却存在多元性。在很多情况下,中央银行的职能通过货币政策体现。当货币政策目标与其他宏观经济目标一致时,没有问题;当不一致时,如何协调两者关系也就牵涉到政策效果和政策目标能否实现,从而保证经济平稳运行。例如,一般来说,政府的宏观政策偏向于扩张性,当社会需要扩张性政策的时候,过分强调中央银行独立性,将可能出现扩张性的财政政策和紧缩性货币政策并存,一方面将降低财政政策的效果,另一方面将造成政策的不稳定性和对政策可能会改变的预期,降低政策效率。反之,如果经济已经过热,扩张性财政政策和货币政策并存,无异于火上加油。

在国际政策协调方面,汇率政策与货币政策之间也经常发生利害冲突。如当本国货币急剧升值,尽管此时国内经济基本处于均衡状态,中央银行很可能为了防止货币升值造成经济紧缩而采取扩张性货币政策,结果造成对外均衡和对内均衡顾此失彼的局面。同时,这也意味着要求中央银行持有抑制通货膨胀(币值稳定)以外的目标,即维持货币对外价值的稳定。当投机猖獗,无法控制汇率的局面,中央银行也就丧失了市场的信任,后果不堪设想。

三、保持中央银行相对独立性的必要性

对中央银行的相对独立性,通常有两种看法。第一种是相对独立性范围较宽的看法,认为中央银行可以根据宏观经济形势,自由选择货币政策的最终目标。但是很多情况下,法律上明确规定中央银行的目标是维持币值稳定。既避免政府的干预,同时也剥夺了中央银行的选择余地,即中央银行失去了选择最终目标的独立性。由此,第二种看法认为中央银行的相对独立性只能被限定在为了实现最终目标而可以自由选择的中间目标、操作目标和操作手段,但最终目标只能是币值稳定,不属于中央银行可以选择的。

综合以上分析,可以得出中央银行保持相对独立性是必要的结论。

(1)货币政策的特殊性。与其他公共政策不同,货币政策的实施手段及其效果都依赖于市场机制。因此,货币政策的实施主体需要具备高超的金融市场专业知识、与金融机构广泛的业务联系,以及金融市场参与者对货币政策的理解和配合。所以,货币政策是否有效首先依赖于市场参与者对政策的信任。如果人们认为货币政策不会成功,就会反其道而行之,导致政策失败。政策信任主要来自于经验,包括历史上中央银行的政策目标正确与否、对宏观经济形势的分析判断和预测、政策效果,以及中央银行制定政策是否规范和具有连续性。如果中央银行不受政治因素的干扰,独立判断,就比较能够保证政策目标、对宏观经济形势的分析预测客观和正确,保持政策的连续性并对政策后果承担责任,容易获得政策信任。

(2)中央银行与政府地位、目标、利益驱动和制约机制不同。在现代社会,政府的目标是多元的,不仅有经济目标,更有社会目标。经济目标也不仅仅是物价稳定,更关注的是失业率和经济增长率。同时,在议会民主制度下,议员的选举比较频繁,因此,国会和政府往往比较关注经济政策的短期效果,对长期效果不感兴趣。当发生经济萧条、失业增加、财政和国际收支赤字时,往往依靠增发货币,图一时痛快。

(3)虽然国会是由民众选举产生的,应该由国会承担公共政策的责任。但是,现代民主主要依靠选举和少数服从多数实现的。正如公共选择理论表明的那样,在政策决定的过程中由于受到各种干扰,因此最终政策并不一定按照选民的偏好顺序进行排列。特别是从长远的观点判断利率、货币量、

物价等指标,专门的知识是必不可少的前提条件。因此,需要有独立于政府和国会的中立机构进行。

(4) 金融必须为国家的根本利益服务。虽然金融和货币政策有其特殊性,但是金融仅仅是宏观社会经济体系中的一部分。货币政策也仅仅是宏观经济政策中的一部分,必须与国家社会经济发展的根本目标相一致,并且目标的实现也需要货币政策的配合。在特殊情况下,如遇天灾人祸,中央银行必须完全服从政府的领导和指挥。

在保持中央银行相对独立性的同时,也需要对中央银行的行动进行某些监督。

第一,为了防止中央银行陷入独善其身的误区,需要让中央银行承担政策责任。中央银行需要随时将其对宏观经济走向的看法和准备采取的对策向国会和民众进行解释,并接受询问。也就是说,中央银行的政策必须透明,将决策过程暴露给社会,接受社会公众的审查。避免中央银行寻找到政策失败借口,承担对政策后果的责任。这样,政策才能获得民众的支持和配合,产生对政策的信心,也就能取得预期效果。

第二,为了加强对中央银行组织效率的监督,需要实现政策制定过程的透明化和中央银行财务状况的公开化,优秀的中央银行行长可以连任。加强中央银行内部纪律,明确内部的责、权。

在中央银行独立性争论最激烈的美国,在继续维持货币政策独立性的同时,要求中央银行对其行动增加说明义务。1975年,美国国会通过《第133号众议院共同决议》要求联储公布其货币总量的增长率目标。在《1978年充分就业和均衡增长法》中,要求联储银行理事会解释货币量增长率目标同美国总统经济计划的协调情况。

在其他国家,普遍建立货币政策委员会作为货币政策的决策机构,政府有关机构派员参加货币政策委员会,增加了政府对货币政策的影响。

四、决定中央银行独立性的主要因素

一般来说,决定中央银行相对独立性的主要因素有以下一些:

(1) 法律地位。这是决定中央银行相对独立性的最根本因素。有些国家,如德国鉴于恶性通货膨胀的历史教训,在法律上明确规定德意志联邦银行的职责是保持币值稳定,不受政府干涉。德意志联邦银行在保持币值稳定的目标下,独立制定货币政策,成为独立性最强的中央银行之一。

(2) 隶属关系。这里的隶属关系主要是指中央银行对谁负责。通常有两种,对国会负责制和对内阁负责制。一般来说,对国会负责制的中央银行相对具有较大的独立性,而对政府内阁负责制的中央银行则较易受政府的日常干预。

(3) 中央银行负责人的产生。与(2)一样,国会制通常具有较大的独立性。同时,又受任期长短、连任的限制以及中央银行职员身份的影响。

(4) 决策机构的组成。主要决定于政府官员是否参与决策,以及决议的投票采用简单多数,还是全体一致的方式。

(5) 对中央银行的检查。中央银行本身也有业务活动是否合乎规范的问题。因此,也需要接受有关部门的检查。那么,接受谁的检查、检查的内容都会对独立性产生影响。

(6) 收入来源及其支配。中央银行的独立性与其财务状况有密切关系,通常中央银行通过发行货币可以获得丰富的发行收益,一部分用作开支以外,其余部分上缴财政部。

美联储的自用开支预算享受不需国会批准的特权,也成为争论的内容之一。反对中央银行独立性的论者认为,私营机构有股东大会和出资人的监督,公营机构和政府的预算有国会监督,而美联储既没有股东大会监督,又不受国会监督,太不应该。这也是造成美联储胡乱使用发行收益的重要原因,应该取消美联储的特权,美联储应该向国会报告预算方案。支持中央银行独立性的论者则认为,美联储的预算不需国会批准是保持美联储相对独立性的财政基础,否则,美联储就可能为了获得国会批准,而讨好国会,成为国会的附庸,进而丧失对政府的相对独立性。

另外,相对独立性的选择和程度还要看各国历史、经济发展阶段、国民对通货膨胀的看法和偏好、政治不稳定的程度,以及金融市场的发达程度等因素。

重 要 概 念

中央银行的独立性

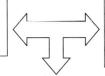

练 习 题

简答题

1. 中央银行独立性的含义。
2. 为什么说中央银行的独立性是相对的。
3. 决定中央银行独立性的主要因素。

参 考 答 案

简答题

1. 中央银行作为一个国家的货币当局,负责具体制定和贯彻执行货币政策,必须以国家经济发展目标为根本目标,遵从经济发展客观规律和货币信用规律,独立制定和执行货币政策。中央银行的相对独立性是中央银行制定和执行货币政策的独立性,包括中央银行选择货币政策最终目标的相对独立性和为实现最终目标使用货币政策手段的独立性。

2. (1)金融是社会经济的一个组成部分,应当服从国家根本利益。(2)货币政策是宏观经济政策一部分,财政政策需要货币政策配合。(3)在特殊情况下,如遇天灾人祸需要服从政府领导和指挥。

3. (1)法律地位。(2)隶属关系。(3)中央银行负责人的产生。(4)决策机构的组成。(5)中央银行的检查。(6)收入来源及其支配。

第五章　中央银行的负债业务

本章提要

发行货币是中央银行最基本的业务,也是中央银行履行其职能的基础。在信用货币制度下,垄断发行、信用保证和弹性原则保证中央银行发行货币,既满足经济发展的需要,又能够维持币值的稳定。因此,建立科学、合理的货币发行准备制度是正确贯彻发行原则的重要保证。

货币发行制度的内容包括确定发行准备的内容和确定不同发行准备的构成比例。

存款业务是中央银行的主要负债业务,其意义在于调控信贷规模和货币供应量、维护金融业的稳定以及提供资金清算服务。因此,在存款的原则、目的、对象和存款当事人方面都与商业银行不同。准备金存款是中央银行存款业务的主要内容,其内容包括规定法定存款准备金比率及其调整、可充当法定存款准备金的内容、准备金存款数量的计算和计算期的确定。

中央银行负债业务还包括发行中央银行债券、对外负债和资本业务。

中央银行的负债是指包括政府和金融机构,以及特定机构所持有的对中央银行的债权。虽然各国中央银行负债业务的内容在构成的比重方面会有所不同,但主要由货币发行业务、存款业务、其他负债业务和资本业务构成是基本不变的,见表5-1。

表5-1　中国人民银行资产负债表(2013.12)①

单位:亿元

资产		负债	
国外资产	272 233.53	储备货币	271 023.09
外汇	264 270.04	货币发行	64 980.93
货币黄金	669.84	其他存款性公司存款	206 042.17
其他国外资产	7 293.66	不计入储备货币的金融性公司存款	1 330.27
对政府债权	15 312.73		
其中:中央政府	15 312.73	发行债券	7 762.00
对其他存款性公司债权	13 147.90	国外负债	2 088.27
对其他金融性公司债权	8 907.36	政府存款	28 610.60
对非金融性部门债权	24.99	自有资金	219.75
其他资产	7 652.04	其他负债	6 244.57
总资产	317 278.55	总负债	317 278.55

第一节　货币发行业务

统一货币发行是中央银行制度形成的最基本的推动力。各国法律都规定中央银行垄断货币发行权,发行货币是中央银行最重要的特权,也是最重要的负债业务。

一、货币发行的内容

1. 货币发行的含义

---

① 其他存款性公司:政策性银行、商业银行(包括国有商业银行、股份制商业银行、城市商业银行、农村商业银行)、合作金融机构、外资金融机构、中国邮政储蓄银行和企业集团财务公司)。
其他金融性公司:保险公司和养老基金(企业年金)、信托投资公司、金融租赁公司、资产管理公司、汽车金融服务公司、金融担保公司、证券公司、投资基金、证券交易所和其他金融辅助机构。

货币发行有两层含义,第一是指货币从中央银行的发行库通过各家商业银行的业务库流向社会;第二是指货币从中央银行流出的数量大于从流通中回笼的数量。

由于中央银行垄断货币发行,因此,流通中的现金都是中央银行通过货币发行业务从中央银行流向社会的。中央银行通过货币发行业务,一方面满足社会商品流通扩大和商品经济发展的需要;另一方面筹集资金,满足履行中央银行各项职能的需要。

2. 货币发行的两种性质

货币发行按其发行的性质可以分为两种:经济发行和财政发行。

所谓经济发行,是指中央银行根据国民经济发展的客观需要增加现金流通量。传统的看法认为,经济发行仅指现金发行。但是,随着银行业的发达,金融创新和电子技术的发展,存款货币作为流通手段的重要性不断提高,扩展了货币的范围,货币不仅包括现金,还包括存款货币在内。因此,货币的经济发行还包括增加存款货币的货币供应总量。在经济发行条件下,货币的投放适应流通中货币需要量增长的需要,既满足经济增长对货币的需要,又避免货币投放过多。为保证货币的经济发行,必须要建立健全的货币发行制度。货币发行制度包括货币发行的程序、最高限额和发行准备。

所谓财政发行,是指为弥补国家财政赤字而进行的货币发行。如果是国库可以直接发行货币的制度,政府可以通过发行货币直接弥补财政赤字。但是,在现代信用货币制度下,国家发生财政赤字,不再是以直接发行货币来弥补的,而是主要通过向银行举债或发行公债,迫使中央银行额外增加货币发行来弥补的。因为财政发行没有经济增长基础,增加的货币发行容易导致市场供求失衡和物价上升。

3. 货币发行的渠道和程序

中央银行的货币发行主要是通过贷款、购买证券、购买金银和外汇等中央银行的业务活动进行的。如图 5-1 所示,个人和非金融企业从银行获得贷款或提取存款,使得现金从中央银行的发行库流向银行的业务库,形成货币发行。反之,个人和非金融企业归还银行的贷款或增加存款以及通过银行划账的形式纳税,形成从银行业务库到中央银行发行库的货币回笼;如果纳税是直接将现金缴纳给税收机关,则直接进入中央银行的发行库。当然,现金在货币流通中所占的比重已经很小,图 5-1 中只能代表货币流通中高度概括的最简单情形。中央银行通过这些渠道将货币投入流通,或反向组织货币回笼,达到调节货币供应量,满足经济发展、商品生产和流通变化对货币需求的目的。

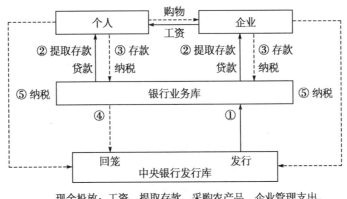

现金投放：工资、提取存款、采购农产品、企业管理支出。
现金回笼：商品销售收入、服务收入、税收、存款。
------▶ 货币回笼　　──────▶ 货币发行

图 5-1　现金流通图

世界上绝大多数国家都已将货币发行与回笼纳入法制轨道。一般来说,货币发行与回笼的程序应该根据本国货币流通的收支规律和满足宏观调控货币流通量的需要,以本国货币发行机制为基础进行制定,并遵循安全、准确、严密的原则,配合宏观货币政策的执行。

4. 现金在货币发行中的地位

尽管货币的范围在扩大,存款货币在货币供应量中的比率不断提高。但是,现金仍然是最普遍和最重要的结算手段。因为现金作为结算手段,具有以下特点:第一,普遍性。支票不能满足一手交钱一手交货的要求;在小额结算中,支票的手续费成本过高;信用卡仅限于与发卡公司和银行有协议的机构和个人。第二,最终性。票据支票和信用卡作为结算手段,还须履行与金融机构发卡机构之间的结算。如果债务人的资金余额不足或发生金融机构倒闭等,结算还是不能完成。第三,匿名性。不留使用者的姓名,不留使用时间、地点和目的的痕迹,而非现金结算手段则在使用之后留下各种纪录。

但是,现金需要支付整理和运输成本,还有安全方面的风险,如遗失、伪造等。因此,转账和非现金结算手段的普及,使现金在货币中的比率不断下降。但是,另一方面,闲暇增加导致手持现金增加,自动售货机、自动存款机提高了现金的方便程度以及金融交易增加,又增加了对现金的需求。

二、货币发行的原则

1. 垄断原则

只有中央银行垄断货币发行,才能统一国内货币的形式、避免多头发行造成的混乱、便于中央银行制定和执行货币政策、灵活有效调节流通中的货币。

2. 信用保证原则

因为在现代不兑换信用货币制度下,货币的发行并不需要十足的贵金属或某些资产作保证,使得货币发行的弹性很大。但是,货币的发行量仍然需要与国民经济发展和客观的货币需求量保持平衡关系;否则,将引起货币币值不稳定,扰乱经济秩序。因此,通过建立货币发行准备制度,使货币的发行与贵金属或某些资产保持一定的联系,既对货币发行产生一定制约作用,也有利于提高货币的信誉,维护币值的稳定。

3. 弹性原则

即货币发行要具有一定的伸缩性和灵活性,以适应经济状况变化的需要。既要满足经济发展的要求,避免因通货不足而导致通货紧缩和经济萎缩;也要严格控制货币发行数量,避免因货币过量发行造成通货膨胀和经济混乱。因此,把握弹性的度是贯彻弹性原则的关键。

三、货币发行的准备制度

所谓货币发行的准备制度,是指货币当局(通常是中央银行)在发行货币时,须以某种贵金属或某几种形式的资产作为其发行货币的准备的规定,从而使货币的发行与某种贵金属或某些资产建立起联系和制约的关系。

1. 发行准备

在不同的货币制度下,货币发行的准备是不同的。在贵金属货币制度下,货币的发行准备是贵金属,如白银、黄金等。在现代信用货币制度下,货币发行往往使用现金和有价证券作准备。现金准备包括黄金、外汇等具有极强流动性的资产,使货币具有现实的价值基础,有利于币值稳定。但若全部以现金作准备,则不利于中央银行根据经济水平和发展的需要做弹性发行。因此,还往往使用有价证券作准备。有价证券准备包括短期商业票据、短期国库券、政府公债等,这些证券必须是在金融市场上进行交易和流通的证券。使用有价证券作发行准备,有利于作适应经济需要的弹性发行。

但是,有价证券作准备的发行也存在制约因素。第一,各国经济货币化、金融证券化和金融市场发展的程度各不相同,有价证券作准备发行的控制和管理比较困难。第二,如果金融市场比较落后,通过公开市场发行货币就会受到限制。第三,一般来说证券数量与经济景气是顺周期的,有价证券作准备的货币发行可能对通货膨胀或通货紧缩起推波助澜的作用。而且,也不利于作为反周期的货币政策发挥对宏观经济的调控作用。

2. 发行准备的比率

有两层含义,包括货币发行的准备与货币发行量之间的比率和货币发行准备中现金准备与有价证券准备之间的结构比率。由于现金准备发行缺乏弹性,有价证券准备又不易控制,因此,货币发行准备往往采用两者搭配的方法。两者比率既可以是固定的,也可以是弹性的。在固定的情况下,又有现金准备比率多高为宜的问题。过高使货币发行量的扩大受限,过低又容易引起金融波动。因此,很多国家在规定现金准备比率的同时,又留有变通的余地。当货币发行中现金准备比率低于规定时,对低于规定部分征收超额发行税。

3. 主要发行准备制度

(1) 现金准备发行制。货币的发行百分之百以黄金和外汇等现金作准备。这种制度的优点是能够防止货币发行过量,但缺点是缺乏弹性。

(2) 有价证券准备发行制。货币发行以短期商业票据、短期国库券、政府公债作准备。这种制度的优点是给予中央银行较大的利用货币发行调节宏观经济的余地,缺点是货币发行的调控需要发达的金融市场和较高的控制技术。

(3) 现金准备弹性比例发行制。货币发行数量超过规定的现金准备比率时,国家对超过部分的发行征收超额发行税。这种发行制度兼顾了信用保证原则和弹性原则。但是,对制约货币过度发行的效果如何,取决于超额发行税的制约作用和中央银行的独立性。一般来说,超额发行税对货币发行有制约作用。因为当超额发行时,中央银行往往会通过提高再贴现率将部分超额发行税负转移到商业银行,降低商业银行对中央银行的借款需求,从而减少货币发行。但是,当商业银行对中央银行的借款需求非常刚性,中央银行提高再贴现率并不能减少商业银行的借款需求时,超额发行税就不能起到制约货币发行的作用。或者如果中央银行的独立性很差,严重依附于政府,超额发行又主要因为财政发行时,不管形式上有没有超额发行税,货币的发行完全依据于政府财政的状况。

(4) 有价证券准备限额发行制。在规定的发行限额内,可全部用规定证券作发行准备,超过限额的发行必须以十足的现金作为发行准备。

4. 主要国家和地区的货币发行制度

(1) 美国的货币发行制度。1980 年以前,美国实行现金准备弹性比例发行制。联邦储备券的发行必须以黄金或黄金证券作准备,其准备率为 40%。低于 40%、但高于 32.5% 时,征收 1% 的超额发行税;低于 32.5% 时,税率提高到 1.5%—2.5%。1980 年以后随黄金非货币化,改为证券准备限额发行制,规定货币发行必须有 100% 的合格证券作保证。合格证券包括黄金证券[①]、美国联邦政府债券,经联邦储备银行审查合格的商业票据、抵押票据、银行承兑票据、地方政府发行的债券。

发行程序是联邦储备银行向联储理事会任命的货币发行代理人(即该联邦储备银行行长)申报需要现钞的数额,同时递交商业票据或其他证券作为发行保证。货币发行代理人对联邦储备银行提出的货币发行申请和作为抵押的证券进行审查、核实以后,将合格的发行抵押品如数交割,换给同等数额现钞。联储理事会有权通过货币发行代理人,部分或全部拒绝联邦储备银行的货币发行申请。经流通以后回到联邦储备银行的现钞,由联邦储备银行送还货币发行代理人,同时货币发行代理人将抵押证券交还发行银行。

(2) 英国的货币发行制度。1844 年的《皮尔条例》规定,英格兰银行的信用货币发行额度为 1 400 万英镑,并且用英国政府债券作准备。超过此限必须用黄金和白银作准备,其中白银的比率不得超过 25%。1954 年的法律规定,英格兰银行的信用发行总额为 15.75 亿英镑,有变化须经财政部同意和国会审查。

(3) 日本的货币发行制度。1997 年之前,日本的货币发行实行现金准备弹性比例发行制。规定最高限额,超过限额征收发行税。发行准备是金

---

① 也称黄金券(Gold Certificate),是美国财政部发行的具有百分之百金块准备的纸币。从南北战争结束到 1933 年,可自由兑换黄金,并作为美国货币供应的一部分在市面上流通。1933 年,停止黄金证券的自由兑换,退出流通。目前,只有美国联邦储备银行仍然持有,根据财政部的需要买卖黄金证券。

银、外汇、3个月到期的商业票据、银行承兑票据以及其他票据,以票据、国家债券、其他有价证券、金银、商品为担保的贷款,对政府的贷款,但金银和外汇以外的发行准备品的比率由大藏大臣决定。1997年,日本修改了《日本银行法》,废除了最高限额。

(4) 香港的货币发行制度。我国的香港特别行政区实行的是准中央银行制度,货币的发行分别由3家商业银行(香港上海汇丰银行,渣打银行和中国银行)进行,从1983年开始实行与美元挂钩的联系汇率制,百分之百以美元作为货币发行的保证。

四、我国人民币的发行和管理

1. 人民币发行的原则

中国人民银行发行货币的基本原则是按照货币流通规律的要求,适应商品流通的需要;发行权高度集中统一,对货币发行实行计划管理;坚持经济发行,保持币值稳定;独立自主发行,不依附外币。

2. 发行基金

所谓发行基金,是指各级发行库为国家保管的待发行的货币。其来源有两个:中国人民银行总行所属印钞企业按计划印制解缴发行库的新人民币;开户的金融机构和中国人民银行业务库缴存发行库的回笼款。根据《中国人民银行法》,中国人民银行设立人民币发行库,在其分支机构设立分支库。分支库调拨人民币发行基金,应当按照上级库的调拨命令办理。任何单位和个人不得违反规定,动用发行基金。

发行基金和现金虽然在形体上完全一样,但本质是完全不同的。现金是处于流通状态的货币,而发行基金则是尚未发行的货币。发行基金从发行库进入业务库成为现金,而现金从业务库缴存到发行库成为发行基金。

3. 发行基金计划

发行基金计划是一定时期内,中央银行发行或回笼货币的计划。货币发行和货币回笼形成的差额是当期货币净投放(货币发行—货币回笼=货币净投放),反映该时期货币数量的变化。因此,只有充分考虑货币的发行和回笼的发行基金计划,才符合社会经济对流通中货币的客观需求。

4. 货币发行业务

货币发行业务就是人民币从发行库进入业务库的过程。发行库是为国家保管待发行的货币的金库,其职能是保管人民币发行基金、办理其出入库以及金融机构的现金存取业务、负责回笼现金的整理清点。而业务库则是商业银行为了办理日常现金收付业务而建立的金库,保留的现金是商业银行业务活动中现金收付的周转金和营运资金的组成部分,经常处于有收有付的状态。

两者的区别,在机构设置上,发行库是各级中国人民银行的组成部分,业务库是商业银行根据基层行对外营业需要而设立的;在保管的货币性质上,发行库保管的是发行基金,业务库保管的是现金;在业务对象上,发行库的对象是金融机构,业务库的对象是全社会。另外,在收付款项的起点上,发行库出入库有起点金额的规定,而业务库则没有。

5. 货币发行的管理

中国人民银行不仅负责对货币的发行,为了保持人民币的正常流通,还负责对货币的管理。主要表现在发行基金的运送管理、反假币及票样管理,以及人民币出入境限额管理等。

6. 货币发行收入

虽然发行货币是中央银行的负债业务,但是,中央银行在发行货币的同时又形成自身的资产业务,既然是资产业务必然会有收益,因此发行货币会给中央银行带来发行收益。这个收益因为是通过国家赋予中央银行特权获得的,中央银行在扣除自身开展业务的成本之后,应该将收益上缴国家。

第二节 中央银行的存款业务

存款业务也是中央银行主要负债业务之一。中央银行存款的对象有金融机构、政府、外国和特定机构等,中央银行职能的发挥与其负债业务有密切关系。

一、中央银行存款业务的目的和意义

中央银行作为金融机构,吸收存款是它的主要负债业务之一。但是,与商业银行吸收存款的目的是为了获取资金来源并通过资金运用获得利润不同,中央银行的特点决定中央银行是通过资金的运用创造资金来源。因此,中央银行吸收存款的目的和意义显然与商业银行不同。

1. 调控信贷规模和货币供应量

首先,我们在货币银行学中,已经学过商业银行信用创造的最简单关系

式：$\triangle D = (1/r) \times \triangle F$，新增活期存款（$\triangle F$）使整个银行体系增加活期存款（$\triangle D$）的能力取决于乘数（$1/r$）。因此，中央银行通过规定法定存款准备金比率 r，直接限制商业银行创造信用的规模。

其次，一般来说，商业银行总是持有超额准备金，商业银行信用创造关系式变为：$\triangle D = [1/(r+e)] \times \triangle F$。中央银行调整法定存款准备金比率（$r$），首先影响商业银行超额准备金数量（比率，$e$），如果中央银行提高 r，e 将降低，商业银行如果要维持 e 不变，不得不收缩商业银行的信贷规模。

第三，通过存款业务集中一部分资金，在金融市场自主开展再贴现业务和公开市场操作，达到调控货币供应量的目的。

2. 维护金融业的稳定

比之由各个商业银行各自持有的存款准备金，中央银行集中保管存款准备金占用的资金数量可以相对较少，节约了资金的占用；当商业银行出现清偿力不足的时候，中央银行可利用集中的存款准备金发挥最后贷款人的职能，帮助商业银行渡过难关；中央银行通过商业银行的存款账户，可以了解和分析商业银行资金使用状况，便于对商业银行的监督管理。

3. 提供资金清算服务

中央银行通过金融机构的存款，顺利地为各金融机构之间债权债务关系的清算提供高效服务，加速资金的周转。

二、中央银行存款业务的特点

1. 吸收存款的原则具有特殊性

商业银行开展存款业务根据的是自愿原则，而中央银行存款业务具有一定强制性。世界上大多数国家的中央银行都通过法律规定存款货币银行的存款准备金比率，因此，也称法定存款准备金比率，并要求由中央银行强制集中保管存款准备金。即使是财政存款和特定机构存款，也往往规定必须存在中央银行。

2. 吸收存款的目的具有特殊性

商业银行吸收存款的目的是为了扩大资金来源，扩大资金运用，最终实现增加营利的目的。中央银行吸收存款则是为了获得履行其职能手段的需要，目的是为了调控信贷规模和监督管理金融机构的经营活动。

3. 吸收存款的对象具有特殊性

商业银行直接吸收社会个人和工商企业的存款，而中央银行吸收存款的目的是为了调控信贷规模。因此,应该吸收的是中央银行能够控制的和能够对信贷规模的收缩和扩张产生多倍影响的存款。个人和工商企业的存款往往不受中央银行控制,增加和减少很可能与货币政策无关。金融机构存款,尤其是商业银行的准备金存款往往是法律规定的,存款准备金比率的高低也掌握在中央银行手中,其变化如何对信贷规模产生重要影响。虽然财政存款不受中央银行控制,但是财政存款与财政政策有关,财政政策与货币政策需要相互配合。因此,中央银行吸收存款的对象是金融机构和财政等部门。

4. 存款当事人之间的关系具有特殊性

商业银行存款当事人之间是一种经济关系,银行与存款人之间的关系平等互利。但是,中央银行与存款人之间的关系不仅是经济关系,更是一种管理和被管理的关系。

三、准备金存款业务

准备金存款是中央银行存款业务中最重要和最主要的内容,与存款准备金制度直接有关。存款准备金制度是中央银行根据法律规定,为了维持金融机构资产流动性和进行宏观货币管理的需要,规定从事存款业务的金融机构缴存中央银行存款准备金的比率和结构,并根据货币政策的要求对既定比率和结构进行调整,实现对社会货币供应量调节控制目的的制度。

1. 存款准备金的含义

存款准备金是商业银行等存款货币银行按吸收存款的一定比例提取的准备金。它由以下部分组成:①自存准备金,即存款货币银行为应付客户的提取而以库存现金持有的准备金;②法定准备金,即存款货币银行按照法律规定必须按一定比率将吸收的存款转存中央银行的准备金;③超额准备金,即存款货币银行在中央银行存款中超过法定准备金的部分。

2. 准备金存款业务的基本内容

(1) 规定存款准备金比率。在存款准备金制度下,存款货币银行吸收的存款不能全部用于放贷或投资,而要按照法定比率提取准备金,并缴存中央银行。例如,如果法定存款准备金比率为10%,那么吸收存款100万元,其中10万元必须作为法定存款准备金缴存中央银行。由此可见,存款准备金比率的高低直接制约着存款货币银行的业务规模和创造派生存款的能力。通过改变存款准备金比率,控制存款货币银行的放贷和投资能力,达到调节货币供应量的目的。

就存款准备金比率规定的具体内容来看,有以下方法。

第一,按照存款类别规定准备金比率。仅仅从期限来说,存款就有期限长短不一的各种类型。存款的期限越短,货币性越强。因此,很多国家根据存款的期限长短,规定不同的准备金比率。一般来说,活期存款的准备金比率较之定期存款要高。但是,也有特殊情况,如有些国家为了抑制定期存款的增加,反而对定期存款规定较高的准备金比率;也有很多国家,不管存款的类别,规定统一的准备金比率。

第二,按照金融机构的类型、规模、经营环境规定不同比率。同样是存款货币银行,也有各种不同的类型,其规模、所处地区、经营环境等千差万别,其信用创造能力也各不相同。因此,不少国家按照金融机构的类型、规模、经营环境规定不同的比率。一般来说,商业银行、规模较大以及经济比较发达地区的存款货币银行信用创造能力较强,法定存款准备金比率就较高;反之,则较低。

第三,由于存款准备金比率的调整对存款货币银行的信用创造能力影响较大,调整效果过于强烈。因此,有些国家对法定存款准备金比率的调整幅度进行规定,给与限制。

(2) 规定可充当法定存款准备金的内容。由于金融资产的流动性不断提高,金融机构不一定要以现金的形式持有准备金。因此,很多金融机构根据流动性,将金融资产划分为一线准备和二线准备。不少国家对法定存款准备金的内容也进行了不同的规定,如美、德、法等国将库存现金计入存款准备金,而在日本和意大利则不能。

(3) 确定存款准备金计提的基础。这包括两方面的内容:

首先,确定计算准备金存款的数量。通常有三种方法,即日平均余额法、旬末余额法和月末余额法。日平均余额法就是每日计算准备金存款的余额,具有及时性和保证性,有利于防止存款货币银行将法定准备金用于资产业务和有利于中央银行准确地通过准备金比率控制货币量。但是,这样计算和管理比较繁琐,难以保证执行。旬末余额法和月末余额法的优点是比较简便,容易操作。但是,不能准确反映存款的实时变化。存款货币银行可能通过在期末暂时挪用其他资金冲抵法定存款准备金或暂时压低存款余额的方法,逃避法定存款准备金比率的管制,导致中央银行通过法定存款准备金比率控制货币数量能力被削弱。

其次,确定缴存存款准备金的基期。也有两种方法,一种是当期准备金账户制,即一个结算期的准备金以当期的存款数作为计提基础;第二种是前期准备金账户制,以上一个结算期的存款余额作为计提基础。

3. 我国中央银行的准备金存款业务及其特点

中国人民银行在1984年开始专门行使中央银行职能之后,建立了存款准备金制度。

(1) 法定存款准备金比率的确定。在最初阶段(1984年4月1日)按存款种类分别核定,如企业存款20%、储蓄存款40%、农村存款25%。1985年改为统一比率,但是对国有金融机构和城市信用合作社实行差别存款准备金比率。

(2) 存款准备金由两部分组成。中国人民银行规定,存款准备金不能用于支付和清算。因此按照规定,金融机构在中国人民银行还开设一般存款账户,即备付金存款,用于金融机构之间资金收付。以此可见,过渡时期我国存款准备金制度不同于发达市场经济国家,由存款准备金和备付金分别发挥集中资金和金融机构之间清算的作用。1998年3月21日,法定存款准备金和备付金合并为"准备金存款"。

(3) 中国人民银行对法定存款准备金支付利息。一般来说,中央银行不对法定存款准备金支付利息。因为,首先,法定存款准备金的缴存是强制性的,并不需要通过利息率的高低进行调整。其次,中央银行以提供结算服务为补偿。第三,如果支付利息的话,中央银行很可能将这部分费用转移到给金融机构的贷款中,反而使事务处理复杂化。而且,如果支付利息,可能造成金融机构在中央银行存款的动机,削弱中央银行通过存款准备金比率的调整,调节货币数量的作用。

但是,中国人民银行却对准备金存款支付利息。因为,在我国金融职能逐步替代财政职能的过渡时期,政府仍然需要通过中央银行集中一部分资金用于政策性项目的投资。所以,我国的法定存款准备金比率较之发达国家高很多,如果不支付利息,将会影响存款货币银行的经营。但是,这也可能仅是暂时性的措施,随着改革的深入将取消对准备金存款的利息支付。

(4) 准备金存款的计提。我国存款准备金制度规定,实行前期准备金账户制以及旬末计算基期的方法。即从事存款业务的金融机构以法人为单位统一按上旬末存款余额计算准备金比率,并于5日内进行缴存。

四、中央银行的其他存款业务

1. 政府存款

各国关于政府存款的范畴存在差异。有的国家仅指中央政府,有的国家将各级地方政府也计算在内。中央政府存款一般包括国库持有的现金、活期存款、定期存款和外币存款等。

2. 其他金融机构存款

由于中央银行提供权威的资金清算服务,因此很多非存款货币银行的其他金融机构也愿意在中央银行存款。但是,各国法律对其他金融机构存款的规定不尽相同,有些国家规定不仅存款要缴纳准备金,对依靠发行债券和发行共同基金筹集资金也需要缴纳准备金,其他金融机构的存款就被纳入中央银行准备金存款业务。如果国家对此没有规定,那么其他金融机构存款的主要用途是金融机构之间的清算。

3. 外国存款

外国存款一般是指外国中央银行或外国政府的存款。主要目的是用于贸易结算和债务清算,也包括中央银行间因货币合作形成的存款。

4. 特定机构和私人部门存款

特定机构是指非金融机构,中央银行吸收特定机构的存款是为了特定目的。例如,中央银行由于政策需要,对特定地区、特定领域或特定项目发放特殊贷款形成的存款。机关团体存款和财政预算外存款,是特定机构存款的主要构成部分。多数国家法律不允许中央银行吸收私人部门存款,即使允许数量也极其微小。

5. 特种存款

是指在中央银行货币政策工具发挥作用有限的特殊情况下,根据信贷资金的营运情况和银根松紧以及宏观调控的需要,采用存款方式,集中一部分金融机构一定数量资金而形成的存款。

五、中央银行存款业务与其发挥作用的关系

(1) 中央银行作为货币发行银行,其存款业务与流通中现金的投放有直接关系。由于资产和负债必须相等,在资产既定的条件下,若存款增加,为保持负债不变,可减少现金投放或增加回笼;反之若存款减少,则需要增加现金投放或减少资金回笼。因此,在中央银行负债总额不变的情况下,存

款的增减可以调节现金发行数量和货币结构。

（2）存款准备金比率的高低，对存款货币银行的信用创造能力和支付能力有决定性作用。因此，中央银行的准备金存款业务成为货币政策的主要工具之一。

（3）中央银行通过存款业务集中必要资金，在不改变货币供应量的条件下，发挥最后贷款人职能。

（4）由于各种金融机构都在中央银行开设存款账户，便于中央银行组织全国的资金清算。

（5）中央银行还可以通过存款机构的账户变化掌握了解和监督金融业的资金运动，监控和消除金融业的经营风险和各种经营隐患，又可为政策的制定提供依据。

第三节 中央银行的其他负债业务

中央银行的负债业务除了货币发行和存款业务以外，还有一些业务也可以成为中央银行的资金来源，引起中央银行资产负债表负债方的变化，如发行中央银行债券、对外负债和资本业务等。

一、发行中央银行债券

发行中央银行债券是中央银行的主动负债业务，具有可控制性、抗干扰性和预防性。与一般金融机构发行债券的目的是为了获得资金来源不同，中央银行发行债券更多考虑的是调节流通中的货币。中央银行一般在以下两种情况下发行中央银行债券：一种情况是当金融机构的超额存款准备金过多，而中央银行又不便采用其他货币政策工具进行调节时，可以通过向金融机构发行中央银行债券回笼资金，减少流通中的货币；第二种情况是在公开市场规模有限，难以大量吞吐货币的国家，作为公开市场操作的工具。例如，2002年9月24日中国人民银行将6月25日至9月24日在公开市场正回购的未到期91天、182天和364天国债，共1 937.5亿元置换为中央银行票据。因为2002年下半年，由于经常项目和资本项目的顺差引起中国人民银行外汇占款急剧增加，大量资金涌入国债市场，导致国债价格上涨和利率下跌。中国人民银行为了调节利率，通过正回购回笼货币而引起国债价格下跌和利率上涨。利率的跌宕起伏，引发投资者的利率风险。因此，中国人民银行发行中央银行票据既达到回笼资金,又避免过分影响国债价格的目的。此后,随国际收支顺差的扩大,中国人民银行的外汇占款的增加,发行中央银行债券成为调节货币数量的重要工具。

二、对外负债

中央银行对外负债的目的有三个:平衡国际收支、维持汇率稳定和应付危机。可以采取的形式主要有:向外国银行借款、对外国中央银行负债、向国际金融机构借款、向外国发行中央银行债券。随着经济金融的国际化和一体化,各国中央银行之间的货币合作成为越来越必要的政策手段。例如,亚洲金融危机以及世界金融危机以后,各国中央银行之间签订的货币互换协议就是典型例子。

三、资本业务

所谓中央银行资本业务,是指筹集、维持和补充自有资本的业务。由于各国法律对中央银行的资本来源和构成都有规定,因此中央银行在资本业务方面并没有多大作为,仅仅在需要补充自有资本时按照有关规定进行。例如,如果是全部股份由国家所有的,中央银行通常通过中央财政支出补充自有资本;由各种股份构成自有资本的中央银行,则按原有股份比例追加资本,增资以后,股权结构和比例保持不变。

重 要 概 念

货币发行　货币回笼　经济发行　财政发行　发行准备　现金准备发行制　证券准备发行制　现金准备弹性比例发行制　证券准备限额发行制　发行基金　准备金存款　自存准备金　法定准备金　超额准备金　日平均余额法　旬末余额法　月末余额法　当期准备金账户制　前期准备金账户制　中央银行债券

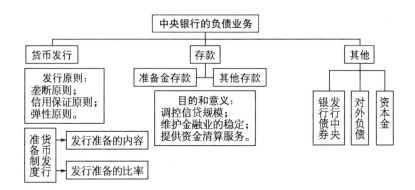

练 习 题

一、填充题

1. 货币发行按其发行的性质可以分为两种,(　　)和(　　)。
2. 中央银行根据国民经济发展的客观需要增加现金流通量称作货币的(　　)。
3. 财政发行是指(　　)货币发行。
4. 中央银行的货币发行主要是通过(　　)、(　　)、(　　)和(　　)等中央银行的业务活动进行的。
5. 现金作为结算手段,具有(　　)、(　　)和(　　)的特点。
6. 货币发行的原则是(　　)、(　　)和(　　)。
7. 货币发行的准备制度是货币当局在发行货币时,(　　)作为其发行货币的准备的规定,目的是使货币的发行与(　　)建立起(　　)的关系。
8. 货币发行的现金准备包括(　　)、(　　)等具有极强流动性的资产,使货币具有现实的价值基础,有利于币值稳定。
9. 现金准备弹性比例发行制下,国家对货币发行规定(　　),当货币发行量超过(　　),对超过部分(　　)。
10. 主要发行准备制度是:(　　)、(　　)、(　　)和(　　)。
11. 以黄金外汇以及短期商业票据、政府债券等作为准备发行货币,并规定最高限额,当超过限额时,征收超额发行税的货币发行制度,称之为(　　)。
12. 中央银行存款业务的特殊性表现在(　　)、(　　)、(　　)和(　　)。
13. 存款准备金包括(　　)、(　　)和(　　)。
14. 中央银行准备金存款业务的基本内容是(　　)、(　　)和(　　)。
15. 确定计算准备金存款数量的方法有(　　)、(　　)和(　　)。
16. 中央银行发行债券在(　　)和(　　)两种情况下进行,目的是(　　)。

二、简述题

1. 货币发行的原则及其理由。
2. 以证券作为货币发行准备的优缺点。
3. 为什么中央银行必须垄断货币发行权?
4. 中央银行与财政部分享货币发行权是否可行?
5. 中央银行吸收存款的目的和意义。

参 考 答 案

一、填充题

1. 经济发行;财政发行。
2. 经济发行。
3. 为弥补国家财政赤字而进行的。
4. 贷款;购买证券;购买金银;外汇。
5. 普遍性;最终性;匿名性。
6. 垄断发行原则;信用保证原则;弹性原则。
7. 须以某种金属或某几种形式的资产;某种金属或某些资产;联系和制约。
8. 黄金;外汇。
9. 现金准备比率;现金准备比率;征收超额发行税。
10. 现金准备发行制;有价证券准备发行制;现金准备弹性比例发行制;有价证券准备限额发行制。
11. 现金准备弹性比例发行制。
12. 吸收存款的原则;吸收存款的目的;吸收存款的对象;存款当事人之间的关系。
13. 自存准备金;法定存款准备金;超额存款准备金。
14. 规定存款准备金比率;规定可充当法定存款准备金的内容;确定存款准备金计提的基础。
15. 日平均余额法;旬末余额法;月末余额法。
16. 超额存款准备金过多;公开市场规模有限,难以吞吐大量货币;调节流通中的货币。

二、简述题

1. 垄断发行原则、信用保证原则和弹性原则。

理由是:(1)中央银行垄断货币发行可以避免多头发行造成的混乱、便于中央银行制定执行货币政策、灵活有效调节流通中的货币。

(2)通过建立货币发行准备制度,使货币的发行与贵金属或某些资产保持一定的联系,既对货币发行产生一定制约作用,也有利于提高货币的信誉,维护货币的稳定。

(3)货币发行要具有一定的伸缩性和灵活性,以适应经济状况变化的需要。

2. 证券准备发行的优点:货币发行比较有弹性。缺点:(1)证券准备货币发行的控制和管理比较困难。(2)通过公开市场发行货币受到限制。(3)证券数量与经济景气是顺周期的,不利于作为反周期的货币政策发挥作用。

3. 中央银行垄断货币发行权的必要性。

(1)统一国内货币形式,避免货币流通混乱。

(2)保证全国货币市场的统一,避免因货币种类、信誉和币值不同引起货币流通范围受限。

(3)保持币值稳定和根据经济形势变化,灵活调节货币流通量。

(4)是中央银行制定和执行货币政策的基础。

4. 如果由政府发行货币,可能将货币发行用作弥补赤字的手段;如果由政府和中央银行共同发行,则会引起货币政策和财政政策的摩擦。

5. (1)控制信贷规模和货币供应量。(2)维护金融业的稳定。(3)提供资金清算服务。

第六章　中央银行的资产业务

> **本章提要**
>
> 中央银行的资产业务就是通过对持有资产的处理,履行中央银行的职能。
>
> 再贴现和贷款是中央银行最古老的资产业务。由于中央银行的资产业务是为了履行其职能服务的,因此再贴现和贷款业务与一般商业银行的票据贴现和贷款业务在对象、目的等各方面明显不同。其最根本的作用是:履行最后贷款人职能的具体手段,提供基础货币的重要渠道,调控货币供应量的重要工具。
>
> 证券买卖业务也是中央银行的基本资产业务。流动性和安全性是中央银行资产业务的前提。因此,证券买卖业务对证券的选择有严格的规定,其根本目的是调节货币供应量和维持金融市场的稳定。
>
> 储备资产业务是中央银行代表国家管理国际储备的具体形式。目的是要调节国际收支、稳定币值和稳定汇率。
>
> 再贴现和贷款业务曾经是我国中央银行资产业务的最主要形式,证券买卖业务的重要性正在迅速提高,储备资产业务由于和外汇管制相联系也是资产业务的重要组成部分。

中央银行的资产是指中央银行所持有的各种债权(见表5-1),主要包括再贴现贷款、贷款、证券和黄金外汇等。所谓中央银行的资产业务,是指如何通过对这些债权的处理,履行中央银行的职能。

第一节 中央银行的再贴现和贷款业务

一、再贴现业务

1. 再贴现业务的概念

所谓再贴现,是指商业银行将通过贴现业务持有的尚未到期的商业票据向中央银行申请转让,借此获得中央银行的资金融通。因此,中央银行再贴现业务也就是中央银行通过再贴现向商业银行提供资金融通的业务。

2. 再贴现业务的一般规定

中央银行再贴现业务就是对再贴现制定规则,包括再贴现业务的对象和再贴现的对象,对再贴现对象的审查以及规定再贴现率和再贴现贷款的收回等。

(1) 再贴现业务的对象。由于中央银行开展再贴现业务的目的是提供短期资金融通,因此,很多国家都规定只有在中央银行开设账户的商业银行等存款货币银行才能成为再贴现业务的对象。

(2) 再贴现对象的规定。很多国家都规定再贴现对象的票据必须是确有商品交易为基础的"真实票据"。例如,美联储规定申请再贴现的票据必须具备以下条件:商业票据不得超过90天,农产品交易的票据不得超过9个月;必须是根据交易行为产生的自偿性票据;必须是直接从事经营农工商业的借款人出具的票据;投机或长期资本支出产生的票据不得申请再贴现。英格兰银行规定申请再贴现票据必须有两家国内信誉极佳企业签署,并且其中一家必须是承兑人;未到期国库券申请再贴现必须距到期日一个月以内。德国规定申请再贴现票据必须有3个被公认有支付能力的责任人担保,并在3个月内到期。

(3) 申请和审查。再贴现业务对象必须以已办理贴现的未到期合法票据申请再贴现。中央银行在接受申请后,应审查票据的合法性和申请者资金运用状况,确定是否符合再贴现的条件。若审查通过,申请者在票据上背书后交中央银行办理再贴现。

(4) 再贴现率。因为中央银行再贴现对象通常是短期票据,所以再贴现率是一种短期利率,对金融市场的影响主要是在货币市场。某些国家将再贴现率保持在比货币市场利率高一些的水平上,作为"惩罚性利率",引导存款货币银行尽量通过市场解决资金融通,不到最后关头尽量不要向中央银行融通资金;而在大多数国家,再贴现率作为"基准利率"发挥作用,反映中央银行的政策意向,其他利率随再贴现率的变化而变化。

由于再贴现率是由中央银行决定的,特别是在利率完全市场化的经济体中,再贴现率可以说是中央银行唯一可以直接调控的利率。所以,再贴现率也是中央银行最常见的政策工具之一。

(5) 再贴现金额。再贴现时实际支付的金额,由再贴现票据的票面金额扣除再贴现利息计算而得,即

$$再贴现金额 = 票据面额 - 再贴现利息$$

$$再贴现利息 = 票据面额 \times 日再贴现率 \times 未到期日数$$

$$日再贴现率 = 年再贴现率 \div 360 = 月再贴现率 \div 30$$

例如,有一张银行承兑票据,面额为100万元,年再贴现率为7.2%,尚有25天到期,要求再贴现,再贴现金额是

$$100\ 万元 - (100\ 万元 \times 7.2\% \div 360 \times 25) = 99.5\ 万元$$

需要注意的是,再贴现金额仅与票据面额和再贴现率有关,与票据原来的利息无关。

(6) 再贴现额度的规定。因为将再贴现率降至货币市场利率以下,将引起对中央银行再贴现贷款需求的增加,通过规定再贴现票据的种类可以达到按照中央银行意图引导资金流向的效果。这也是不少国家规定再贴现率低于货币市场利率的原因之一。当商业银行在资金不足或其他条件许可时,往往希望通过中央银行再贴现贷款获得资金。但是,过多依赖中央银行的再贴现贷款不利于市场机制发挥作用,对银行稳健经营也并不是一件可喜的事。因此,不少国家都限制对商业银行的再贴现金额,并对过多利用这个权利的银行进行检查。

(7) 再贴现款的收回。再贴现的票据到期,中央银行通过票据交换和清算系统向承兑单位和承兑银行收回资金。

3. 再贴现业务的作用机制

中央银行资产负债业务的特点是,可以通过购买或出售一种资产,创造或冲销自身的负债。表6-1和表6-2所示是中央银行购买商业银行持有的票据,在形成自己资产的同时,也创造了对商业银行的负债。在表6-1中,

中央银行在资产中增加票据10亿元,同时在负债中也增加商业银行的准备金存款10亿元或新发行货币10亿元。商业银行则利用此项活动达到改变资产构成,即运用中央银行的负债达到购买新的资产,或者偿还债务的目的,如表6-2中,增加持有准备金存款10亿元或现金10亿元。

表6-1 中央银行资产负债表

资产		负债	
票据	+10亿元	准备金存款	
		(发行货币)	+10亿元

表6-2 商业银行资产负债表

资产		负债
准备金存款(现金)	+10亿元	
票据	-10亿元	

中央银行向商业银行购买票据的价格直接关系商业银行改变资产构成的成本高低和能力大小,价格高,即再贴现率低,商业银行购买新资产的能力就大;反之,则小。例如,在上例中如果年再贴现率下降到3.6%,那么再贴现金额就增加到99.75万元,表示中央银行放松银根,鼓励商业银行向中央银行再贴现。

同样,由于商业银行改变资产构成的成本高低决定了购买新资产的能力大小和要价高低,能力大,则要价低,反映在银行客户获得银行贷款的数量多寡和银行购买证券的价格高低。在表6-2中,商业银行在获得中央银行再贴现融资时,首先表现在商业银行在中央银行账户中准备金存款的增加,商业银行当然不会就此善罢甘休的。因为,通过第五章的学习我们已经知道,准备金存款是没有利息收入的,如果就此停止行动,还不如继续持有商业票据,与商业银行要求再贴现的行为矛盾。商业银行将把这笔资金或者用于贷款,或者用于购买证券。于是引起整个银行体系的资产负债的倍数扩张,如在货币银行学中学过的那样。也就是说,中央银行可以通过改变再贴现率的高低,控制和调节信贷规模,影响社会货币量的变化。

二、贷款业务

1. 对商业银行的贷款

向商业银行等融通资金,保证商业银行的支付能力是中央银行作为"银行的银行"的最重要职责之一。中央银行通常定期公布贷款利率,商业银行提出借款申请,中央银行审查批准具体数量、期限、利率和用途。一般来说,中央银行贷款都是短期的,采取的形式大多是以政府债券或商业票据为担保的抵押贷款。

随金融市场的发展和金融创新,商业银行的融资渠道不断增多、融资手段也多样化了。但是,中央银行贷款仍是商业银行扩大信用能力的重要渠道和保证支付的最后手段。

2. 对其他金融机构的贷款

其他金融机构是指不吸收一般存款的金融机构,包括证券公司、信托投资公司、金融租赁公司,以及有政府背景的政策性金融机构。

3. 对政府的贷款

政府在其提供公共服务的过程中,也会发生暂时性的收支失衡。因此,作为政府的银行的中央银行都有提供信贷支持的义务。对政府的贷款可通过直接提供贷款和买入政府债券两条渠道进行。鉴于向政府直接提供贷款往往造成通货膨胀的经验,在大多数国家直接贷款都被限定在短期贷款。由于对政府贷款往往都是采用信用贷款方式,因此,又对贷款额度进行限制。

4. 其他贷款

按照贷款对象来分的话,大致有两类。一类是对非金融部门的贷款,贷款对象的范围比较狭窄,一般都有特定目的和用途,带有政策倾向,如我国的老少边穷地区贷款。另一类是对外国政府和外国金融机构的贷款。例如,中韩日三国和东盟十国签订的货币互换协议,根据协议如果协议签订国发生国际支付困难,其他签订国使用本国货币提供贷款,一旦实行,就构成对外国政府的贷款。

三、再贴现业务和贷款业务的特点和区别

1. 特点

由于中央银行的特殊性质,因此与商业银行相比,中央银行再贴现和贷款业务不仅在贷款目的、对象和用途等方面不同,而且还形成了以下特点:

第一,向商业银行等金融机构提供资金融通是履行最后贷款人职能的具体手段。当商业银行等金融机构出现资金周转不灵、兑现困难时,虽可通过拆借市场解决一些问题,但拆借数量不可能很大。尤其是当遇到普遍性的金融危机时,拆借市场就无济于事。此时,中央银行通过向商业银行融通资金的作用就是非常重要的。

第二,为商业银行办理再贴现和贷款是提供基础货币的重要渠道(有关内容详见第九章)。在中央银行垄断货币发行的制度下,社会所需要的货币从源头上看都是由中央银行提供的。在信用货币创造机制下,中央银

行提供的基础货币通过商业银行的信用活动,形成货币总供给。因此,中央银行以商业银行等为对象的再贴现和贷款是提供基础货币的重要渠道。当商业银行资金周转不灵时,中央银行的贷款可以使其起死回生。当社会上货币供应量过多、出现通货膨胀时,中央银行又可以收回贷款,稳定经济的发展。

第三,再贴现率是中央银行调控货币供应量的重要工具。再贴现率是中央银行购买票据的价格和商业银行获得资金的价格。当中央银行提高或降低再贴现率,就是提高或降低商业银行获得资金的价格,就会引起商业银行在通过贴现向社会提供资金时,提高或降低贴现利率,或者引起商业银行减少或增加再贴现的数量,两种情况都将引起金融市场上资金供给的减少或增加以及利率上升或下降,达到中央银行调控信贷规模,影响社会货币量的目的。

20世纪60年代以前,再贴现和贷款业务在中央银行资产业务中占很高比重。70年代以后,随金融市场的发展和金融国际化,中央银行的证券资产和外汇资产增加,公开市场业务比重提高。在市场经济发达国家,货币市场和票据市场比较发达,再贴现的比重较高;相反,发展中国家则贷款比重较高。

2. 再贴现业务与贷款业务的区别

第一,贷款的收回方式不同。如果是再贴现贷款,那么再贴现票据到期,中央银行向票据承兑人出示票据并要求票据承兑人兑付,收回贷款。如果是抵押贷款,贷款期限到期,借款人向中央银行归还贷款,并收回抵押品。

第二,贷款的安全程度不同。如果是抵押贷款,则与再贴现没有区别;如果是信用贷款,则因为没有物资保证,贷款到期,中央银行不一定能收回贷款,一旦此种结果发生,就可能导致金融不稳定。因此,中央银行贷款中信用贷款被限制在很小的范围内。

第二节 中央银行的证券买卖业务

一、中央银行证券买卖业务的概念和规定

与再贴现业务和贷款业务一样,证券买卖业务也是中央银行的主要资产业务,并且随着证券市场的发展,其在中央银行资产业务中的重要性不断提高。

所谓中央银行证券买卖业务,是指中央银行作为市场参与者的一员,在公开市场进行证券的买卖。中央银行用自己发行的货币买入证券,实际上是通过市场向社会投放货币;反之,卖出证券等于将流通中的货币收回。

1. 买卖证券的规定

由于中央银行所有的业务都是为了履行中央银行的职能进行的,中央银行买卖证券的业务也不例外,必须遵循流动性原则,否则就不能灵活地调节投放货币的数量。因此,中央银行买卖证券主要限定在政府债券、国库券等流动性高的安全资产。例如,美联储规定证券买卖业务的对象是政府债券,英格兰银行规定是商业票据和政府债券,我国中央银行证券买卖对象限定为短期国债(国债回购)、中央银行融资券(中央银行证券的一种)和政策性金融债券。

2. 证券买卖市场的规定

为了防止直接购买政府债券可能引起通货膨胀的恶果,一般还限定证券买卖业务只能在二级市场进行。因为如果不对中央银行开展证券买卖业务的市场进行限制,如果中央银行的独立性也没有同时得到保证的话,就可能造成中央银行直接购买政府发行的债券的局面,从而使中央银行沦为政府弥补财政赤字的工具。

3. 买卖证券的方式

通常来说,公开市场的买卖方式有两种:买(卖)断和回购。买(卖)断和回购的区别是回购交易在卖出(买入)证券的同时,约定在将来的某个时候反向操作,即买入(卖出)该证券。或者相反。前者称之为正回购,后者称之为逆回购。由于经济活动对货币的需求存在季节波动,如果预见到将来某个时候,对货币的需求增加(或减少),可通过在回购市场进行逆回购(或正回购)操作,缩小市场对货币供给和需求的缺口,避免利率的大幅度变动。特别是中长期国债成为公开市场的主力交易品种,国债回购市场也随之兴起、规模扩大,成为中央银行证券买卖业务的最合适的市场和交易方式。

4. 证券买卖的作用机制

与上述中央银行的再贴现业务一样,中央银行通过购买或出售证券也将引起自身负债的变化。在表6-3中,中央银行在公开市场通过转账方式购买商业银行持有的债券,在形成自己新的资产的同时,也创造了对商业银行的负债,即中央银行在资产中增加债券10亿元,同时在负债中也增加商业银行的准备金存款10亿元。而商业银行则利用此项活动达到改变资产构成,即卖出债券、增加准备金存款,见表6-4。商业银行当然可以继续持有准备金存款,但更大的可能是增加贷款或购买其他债券。由此,引起整个银行体系资产负债的连续变化。

表6-3 中央银行资产负债表

资产	负债
债券 +10亿元	准备金存款 +10亿元

表6-4 商业银行资产负债表

资产	负债
准备金存款 +10亿元 债券 -10亿元	

二、中央银行证券买卖业务的特点

与公开市场其他投资者以营利为目的不同,中央银行证券买卖业务的目的是调节和控制货币供应量。同时,配合存款准备金比率政策和再贴现率政策。尽管在证券买卖中会出现价差收益或亏损,但中央银行的目的是通过对货币量的调节,影响整个宏观经济,并不是为了营利。除此之外,中央银行证券买卖业务还呈现如下几个特点。

(1)可控性。中央银行在金融市场买、卖证券,买卖什么证券,买卖证券的多寡,完全在中央银行的控制范围以内。

(2)主动性。货币政策目标一旦确定,中央银行马上就可以通过证券的买卖帮助政策目标的实现。如果是扩张,就买入证券;如果是紧缩,就卖出证券,主动权完全掌握在中央银行手中,不似再贴现贷款,再贴现率高低掌握在中央银行手中,是否申请再贴现贷款则掌握在票据持有者手中,中央银行只能被动地响应票据持有者的要求。

(3)可逆性。如果中央银行发现自己对经济形势的判断有误或者经济形势发生剧变,马上可以通过对前期证券买卖业务进行反向操作,给予修正。如中央银行认为需要进行紧缩,在证券市场卖出证券,结果经济萧条加剧或者遇到不期而遇的外来打击,需要迅速改变紧缩政策,转而实施扩张性政策,可以立刻在证券市场进行反向操作,买入证券。

三、中央银行证券买卖业务与贷款业务的异同

1. 相同之处

(1)买入证券实际上是以自己创造的负债去扩大资产,相当于中央银行贷款;卖出证券相当于收回贷款。两者融资效果相同。

(2) 对货币供应量的影响相同。即都会通过货币乘数作用,引起货币供应量的多倍扩张或收缩。

(3) 都是中央银行调节和控制货币供应量的工具。

2. 不同之处

(1) 证券买卖以证券的质量为依据。中央银行贷款如果是信用贷款,则是以商业银行的信用为依据;如果是抵押贷款,则既以商业银行的信用为依据,也以抵押物的质量为依据。

(2) 主动性不同。中央银行贷款遵循流动性原则,提供的大多是短期贷款,即使如此,也必须到期才能收回。而证券买卖业务不仅可以随时兑现,中央银行还可以通过证券的买和卖,进行逆向操作,随时修正政策方向。

(3) 贷款有利息收入;而证券则不仅有利息收入,还有买卖价差收益(损失)。

(4) 证券买卖业务对经济金融环境的要求较高,以存在发达的金融市场为前提。

第三节 中央银行的储备资产业务

一、中央银行储备资产业务的概念和意义

1. 中央银行储备资产业务的概念

世界各国之间商品和劳务的进出口、资本借贷,以及各种赠与和援助都会产生相互之间的债权债务关系。一定时期内,这种债权债务需要使用国际通用货币进行清算。用什么充当国际通用货币或者称之为国际清算手段,在不同的货币制度下是不同的。在金币和金块本位制下,使用黄金。在战后布雷顿森林体系下,使用黄金和美元并创设了国际货币基金组织份额和特别提款权。在牙买加体系下,实现了国际清算手段的多元化,不仅美元,一些主要发达国家的货币都成为国际清算手段。尽管黄金非货币化,但是黄金的天然属性使其仍然在很多国家的国际储备中占有重要地位。一个国家持有可用作国际清算手段的储备资产,在国际收支发生逆差时,进行债务清偿是非常必要的。因此,在绝大多数国家都将外汇和黄金,以及其他国际清算手段作为储备资产委托中央银行保管和经营,形成中央银行的储备资产业务。

2. 中央银行储备资产业务的意义

（1）稳定币值。币值稳定是经济稳定的必要前提。因此，由中央银行持有一定数量的黄金外汇储备，可以在国内商品供应不足、物价上涨时，从国外进口商品或直接向社会出售黄金外汇，回笼货币、平抑物价，保持币值稳定。

中央银行出售黄金外汇对货币供应量的影响，同上述再贴现业务和证券买卖业务一致。例如，中央银行在外汇市场卖出10亿元等值的外汇，等于同时回收10亿元本国货币，见表6-5。如果买入外汇的是商业银行，商业银行的资产负债表见表6-6。

尤其是在实行外汇管制的国家，中央银行买卖外汇的行为对货币供应量具有重要影响。我国中央银行资产负债表中（见表5-1），外汇占款成为货币发行的最主要部分。

表 6-5　中央银行资产负债表

资产	负债
外汇 -10亿元	准备金存款 （发行货币）-10亿元

表 6-6　商业银行资产负债表

资产		负债
外汇	+10亿元	
准备金存款（现金）	-10亿元	

（2）稳定汇率。在浮动汇率制下，一国货币的对外价值，也就是汇率，经常在变化之中，汇率的变化会影响该国的国际收支状况，甚至对整体经济产生重大影响。中央银行就可以通过买卖黄金外汇，使汇率保持在比较合理的水平，稳定本国货币的对外价值。

（3）调节国际收支。当国际收支出现逆差时，中央银行可以动用黄金外汇直接弥补差额，保持国际收支平衡。

3. 国际储备资产的构成

国际储备资产由三部分构成：首先是黄金。黄金是最古老的储备资产，也最安全可靠。但是在牙买加体系下，黄金非货币化，黄金不能直接用于支付结算。而且，由于持有黄金没有收益，还要支付较高的管理成本，因此在世界各国的储备资产中的比重在下降。尽管如此，由于黄金的天然属性，比较适合作为保值手段，仍然是重要的储备资产之一。

其次是外汇。外汇具有流动性好、管理成本低、有收益等优点。但是，外汇的汇率变幻莫测，很容易造成外汇贬值的损失，具有较高的风险，需要通过外汇资产多元化分散风险。因此，外汇比较适合作为周转手段。

再次是特别提款权，以及在国际货币基金组织的份额。既安全可靠又有流动性,但是这部分的储备资产不能随意获得,是分配的。

4. 保管和经营储备资产应注意的几个问题

保管和经营储备资产,实际上就是要确定持有储备资产的数量和持有储备资产的结构。

(1) 确定合理的储备资产数量。过多是浪费资源,过少可能丧失国际支付能力。影响合理持有储备资产数量的因素有:国际收支状况、国内经济政策、进口数量、债务数量,以及长、短期债务的比重。对于储备货币国家来说,因为有维持本国货币币值稳定的义务,因此持有外汇储备的多寡要视情况而定。当要使本国货币的汇率坚挺时,需要较多的外汇储备;要使本国货币汇率下跌时,并不需要很多外汇储备。

(2) 确定合理的储备资产结构。一般情况下,与管理任何一种金融资产一样,根据安全性、流动性和收益性的三性原则,考虑各种储备资产的构成比例。

第四节 我国中央银行的主要资产业务

一、贷款业务

1. 贷款对象

我国规定,中央银行贷款业务的对象必须是经中国人民银行批准、持有经营金融业务许可证、在中国人民银行开立独立的往来账户、向中国人民银行按规定缴存存款准备金的商业银行和其他金融机构。

根据1994年发布的信贷资金管理办法规定,共有三类金融机构可以获得中国人民银行的贷款。首先是商业银行。规定商业银行在组织存款、内部资金调度和市场融资以后,仍资金不足方可申请贷款。

其次是城市信用合作社、农村信用合作社、信托投资公司、金融租赁公司和企业集团财务公司等非银行金融机构[1]。规定非银行金融机构坚持以

---

[1] 在中国人民银行资产负债表的分类中,城市信用合作社和农村信用合作社与商业银行一起分类为存款货币银行,信托投资公司和金融租赁公司则属于特定存款机构。2008年以后,城市信用合作社、农村信用合作社和企业集团财务公司分类为商业银行,信托投资公司和金融租赁公司则分类为其他金融性公司。2010年公布的《金融机构编码规范》,则将前者称为银行业存款类金融机构,后者称为银行业非存款类金融机构。

资本总额制约资产,资金来源与资金运用应该自求平衡。当资金周转发生困难时,应首先通过货币市场解决;确实不能通过货币市场解决时,才由中国人民银行通过短期贷款给予解决。

第三类金融机构是政策性银行。因为政策性银行的资金来源本来就是通过政策性供给的(财政拨款资本金、专项资金、发行国家担保债券和金融债券),所以从理论上讲,并没有必要另外再由中央银行向其提供贷款。而且,由于政策性贷款具有"倒逼机制"的性质,更应该割断中央银行与政策性贷款的直接联系,政策性银行不应是中央银行的贷款对象。但是,中国农业发展银行从中国农业银行分设时,农副产品收购贷款所占用的中国人民银行贷款也划转到中国农业发展银行,成为中国人民银行贷款。同时,中国农业发展银行还承担粮棉油收购、国家重要农副产品储备和农业开发信贷资金的筹措和供应,这些资金往往由于季节性因素发生先支后收的资金临时需要。因此,与其他两家政策性银行不同,中国人民银行不得不向中国农业发展银行发放短期贷款给予支持。如中国人民银行在编制资产负债表时,将中国农业发展银行在与中国人民银行业务联系方面归入存款货币银行[①]。从这个意义上来说,撇开中国农业发展银行的特殊性,政策性银行在我国也并不是中国人民银行的贷款对象。

2. 申请中国人民银行贷款的条件

我国规定申请中国人民银行贷款必须具备三个基本条件:①必须是中国人民银行的贷款对象;②信贷资金营运基本正常;③还款资金来源有保证。

3. 贷款期限

中国人民银行贷款期限共分四个档次:20天、3个月、6个月和1年。

4. 中国人民银行贷款的特点

除了在贷款对象、资金来源、贷款职能等方面与一般商业银行不同,具有一般中央银行的基本特点以外,中国人民银行贷款还具有最大的特点,即在我国经济转轨阶段,作为最重要、最有效的货币政策工具之一,在宏观调控中发挥了重要作用。第一,存款准备金比率的调整,对存款货币银行的经营产生的影响过大,涉及面广、对经济的震动大,难以频繁进行;第二,资金需求对利率的弹性较小,再贴现率的调整并不能及时、有效地改变资金的需

---

① 不过,2002年以后的有关统计中,没有注明存款货币银行是否包括中国农业发展银行。

求;第三,存款准备金比率和再贴现率具有无差别性的特点,难以满足对个别对象进行特殊调整的需要,而我国由于幅员辽阔,各地区经济差别较大,还非常需要有针对性的政策手段;第四,金融市场发展滞后,公开市场业务操作比较困难。中国人民银行贷款根据宏观经济调控的需要,可以灵活自如地调整,既可以调节需求,又可以调节供给。不仅能控制贷款总量,制约社会总需求的增长,还能在贷款总量既定的条件下,改变贷款的结构,增加有效供给。同时,又可以将货币政策的意图传递给金融机构,促使金融机构按照货币政策目标开展经营活动。

二、再贴现业务

中国人民银行票据再贴现业务始于1986年。但由于我国商业信用不发达,商业票据少,能够办理贴现和再贴现的商业票据就更少了。1994年,国务院决定在煤炭、电力、冶金、化工和铁道5个产供销紧密相连的行业推行商业汇票结算,特意安排基础货币投放中的一部分专门用于再贴现。

再贴现业务的开展,首先要有贴现业务的发达作保证,而贴现业务的发达又要有信用的发达为条件。我国商业银行过分强调承兑风险,不愿办理承兑,或者要求办理承兑的企业缴存高额无息保证金,有些银行甚至拖延付款或无理拒付。同时,还要有高效的结算制度相配合;否则,有些银行为了减少在途资金,不愿托收。

反映我国转轨时期经济特点,中国人民银行再贴现业务呈现以下特点:再贴现有额度,额度由各级中国人民银行控制。1998年以前,商业银行的贴现贷款也被纳入信贷规模控制。再贴现率的调整比较僵硬。对再贴现票据的规定比较严格,必须是经商业银行市级以上分支机构承兑的汇票。有时,再贴现资金也会受到投向限制。

三、证券买卖业务

1994年4月4日,我国在原全国18个外汇公开市场的基础上组建中国外汇交易中心。1996年1月3日,以外汇交易中心系统为依托,全国银行间同业拆借市场开始运行,4月9日开始在二级市场上买卖国债。中国人民银行根据货币供应量和商业银行准备金头寸以及市场外汇汇率等指标的变化,决定证券买卖的具体操作。决策由行长办公会议进行,其中外汇操作由央行设在上海的公开市场操作室具体执行。

我国规定证券买卖的对象共有三种,即国债、中央银行债券和政策金融债券。由于我国的特殊情况,短期证券交易主要采取回购交易的方式,债券回购市场又被分割为三个部分,即证券交易所市场、场外市场和银行间市场。中国人民银行公开市场操作是在银行间市场进行的。银行间市场的参与者必须是参加同业拆借市场的各类金融机构,除了我国商业银行以外,还有外资银行、保险公司、证券公司、投资基金和农村信用联社。1996年以后,由于我国短期国债市场的不发达和同业拆借市场管理等因素,国债回购市场成为证券买卖的主要场所,并逐渐成为中国人民银行非常重要的调节货币数量的手段。

中国人民银行证券买卖的效果主要表现在以下方面:①达到调节基础货币供应,满足商业银行流动性需要,作为引导货币市场利率的操作目标。②定期向全国银行间同业拆借市场成员发布公开市场业务债券交易利率、价格等信息,鼓励一级交易商在银行间同业市场,代理中小金融机构融通资金;货币市场利率特别是债券回购利率,灵敏地反映商业银行流动性和中国人民银行的政策;一级交易商也通过参与公开市场业务强化了经营意识,加强内部资金管理,对货币政策信号反应灵敏,初步形成通过公开市场业务进行货币政策传导的机制。③配合财政政策,减少财政政策的挤出效应。④推动银行间债券市场的发展,增加债券的流动性,降低债券的发行成本。

四、储备资产业务

1. 我国国际储备的构成及管理概况

国际储备有四种形式,即黄金、外汇、特别提款权和在国际货币基金组织的份额。一般来说,特别提款权和在国际货币基金组织的份额都是分配的,在一定时期内比较稳定。持有黄金,既不如持有外汇资产可获得经营收入,又要支出保管费用。在金本位制崩溃以后,虽然由于黄金的天然属性,一直在国际储备中占有一席之地,但是其重要性已经大大降低。据中国人民银行公布,我国国际储备中的黄金在2009年以后一直保持在3 389万盎司,目前约合669.84亿元。因此,我国中央银行储备资产业务主要表现在对外汇储备资产的管理方面。

1992年以前,我国对外汇储备资产的统计口径比较宽,将中国银行的外汇资产也列入国家储备资产。1993年以后,我国储备资产已不包括中国银行的外汇资产。

2. 我国外汇储备的规模管理

确定一个国家合理的外汇储备规模,主要考虑国际收支的影响。国际上通常认为,外汇储备达到 3-4 个月的进口额,或者外债余额的 30% 是比较合理的。如果低于这个水准,可能难以完成弥补国际收支差额的职能;如果高于这个水准,则表示该国没有充分利用现有的资源。由于我国还对资本项目的资本流动实行限制,所以我国在确定外汇储备资产规模时,不仅要考虑进口数量和外债余额,还要充分考虑实现人民币可兑换以后,国际资本的流出入对国际收支影响的因素。

3. 我国外汇储备的经营管理

与其他金融资产的经营管理一样,外汇储备资产的经营也必须遵循安全性、流动性和收益性的原则。同时,也必须考虑到外汇储备资产的特殊性,灵活运用"三性"原则。第一,建立严密的风险管理制度。与国内金融资产的风险管理不同,外汇储备资产的经营还要考虑所持外汇资产所在国的官方和民间由于政治原因不能兑付的"主权风险"。并且根据国民经济发展的实际需要和对外经济关系的密切程度、进出口和债务的币种结构,综合考虑国际金融市场的变化,选择相应国家的外汇资产。第二,由于持有外汇储备资产的主要目的是平衡国际收支和维持汇率的稳定,因此在经营中,应首先考虑安全性,根据所持币种情况,投资于高信用等级的金融工具。第三,在保证安全的前提下,也要注意防范市场风险,合理安排资产的期限结构和币种结构,以分散风险。第四,根据我国的国情,建立外汇储备资产经营模式。可以参考商业银行一线准备和二线准备的做法,将外汇储备资产分成两部分:一部分作为战略储备,不轻易动用,投资于较长期的高信用等级的金融工具,满足国家较长期的需求;另一部分作为日常储备,用于干预外汇市场、稳定汇率、保持必要的国际支付能力。

重 要 概 念

再贴现和贷款业务　证券买卖业务　储备资产业务　惩罚性利率　基准利率　正回购　逆回购

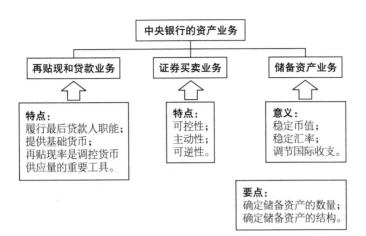

练 习 题

一、填充题

1. 中央银行的资产是指中央银行所持有的各种债权，主要包括（　　）、（　　）、（　　）和（　　）。
2. 中央银行对政府的贷款可通过（　　）和（　　）两条渠道进行。
3. 一个国家的国际储备资产包括（　　）、（　　）、（　　）和（　　）。
4. 有一张银行承兑票据，面额为100万元，再贴现率为5.4%，尚有40天到期，要求再贴现，再贴现金额是（　　）。如果再贴现率提高到9%，其他条件不变，再贴现金额是（　　）。

二、判断题

1. 中央银行证券买卖业务是中央银行作为市场参与者的一员，在公开市场进行证券买卖，目的是赚取价差。
2. 中央银行进行再贴现业务的目的是提供长期资金融通。
3. 在利率完全市场化的经济体中，再贴现率可以说是中央银行唯一可以直接调控的利率。
4. 再贴现是指商业银行将通过贴现业务持有的尚未到期的商业票据向中央银行申请转让，借此获得中央银行的资金融通。
5. 中央银行贷款业务和证券买卖业务对货币供应量的影响相同，都会通过货币乘数作用引起货币供应量的多倍扩张。
6. 由于中央银行贷款业务遵循流动性原则，提供的是短期贷款。因此，与中央银行证券买卖业务在流动性方面完全相同。
7. 中央银行通过在二级市场买卖股票，调节货币的供应量。

三、简述题

1. 中央银行再贴现和贷款业务与商业银行贷款业务的区别。
2. 中央银行再贴现业务的作用机制。

参考答案

一、填充题

1. 再贴现贷款;贷款;证券;黄金外汇等。
2. 直接提供贷款;买入政府债券。
3. 黄金;外汇;特别提款权;国际货币基金组织的份额。
4. 99.4 万元;99 万元。

二、判断题

1. 错。调节和控制货币供应量。
2. 错。短期。
3. 正确。
4. 正确。
5. 正确。
6. 错。贷款必须到期才能收回。而证券买卖业务的买和卖可以随时进行。
7. 错。虽然股票具有流动性,但股票的变现能力并没有保证。不适合作为中央银行的资产。

三、简述题

1. (1) 向商业银行等金融机构提供资金融通是履行最后贷款人职能的具体手段。

   (2) 为商业银行办理再贴现和贷款是提供基础货币的重要渠道。

   (3) 再贴现利率是中央银行调控货币供应量的重要工具。

2. (1) 中央银行资产负债业务的特点是可以通过购买或出售一种资产创造或冲销自身的负债。

   (2) 商业银行通过向中央银行再贴现自己持有的票据可以改变自身的资产构成。

   (3) 中央银行向商业银行购买票据的价格(再贴现率)直接关系商业银行改变资产构成的成本高低和能力大小,反映在银行客户获得银行贷款的数量多寡和银行购买证券的价格高低。

   (4) 最终影响社会货币量的变化。

第七章　中央银行的支付清算业务

本章提要

　　一国的支付清算系统包括清算机构、支付系统和清算制度。由私人机构运营支付清算系统并不能保证系统总是顺利运转；而中央银行作为金融机构与其业务对象之间存在广泛的债权债务关系和清算活动，又由于中央银行的非营利性质、垄断货币发行的特殊地位，不存在信用风险和流动风险，由中央银行运营支付清算系统，有利于系统的稳定。

　　中央银行支付清算业务包括：直接作为清算机构提供清算服务、直接建立支付系统和制定与监督清算制度。

　　中央银行支付清算业务的重要性体现在：保障经济和社会生活正常运转，提高货币政策效果，稳定金融，在跨国支付清算中发挥重要作用。

　　中央银行在支付系统中的作用应该包括：制定支付系统政策，运行支付系统为金融机构提供支付服务，监督支付系统的运行。

　　目前，中国人民银行负责运行、维护、管理的支付清算系统包括：大额实时支付系统(HVPS)、小额批量支付系统(BEPS)、全国支票影像交换系统(CIS)、境内外币支付系统(CDFCPS)、电子商业汇票系统(ECDS)和网上支付跨行清算系统(IBPS)，是我国重要的金融基础设施，是国家和社会资金流动的大动脉。

第一节　中央银行支付清算业务体系

一、中央银行支付清算业务的含义

商品交易、劳务供应、金融活动和消费行为都会引起债权债务关系，债权债务关系的清偿通常通过货币所有权的转移进行，货币资金的收入和支付的行为一般称作结算。根据结算手段不同，可以分为现金结算和转账结算。现金结算具有强制性和结算随现金转移同时完成的两个特点，因此是可在任何情况下用作结算的最基本结算手段。但是，现金的运输保管既花费时间和费用，还面临遭受遗失、偷盗等损失的风险。因此，现金结算往往作为小额结算手段被广泛使用。由于现金结算的上述缺点，出现了支票票据、汇票、转账信用卡等结算工具，用于办理企业之间的结算、异城清算、公用事业费的支付、工资发放以及商品购买等。这种通过转账进行的结算，也称非现金结算。

由于债权债务关系的当事人往往并不在同一个银行开设账户，所以转账结算需要通过银行间的账户设置和一定的结算方式，实现各种经济行为引发的债权债务清偿和资金划转。不仅是为客户提供转账支付服务，需要建立银行间的结算关系。银行在其自身的经营行为中，也需要与其他金融机构发生业务往来，由此产生的大量债权债务关系需要进行清偿，这个清偿活动被称为"清算"。尽管清算可以通过金融机构之间建立双边清算协议实现，但随金融机构相互间关系的复杂化，依靠双边清算关系已经难以完成愈益复杂的清算职能，出现了专门提供清算服务的组织和支付系统。支付清算系统顺利运转、债权债务关系得到及时清算，是商品交易、劳务供应、金融活动和消费行为顺利进行的保证。而由私人机构提供支付清算服务，并不能保证系统总是顺利运转。

中央银行作为金融机构在其资产负债业务进行中，也必然发生与其业务对象之间债权债务关系的清算。由于中央银行的非营利性质和垄断货币发行的特殊地位，中央银行不存在信用风险和流动风险。同时，中央银行还接受商业银行的法定存款准备金。因此，金融机构都愿意在中央银行开设账户，从而为金融机构间的清算创造了便利。

中央银行支付清算业务是指中央银行作为一国支付清算体系的参与者和管理者，通过一定的方式和途径使金融机构之间的债权债务清偿及资金转移顺利完成,并维护支付系统的平稳运行,从而保证经济活动和社会生活的正常进行。

中央银行支付清算业务包括:清算机构、支付系统和清算制度。

二、清算机构

清算机构是为金融机构提供资金清算服务的中介组织,在支付清算体系中占有重要位置。票据交换所是最传统和最典型的清算机构,此外还可以采取清算中心和清算协会等组织形式。从经营形态来看,清算机构既有私营的,也有政府主办的。从业务的地域范围来看,既有全国性的,也有地区性的,甚至还有国际性的。清算机构一般实行会员制,会员必须遵守组织章程和操作规则,缴纳会费。在很多国家,中央银行也作为会员,参加清算机构,直接参与清算活动。一般来说,清算机构通常同时经营支付系统。

三、支付系统

支付系统是由提供支付清算服务的中介机构和实现支付指令传送及资金清算的专业技术手段共同组成的,其职能是实现债权债务清偿及资金转移。由于债权债务清偿及资金转移关系到经济活动能否顺利进行,因此,支付系统的任务是快速、有序、安全地实现货币所有权在经济活动参与者之间的转移。

同时,支付系统运行关系货币政策的实施,对稳定货币、稳定金融与稳定市场具有至关重要的影响。因此,第一,为了防止由于各种突发事件对支付系统造成的风险,各国中央银行对支付系统的建立和运行过程实行监督,如对私营清算机构的开业进行审批、对操作规程进行审核等。第二,中央银行直接拥有和经营大额支付系统,保障支付的安全性。

四、支付清算制度

支付清算制度是关于结算活动的规章政策、操作程序、实施范围等的规定和安排。中央银行作为货币当局有义务根据国家经济发展状况、金融体系构成、金融基础设施及银行业务能力等,与有关部门共同规定支付清算制度。特别是,金融机构之间为办理客户委托业务和为自身的债权债务清偿而进行资金划转的同业清算业务,已经在社会支付清算业务中占据极大的部分。因此,同业间一旦出现清算障碍将酿成灾难、危及金融稳定,各国中央银行对同业间清算的制度建设、系统设计、操作规则等予以高度重视,并赋予中央银行管理监督的职权。很多国家中央银行不仅制定同业间清算制度、设计支付系统结构和运行模式、审核支付系统操作规则,还直接提供清算服务。

第二节 中央银行支付清算业务的主要内容

一、组织票据交换和清算

票据交换是各银行彼此之间进行债权债务和资金清算最基本的清算手段。它的基本原理如图7-1所示,付款人甲将表示甲欠乙的票据交给乙,乙将票据交给银行B,委托银行B收款。银行收到客户提交的票据之后,拿到票据交换所进行提示,付款银行A对票据进行确认之后,委托票据交换所进行清算。票据交换所委托中央银行将开设在中央银行的A银行账户的资金转移到B银行的账户。一般情况下,银行拿到票据交换所的票据不会是一张,而是多张以己方为收款行的票据,交给付款行,并取回其他银行代收的以己方为付款行的票据。然后,通过各自在中央银行开设的账户进行彼此间的债权债务抵消和资金清算。

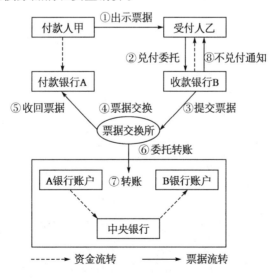

图7-1 票据交换过程

票据交换所既有采取中央银行负责管理的形式,也有由私营清算机构和金融机构联合主办的形式。但不管如何,票据交换的资金清算都是通过各银行或清算机构在中央银行开设的账户完成的。

二、办理异地跨行清算

各种不同银行之间的异地债权债务形成了各行之间的异地汇兑,会引起资金头寸的跨行、跨地区划转,划转的速度和准确关系到资金的使用效率和金融的安全,因此各国中央银行通过各种方式和途径,对清算账户进行集中处理,提高清算效率,减少资金消耗。不同地区、不同银行之间的资金清算就成为中央银行支付清算业务的重要内容。

异地跨行清算的原理如图 7-2 所示。付款人甲向自己的往来银行 A 发出支付通知,银行 A 作为汇出银行向当地中央银行的分支机构发出支付指令,中央银行分支机构将 A 银行账户上的资金扣除,然后通过清算中心向汇入银行 B 所在地区的中央银行分支机构发出向 B 银行支付的信息,B 银行所在地区中央银行分支机构收到信息以后,向 B 银行发出支付通知的同时,将资金划入 B 银行的账户,B 银行向受付人发出到账通知。

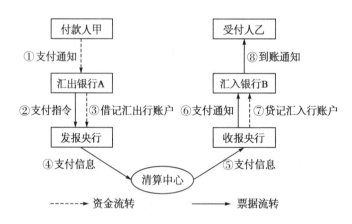

图 7-2 异地跨行清算程序

其中的清算中心实际上就是大额支付系统,大多数国家的中央银行都拥有并经营清算中心,直接参与跨行、跨地区支付清算。例如,我国中央银行中国人民银行在全国 31 个省市自治区首府和深圳市设立了清算中心,于 1991 年以后开始启用的全国电子联行系统(electronic interbank system,EIS),

承担了商业银行之间以及商业银行内部一定金额以上的大笔结算。2005年6月,中国人民银行开始使用和运行包括大额实时支付系统(high value payment system,HVPS)的中国现代化支付系统(china national advanced payment system,CNAPS)。又如,美联储的 FEDWIRE 系统等。当然也有国家,仍然由私人机构经营清算中心,但是清算中心清算以后,最终资金的划拨还是要通过各自在中央银行的账户进行的。因此,为私营清算机构提供差额清算服务也是中央银行的任务之一。

三、提供跨国清算服务

中央银行不仅为国内经济和金融活动提供支付清算服务,在对外支付结算和跨国支付系统中也发挥重要作用。

所谓国际结算,是指按照一定的规则、程序并借助结算工具和清算系统,清偿国际间债权债务和实现资金跨国转移的行为。国际结算的基本任务就是通过各种货币之间的兑付和转账划拨,实现国际间债权债务的清偿和资金的正常流动。

跨国清算的基本原理如图 7-3 所示。例如,国外的付款人甲需要向国内的受付人乙支付一笔款项。首先,甲向往来银行 A 发出向乙的支付请

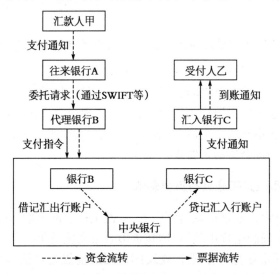

图 7-3 跨国清算程序

求,A 接手后向乙所在国的国内代理行 B 发出委托请求;代理行 B 接受委托后,将 A 账户内的资金扣除,并向跨国清算系统发出向受付人的往来银行 C 的支付通知;跨国清算系统核对后要求中央银行将 B 账户内的资金划到 C 账户,到账以后,C 将资金划入乙的账户同时向乙发出到账通知。

随着国际间经济、贸易、投资和民间往来的增多,跨国支付清算业务量迅速扩大。上例中,往来银行向代理银行发出委托请求是一笔巨大的数目,反过来 B 银行也有大量的业务委托 A 代理。因此,为了提高跨国支付系统的运行能力和效率,欧美的大银行于 1973 年开发了 SWIFT(the society for worldwide interbank financial telecommunication)系统。由于 SWIFT 的参加者遍布全球数千家金融机构,可以为用户提供及时的支付清算服务。因此,SWIFT 成为各国普遍使用的跨国支付清算系统。系统的现代化使跨国支付清算业务的大量和及时处理成为可能,国际间资金流动顺利进行,债权债务按期偿清,货币收付及时实现,保证各国对外交往正常开展及国际社会的正常运转。同样,跨国支付清算最终也还是要通过银行包括代理行之间的资金划转进行的,同时中央银行还负有对资金在国内外流动的监督等责任。因此,中央银行在跨国支付清算中担任重要角色。

第三节　中央银行支付清算业务的重要性

一、支付清算系统是经济和社会生活正常运转的重要保障

由于存款货币银行都在中央银行开设账户,为各银行之间应收应付款项通过中央银行进行资金划转提供了便利。同城、异地和跨国交易产生的债权债务均可通过中央银行得以最终清偿,实现全社会范围内各种错综复杂的经济社会联系和资金交流,促进资源优化配置、提高劳动生产率,保证经济健康发展和社会生活正常进行。

二、对货币政策实施具有重要影响

第一,中央银行通过提供清算服务,掌握全社会的金融状况和资金运动趋势,有助于正确制定货币政策、增强货币政策实施效果。

第二,公开市场操作手段有效发挥作用的前提是灵活、高效的清算体系。因为中央银行在公开市场买卖证券的目的并不是为了赚取价差,而是为了调节货币供应量,一旦买卖行为实施就要求马上完成有关资金的收付,

否则就妨碍政策的效果,也使中央银行难以对是否继续进行操作作出正确判断。

第三,灵活、高效的清算体系有助于增强货币市场的流动性,从而使中央银行更直接、准确地进行货币操作,操作信息更快速地传递至市场参与者,并快速反馈至中央银行,提高中央银行货币操作的效果。

第四,当清算过程中支付指令的传送和支付资金的清算转移不同步,产生在途资金,将增加银行流动性管理的难度。中央银行可通过提供高效率的清算服务,减少在途资金。

第五,中央银行在提供清算服务的同时,还往往提供透支便利,以维持清算系统的正常运作。当发生如金融机构倒闭、计算机故障或其他不可预测的突发事件导致的金融机构流动性风险时,由中央银行提供临时性信贷,以防止"多米诺骨牌"效应引发的清算系统瘫痪的发生。

三、与金融稳定有密切关系

清算系统是金融信息和金融危机的主要传播渠道,清算出现问题将影响公众信心,甚至引发社会恐慌。一家银行不能履行支付义务很可能引发连锁违约,将使整个清算系统发生阻滞或瘫痪,危及金融体系和经济社会稳定。中央银行通过清算服务,监督支付系统的运行,防范控制风险。因此,中央银行非常重视对支付系统的风险管理。

1. 对大额支付系统透支进行限制

中央银行为了保持大额系统用户的流动性水平,往往为其提供透支便利,但随之产生透支用户在规定期内不能补足透支头寸而造成的信用风险。因此,一些国家的中央银行对透支采取限制措施。例如,规定最大透支额度;对平均每日透支金额收取费用;对经营不善或没有遵守风险管理政策的金融机构不给予透支便利;要求对超过透支额度的部分提供透支抵押担保,否则就不提供透支便利。

2. 对大额支付系统进行管理

当大额支付系统是由私人经营时,中央银行利用其为私人大额支付系统提供差额清算服务实现资金最终划转的地位,要求支付系统必须建立风险防范和控制机制,保证清算参加者的差额头寸在规定时间内完成。中央银行还对私人清算系统经营者及系统运营状况实行审计、监督,对系统用户监管。

3. 对银行支付结算活动进行监督

中央银行通过制定结算制度、颁布结算办法、监督结算活动,维持结算秩序。

4. 发展实时全额清算系统 RTGS(real time gross settlement)

实现实时清算、连续进行,保证清算参与银行有足够时间解决头寸不足问题。收款行是在清算完成后才能得到支付信息,RTGS 使在途资金被降至最低甚至为零,从而规避信用风险和流动性风险,进而降低支付系统的系统性风险。

四、在跨国支付清算中发挥重要作用

中央银行作为政府的银行,负有代表国家发展对外金融关系、参与国际金融活动、管理官方储备、监督外汇收支和资本流动等重要职责,而国际结算又面临对方毁约、银行资信等信用风险和汇率利率波动等市场风险。因此,中央银行利用其特殊身份对国际结算活动施加影响,并直接、间接进行干预。

第四节 我国支付清算体系的现状

一、我国支付清算体系的发展

新中国成立之初,我国沿用同城结算以现金和支票为主、异地结算以汇兑为主的传统结算方法。以后,为了配合计划经济对经济活动的管理,规定机关团体企事业单位除了小额交易外,一律通过银行进行转账结算。1953年,随着中国人民银行成为事实上唯一的银行,在全国建立了"三级联行清算体系",即县(市)内联行、省内联行和跨省的全国联行。各级联行负责辖区内金融机构之间的资金清算,全国联行通过中国人民银行总行进行资金清算。

1978 年开始改革以后,配合计划经济的"三级联行清算体系"已经不能适应向市场经济转变的改革发展需要。随着国有商业银行(专业银行)的建立和中国人民银行专司中央银行职能,1985 年进行了将中国人民银行资金与国有商业银行资金分开管理的改革,中国人民银行主办的"三级联行清算体系"改为各国有商业银行自行的联行体系和跨行直接通汇清算。

大力推行增加各种结算工具和推进支付结算现代化,1991 年以后开始

启用全国电子联行系统(EIS)。同时,开始规划建设中国现代化支付系统 CNAPS,并于 1996 年开始动工建设。2002 年 10 月 8 日,CNAPS 重要组成部分的大额实时支付系统(HVPS)首先投产试运行,HVPS 主要用于处理同城和异地的大额贷记支付业务和紧急的小额贷记支付业务,2005 年 6 月 24 日完成全国推广。紧接着,主要用于处理同城和异地纸凭证截留的借记支付业务,以及每笔金额在规定金额起点以下的小额贷记支付业务的小额批量支付系统(bulk entry payment system,BEPS)也于 2005 年 11 月 28 日投产试运行,2006 年 6 月 26 日完成全国推广。2007 年 6 月,完成全国支票影像交换系统(cheque image system,CIS)。CIS 主要通过影像技术、支付密码、数字签名等技术,将纸质支票转化为影像和电子信息,实现纸质支票截留,利用信息网络技术将支票影像和电子清算信息传递至出票人开户行进行提示付款,实现支票的全国通用。2008 年 4 月建成境内外币支付系统(china domestic foreign currency payment system,CDFCPS),目前开通港币、英镑、欧元、日元、加拿大元、澳大利亚元、瑞士法郎和美元 8 种货币支付业务,满足国内对多种币种支付的需求。2010 年 6 月完成电子商业汇票系统(electronic commercial draft system,ECDS),2011 年 1 月 24 日完成网上支付跨行清算系统(internet banking payment system,IBPS),IBPS 主要支持网上支付等新兴电子支付业务的跨行(同行)资金汇划处理。至此,形成了中国现代化支付系统的业务应用系统。

除了业务应用系统,CNAPS 还包括两个辅助支持系统:清算账户管理系统(settlement account processing system,SAPS)和支付管理信息系统(payment management information system,PMIS)。

二、提供支付服务的金融中介机构和我国支付系统的总体结构

中央银行和商业银行是支付服务的主要提供者。我国银行体系包括大型商业银行、中型商业银行(股份制商业银行和大型城市商业银行)、小型商业银行(小型城市商业银行、农村商业银行、农村合作银行和村镇银行)、数目众多的城市信用合作社和农村信用合作社、合资银行、外国银行的分行和办事机构,以及企业财务公司。两家政策性银行也提供某些支付服务。

参照发达国家的经验,一个国家的支付体系由商业银行内支付系统和跨行资金转账系统组成。对于前者,系统的参与者是广大客户(包括企业和个人),对于后者系统的直接参与者是商业银行和其他在中央银行开设

账户的金融机构(如证券公司等)。过去,中国人民银行对各商业银行的管理方式,主要采取由中国人民银行的分支行直接管理自己辖区内的各商业银行的分支机构的方式。因此,跟发达国家相比,中国目前并不存在真正意义上的跨行支付系统。商业银行是以分/支行为单位与中央银行进行支付结算的,因此所谓跨行系统,实际上是跨分行的系统。即使对于各商业银行的手工三级联行或电子资金汇兑系统中,最终余额还是要跟中国人民银行进行结算。从账户管理方式来看,跨分/支行的支付实际上应属跨行支付,中央银行为这些中央银行账户持有者提供支付结算服务,显然责无旁贷。而另一方面这些分/支行又冠之以某某银行,它们之间的支付交易似又属于行内。

这种在以行政命令为动力的计划经济体制下形成的管理方式,造成地区间相互分割,资金使用效率低下,既难以满足社会主义市场经济对高效率使用资金的要求,也不利于金融机构作为市场主体,单独承担市场责任的市场经济要求。因此,在政府主导下,在建设 CNAPS 的同时,还大力致力于非中央银行运行支付体系的建设,并取得了很大成果。除了上述由中国人民银行运行的支付系统外,我国的支付清算体系还包括非同城票据交换系统、银行业金融机构行内支付系统、中国银联银行卡跨行交易清算系统、城市商业银行汇票处理系统和支付清算系统、农信银支付清算系统。

中国人民银行通过清算总中心及其分布在全国各地的 32 个清算中心和 324 个城市处理中心联结,形成覆盖全国的支付体系。各金融机构既可以通过当地的清算中心实现相互联结,也可以通过行内支付系统相互联结,然后汇总到总行与总行所在地的清算中心联结。实现大额实时清算、小额批量清算,解决了各家金融机构间的跨行资金支付清算及结算问题。同时也为一些没有自己系统内支付网络的小型银行提供支付服务,使它们能够不依赖于其竞争者为其提供类似服务。

三、中国人民银行在支付清算系统中的作用

支付系统建设中,中央银行如何发挥其作用就成了必须解决的一个重要问题。一方面,关于中央银行在国家支付系统中的地位与作用,并没有成熟的、达成共识的理论依据;另一方面,发达国家中央银行在本国支付系统中扮演的角色又千差万别,相距甚远。中国只能从总体上借鉴国际上的经验,结合中国国情摸索出自己的途径。因此,中国人民银行在国家支付系统中的作用应该包括：① 制定支付系统政策；② 运行支付系统为金融机构提供支付服务；③ 监督支付系统的运行。

在政策方面，应该包括规划中国现代化支付系统的总体结构，制定必要的法律、法规和技术标准，特别是跟支付系统风险管理和保障系统安全相关的政策。

在运行方面，中国人民银行通过32个清算中心和运行CNAPS，起管理、组织和协调包括非中央银行运行在内的我国整体资金支付系统的作用。

对支付系统(如商业银行内的电子资金汇兑系统等)的监督，可以通过监督清算机构(指中央银行以外的支付系统)以及清算机构的参与者来进行。

重 要 概 念

结算　清算　票据交换　支付系统　清算机构　清算制度　异地跨行清算　跨国清算　CNAPS　RTGS　SWIFT　FEDWIRE

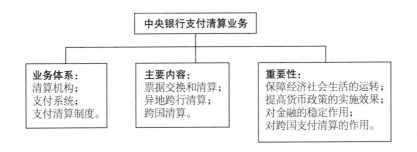

练 习 题

一、填充题

1. 中央银行支付清算业务的主要内容是（　　）、（　　）和（　　）。
2. 现金结算的优点是（　　），缺点是（　　）。
3. 非现金结算包括（　　）、（　　）和（　　）等结算工具。
4. 支付系统是由（　　）的中介机构和（　　）的专业技术手段共同组成的，其职能是（　　）。
5. 支付清算制度是关于结算活动的（　　）、（　　）和（　　）等的规定和安排。
6. 国际结算就是按照一定的规则、程序并借助结算工具和清算系统，清偿（　　）和（　　）的行为。

二、简述题

1. 中央银行支付清算业务的重要性。
2. 中央银行主办清算机构的最大好处是什么？为什么？
3. 为什么说中央银行的支付清算业务对货币政策实施具有重要影响？

参 考 答 案

一、填充题

1. 组织票据交换和清算；办理异地跨行清算；提供跨国清算服务。
2. 强制性和现金转移与结算同时完成；运输保管既花费时间和费用，还面临遭受遗失、偷盗等损失的风险。
3. 支票票据；汇票；转账信用卡。
4. 提供支付清算服务；实现支付指令传送及资金清算；实现债权债务清偿及资金转移。
5. 规章政策；操作程序；实施范围。
6. 国际间债权债务；实现资金跨国转移。

二、简述题

1. 支付清算系统是经济和社会生活正常运转的重要保障;对货币政策实施具有重要影响;与金融稳定有密切关系;在跨国支付清算中发挥重要作用。

2. 中央银行不存在信用风险和流动风险,并接受商业银行的法定存款准备金。因为中央银行的非营利性质和垄断货币发行。

3. (1)掌握全社会的金融状况和资金运动趋势,有助于正确制定货币政策增强货币政策实施效果。

(2)公开市场操作手段有效发挥作用的前提是灵活、高效的清算体系。

(3)有助于增强货币市场的流动性和更快速地将中央银行在货币市场操作的信息传递至市场参与者,并快速反馈至中央银行,提高中央银行货币操作的效果。

(4)减少在途资金。

(5)中央银行在提供清算服务的同时,还可提供临时性信贷,防止"多米诺骨牌"效应引发的清算系统瘫痪的发生。

第八章 中央银行的其他业务

本章提要

中央银行代理国库的内容：为政府保管资金，代理政府债券的发行和兑付，代理政府进行黄金和外汇买卖。

中央银行代理国库的意义是：提高财政预算资金的集中和分配效率；及时了解掌握国家财政的现状和发展动态；增加中央银行的资金来源；降低成本，节约人力、物力；有利于中央银行对国库日常收付和预算资金转移的监督，保证国库资金的安全。

中央银行会计业务不仅承担自身会计核算职责，还担负指导、管理、监督金融机构会计核算的职责。

业务内容主要体现在：组织会计核算；为金融机构和政府财政提供服务，了解资金动向；监督和管理自身以及金融机构的资金活动。

中央银行的调查统计业务既是中央银行获取金融信息的基本渠道，也是分析和研究一国经济金融状况的重要途径。

金融统计的对象是：金融机构、金融业务和金融市场。

金融统计的主要内容是：货币供应量统计、信贷收支统计、现金收支统计、对外金融统计、金融市场统计、保险统计和资金流量统计。

第一节 中央银行的代理国库业务

中央银行代理国库的业务就是接受政府委托,代表国家管理财政的收入和支付。

一、国库和国库制度

1. 国库

国库是国家金库的简称,国家金库表示国家财富的仓库。在现代经济中,政府代表国家向社会提供公共服务和举办公益事业,维持社会的正常运转。提供公共服务和举办公益事业都需要费用,该费用由社会承担。其主要形式有税收、公共养老保险金、政府企业收入、金融资产发行和投资的收益等,构成国家预算收入;政府运转的开支、公共养老保险费的支付、公共投资、债券利息的支付、转移支付等构成国家预算支出。因此,国库表示为国家办理预算资金的收入和支付、政府债券的发行和兑付,以及保管政府持有的黄金和外汇资产。国家预算是国家的基本财政计划,是国家筹集和分配财政资金的重要工具和调节控制管理社会经济的重要杠杆。国家全部预算收入必须由国库收纳入库,一切预算支出必须由国库拨付。因此,国库业务关系到国家预算的执行顺利与否,是国家预算执行工作的重要组成部分和基础。

2. 国库制度

对国库的经营和管理可以采取两种形式,即独立国库制和代理国库制。所谓独立国库制,是指国家设立专门机构,办理国家财政预算收支的保管和出纳工作。目前,世界上仅有少数国家采用独立国库制。代理国库制是指国家不设立独立的机构,专门经管国家财政预算收支,而是委托银行(一般是中央银行)代理国库业务。接受委托的银行根据国家的法规条款,负责国库的组织建制、业务操作和管理监督。世界上绝大多数国家都采取代理国库制,如美国、英国和我国都采取代理国库制。

3. 中央银行代理国库的重要意义

(1) 国库资金是国家行使各项权利及管理职能的物质保障,国库工作效率事关国家预算执行、财政收支平衡、国民经济发展及社会稳定的大局,政府需要可以代表国家贯彻执行财政金融政策、代为管理国家财政收支,并为国家提供各种金融服务的职能机构代理经营国库。中央银行代理国库可充分利用银行与社会各部门、企业、个人之间密切的账户往来及金融服务关系,实现国家预算收入的及时入库和预算支出的按时拨付。财政部门可直接通过银行的联行往来系统,加速税款收缴和库款调拨,方便、灵活地调动、运用国家预算资金,提高财政预算资金的集中和分配效率,保障经济和社会发展的资金需求。

(2)财政和金融处于国民经济的核心地位,财政政策和货币政策的协调配合对促进经济增长和社会发展具有重要意义。财政与银行之间的货币资金联系错综复杂,任何变化都可能引起国民经济各项活动和各个微观主体的变化,进一步引起财政收支和信贷收支的变化。因此,宏观经济政策的制定必须符合国民经济的整体运行状况,注重财政和金融的综合平衡。由中央银行代理国库有利于财政部门和金融部门的相互衔接、相互制约和相互监督,在政府资金和银行资金之间形成协调机制,有利于财政政策和货币政策的协调。通过代理国库,中央银行可以及时了解掌握国家财政的现状和发展动态,更好地把握社会资金的流动趋向,为制定和实施货币政策提供依据。并可及时全面向政府提供库款缴拨和预算执行情况,便于财政部门掌握金融信息,有利于财政政策的制定和与货币政策的协调。

(3)增加中央银行的资金来源。拨付之前,国库收缴的预算收入款和财政盈余款构成在中央银行的财政存款,成为中央银行的长期资金来源。因此,中央银行经理国库有助于扩大其信贷资金来源,对其控制货币供应量和信贷规模、加强金融宏观调控力度具有直接影响。

(4)中央银行代理国库可有效发挥其专业组织体系的长处和信息传输网络的优点,降低成本,节约人力、物力。

(5)中央银行代理国库也有利于中央银行对国库日常收付和预算资金转移的监督,保证国库资金的安全。

二、国库的职能和职责

1. 国库的职能

(1)为政府保管资金,负责办理国家预算资金的收纳和库款的支拨。国家的全部预算收入须由国库收纳入库,一切预算支出须由国库拨付。

预算资金收入之后,就成为政府在中央银行的存款,预算资金的支付则是存款提取。根据季节和预算项目的不同,政府资金的收付往往在时间上是不一致的。一般来说,中央银行是不对存款支付利息的。因此,维持政府存款的一定水平是节约资金成本和国库业务的重要内容。在资金收入集中时期,偿还欠款。在支拨集中时期,则可以通过发行短期债券筹措支拨资金。

(2) 代理政府债券的发行和兑付以及相关工作。债券发售之前,协助确定债券收益率、预测市场需求;发售时,负责公布发行条件、接受投标和认购,在报价人之间分配和发送证券,收取款项;到期时,负责支付利息和兑付。

(3) 代理政府进行黄金和外汇买卖。

2. 国库的职责

(1) 准确、及时地收纳国家各项预算收入。

(2) 按照国家财政制度规定和银行开户管理办法,为各级财政机关开设账户,审查并办理同级财政库款的支拨。至1997年底,全国共有2 545个国库机构。

(3) 对各级财政库款和预算收入进行会计账务核算,正确反映财政收支执行情况。各级国库按期向上级国库和同级财政、征收机构报送日报、旬报、月报及年报,并定期与上述部门对账,确保数字准确一致。

(4) 协助财政收支征收机构组织预算收入及时缴库。对拖欠预算收入不缴的单位,除根据征收机构填发的凭证核收滞纳金外,还有义务协助财税机构扣收其应缴预算收入。预算收入属于国家所有,由国家统一支配,任何单位个人都不得任意冲退,对有正当理由需要退还的预算收入,必须按照国家财政制度规定办理库款退付。

(5) 组织、管理和指导下级国库和国库经收处的工作。

(6) 办理国家交办的与国库有关的其他工作。

第二节 中央银行的会计业务

中央银行会计是针对中央银行的职能和业务范围,按照会计的基本原理,制定核算形式和核算方法。中央银行的会计业务体现和反映了中央银行履行职能,监督、管理和核算财务。

一、中央银行会计的对象和特点

1. 中央银行会计的对象

中央银行会计的对象是中央银行行使职能、办理各项业务、进行金融宏观调控等活动引起资金变化与运动的过程和结果。

2. 中央银行会计的特点

中央银行虽然也是银行,但是与一般的商业银行不同,其银行职能更多体现在是银行的银行,此外还是政府的银行,承担代理国库的职能等。因此,中央银行会计与一般银行会计和其他行业会计不同,呈现自身的特点。

第一,中央银行作为国家的货币当局,不仅负有制定和执行货币政策的职责,还需要向政府和金融机构提供各种服务,由此产生的资金变化和财务活动必然不同于一般商业银行,需要有适应中央银行职能和业务特征的会计形式和核算方法。

第二,中央银行职能引起的货币发行与回笼、存贷款的增减变化以及其他资金变动,都必须通过会计核算加以完成。会计核算有:货币政策实施业务的核算、联行往来及联行资金清算核算、货币发行与现金出纳业务核算、金银业务核算、外汇业务核算、经理国库及代理发行和兑付国债业务核算、内部资金和损益核算。因此,中央银行会计从核算内容、核算方法到会计科目、会计报表以及会计凭证的设置,均不同于商业银行会计。

第三,中央银行除承担自身会计核算职责以外,还担负指导、管理、监督商业银行及其他金融机构会计核算的职责。因此,中央银行会计必须体现这个职责。

二、中央银行会计的任务和职能

1. 中央银行会计的任务

(1) 根据国家的经济方针、政策、法规以及银行的规章制度和办法,正确组织会计核算,高质量、高效率地处理各项银行业务,准确、及时、真实、完整地记载和核算银行业务以及财务收支活动的情况。

(2) 通过办理资金收付、货币结算,掌握金融机构的经营状况和资金变化,督促其认真执行财经纪律,严格遵守会计制度和会计原则,改善经营管理。

(3) 正确核算成本,管理银行内部资金和财务收支,努力增收节支,提高效益。

(4) 开展会计检查和分析,运用会计资料和数据,分析金融业务变化情况,为金融决策提供信息。

(5) 强化会计的内部控制和制度建设,防范中央银行自身会计风险,并指导和督促金融机构健全会计风险防范机制。

2. 中央银行会计的职能

所谓中央银行会计的职能,简要概括来说就是在中央银行行使职能的活动过程中,会计如何发挥作用。

第一,根据中央银行履行职能的特点,通过设计和制定会计科目、内控机制、建立会计电算化系统等,建立中央银行会计核算体系,管理中央银行系统内的会计工作。同时,根据国家有关法律,制定金融企业会计准则和规范金融企业会计工作。

第二,中央银行行使职能的活动最终都要表现为货币资金的收付,而货币收付又必须通过会计核算过程才能实现。因此,中央银行会计部门通过对会计科目的设置和运用、对会计报表的制作与分析、为商业银行和政府财政部门开设账户、办理资金的划拨与清算等活动,综合反映经济和金融动态、金融机构存贷款规模、货币流通状况、国家财政收支及预算执行情况,为中央银行履行职能提供依据。

第三,通过会计核算、会计分析和会计检查,监督中央银行系统内部的财务收支和预算执行情况,以及内控机制的运作;监督金融机构的经营和资金活动。

第四,通过对自身和金融机构的财务收支进行综合分析,掌握全社会的资金运动状况和变化趋势,为履行中央银行职能服务。

三、中央银行的年度决算

中央银行的年度决算是中央银行会计工作的重要内容,是中央银行会计部门根据和运用会计核算资料,对会计年度内业务、财务和财务的动态进行全面概括的数字总结。

1. 年度决算的主要内容

包括:①清理资金、核对财务国;②清查和核实各项资产;③核实财务收支;④办理发行基金的年终核对工作;⑤编制年度试算平衡表;⑥完成与年终决算有关的其他工作。

2. 中央银行年度会计决算报表的内容

年度会计决算报表反映中央银行全年业务和财务收支状况,由以下报表构成:①基本报表,包括资产负债表、损益明细表、各种货币汇兑业务状况表、人民币业务状况表、自由外汇业务状况表;②附表,包括暂收与暂付款项科目分户明细表、固定资产明细表、年终库存统计表、机构与人员情况表、业务量情况表、缴存款、利息差错表;③决算说明书。

3. 年度会计决算报表的编制和上报

中央银行年度会计决算报表的编制和上报工作分为三步:首先,编制会计决算报表;然后,审查核对会计决算报表的数据;最后审查无误后,汇总上报。

第三节 中央银行的调查统计业务

调查统计是中央银行获取金融信息的基本渠道,在中央银行的业务活动和履行职能的过程中,发挥非常重要的信息支撑作用。同时,由于中央银行的权威性和其信息来源的可靠性、准确性,因此中央银行的调查统计也是观察、分析和研究一国经济金融状况的重要途径。中央银行的调查统计包括金融统计和经济调查统计,其中金融统计处于核心地位,是中央银行调查统计业务的主要内容。

一、金融统计的含义

金融统计是按照规定的统计制度,根据统计的一般原理,运用科学的统计方法,对金融活动现象的数量信息进行搜集、整理、分析,从而为经济和金融决策提供依据及政策建议的过程。

金融统计是对金融活动以及相关现象的系统记录和整理,包括:①各级金融机构根据统一规则定期进行的金融统计;②各级金融机构就金融活动的某一领域进行的专项调查;③各级金融机构逐级上报的有关金融运行中的突发事件和动态反映等。

通过金融统计,对错综复杂、纷乱零散的信息资料进行科学处理,揭示微观和宏观金融运行的规律、特征、存在的问题、整个社会资金流动总量和结构变化,为经济金融决策、金融监管、金融机构的经营管理提供科学依据。

二、金融统计的对象

金融统计的对象是以货币和资金运动为核心的金融活动,因此金融统计的对象包括金融活动的主体——金融机构、金融活动的内容——金融业务和金融活动的场所——金融市场。

1. 金融机构

金融机构是指专门从事各种金融活动的金融组织,是金融活动的主体。在不同的金融体制下,金融机构的组成也不相同。我国现阶段,金融机构主要有下列机构组成:①中央银行,即中国人民银行。②商业银行。根据《中华人民共和国商业银行法》的规定,商业银行是指吸收存款、发放贷款、办理结算等业务,以营利为目的的企业法人,包括大型商业银行、中型商业银行(商业银行、城市商业银行、农村商业银行、农村合作银行、村镇银行和邮政储蓄银行以及企业财务公司)等。③政策性银行。政策性银行是不以营利为目的、专门为贯彻配合政府的社会经济政策和意图,在特定业务领域内直接、间接从事政策性融资活动的金融机构,共有两家:中国进出口银行和中国农业发展银行。④合作制金融机构。是指采取合作制形式的金融机构,包括城市信用合作社和农村信用合作社。⑤其他金融机构。是指非银行金融机构,包括金融资产管理公司、信托公司、金融租赁公司、证券公司、保险公司、汽车金融公司和贷款公司等。

2. 金融业务

是指金融机构从事金融活动的内容。在不同的金融体制下,金融机构的组成体系不同,金融业务的范围和内容也有差异。我国现阶段,金融业务主要有:①中央银行业务,主要包括:货币发行业务、存款业务、再贴现业务、贷款业务、证券买卖业务、储备资产业务和代理国库业务等;②商业银行业务,主要包括:存款业务、贷款业务、结算业务和外汇业务等;③其他金融业务,主要包括:保险业务、证券业务、信托业务和金融租赁业务等。

3. 金融市场

是指进行金融活动的场所。依据不同的标准,可进行不同的划分。通常,按照金融市场的职能,可划分为货币市场和资本市场;按照金融业务的内容,可划分为存贷款市场、债券市场、股票市场、外汇市场等;也可以按照地域范围,划分为国内金融市场和国际金融市场。

三、金融统计的基本原则

1. 客观性

统计的目的是把握统计对象的真实状态,因此统计数据资料必须真实、正确,金融统计调查人员必须尊重客观事实,不受外力影响,如实、准确地反映实际情况。

2. 科学性

金融统计是对金融活动的反映，目的是为制定政策、考核业绩、揭露矛盾提供依据。因此，金融统计活动必须坚持科学性原则，根据统计对象的活动特点，科学、合理地设计统计报表、统计指标和统计方法。严格遵守统计业务操作程序，确保统计资料准确、及时、全面、系统地反映经济和金融现象。

3. 统一性

建立科学、统一、有效的统计制度，各级金融统计部门必须按照统一的统计指标、统计方法、统计口径和统计时间进行统计，保证金融统计数据资料的完整性和统一性。

4. 及时性

大部分金融统计的目的是为了向金融部门和政策制定部门提供金融活动实际状况的数据，以便采取对策。因此具有时效性，过期和滞后的统计资料就失去信息价值。

5. 保密性

有些金融统计涉及宏观经济的重要信息和商业性金融机构的商业机密，因此需要遵循保密原则，不得对外公布的不能公布，在公布前不得私自泄漏。

四、金融统计的主要内容

1. 货币供应量统计

中央银行为了履行制定和实施货币政策的职能，首先需要获得货币供应量数据。根据国际货币基金组织编制的《国际金融统计》，货币供应量的统计采取三级汇总的形式。

第一级是将金融机构分成货币当局、存款货币银行和非货币金融机构三类，形成各自的资产负债表。

第二级是将货币当局和存款货币银行的资产负债表合并成"货币概览"（又称"货币统计表"）。货币概览是为中央银行执行管理货币的职能而建立的货币运行监测报表，描绘了货币供应总量及其构成、货币与信贷以及货币与宏观经济的内在联系。编制货币概览的目的是分析受货币当局影响最大、对其他国民经济总量最有影响的金融总量状况。

第三级是将非货币金融机构资产负债表和货币概览合并成"金融概

览"。金融概览是记录一国金融活动的整体状况,是全面衡量经济部门的所有清偿手段,描绘整个金融体系与其他经济部门之间经济联系的信息资料。我国目前还没有进行第三级汇总,仅编制将货币概览和特定存款机构资产负债表合并的"银行概览"。

2. 信贷收支统计

是指分析和反映金融机构以信用方式集中和调剂的资金数量的专门统计,全面、综合地反映了宏观经济运行中金融机构信贷资金的来源、性质、分布和投向。这是我国中央银行和商业性金融机构了解金融信息的主要渠道,对分析货币政策、反映货币流通状况、进行金融宏观调控和监测具有重要价值。该统计以信贷资金收支余额表的表式编制,由资金来源和运用两部分组成。目前,这是我国金融机构的主要业务统计,有全部金融机构信贷收支表、中央银行信贷收支表、大型商业银行信贷收支表、中型商业银行信贷收支表、小型商业银行信贷收支表、城市信用社信贷收支表、农村信用社信贷收支表、信托投资公司信贷收支表、金融租赁公司信贷收支表、财务公司信贷收支表和外资银行及外资非银行金融机构信贷收支表、等等。

3. 现金收支统计

现金收支统计是指商业银行对通过银行的一切现金收支数量的业务统计。由于现金收支是商业银行的重要业务活动,而控制现金投放是中央银行的重要任务。因此,现金收支统计是商业银行也是中央银行金融统计的重要组成部分。现金收支统计表式由中国人民银行统一制定,商业银行对所有发生的现金收支业务进行统计和汇总,并上报中国人民银行总行。

4. 对外金融统计

所谓对外金融统计,是指关于涉外金融活动的信息的统计,包括以下内容:

(1) 银行外汇信贷业务统计。是银行外汇存、贷款业务的专项统计。

(2) 国家外汇收支统计。是反映我国外汇收支、储存状况的统计。

(3) 国家对外借款统计。也称国家外债统计,是关于中国境内机构对中国境外机构的国际金融组织、外国政府、金融机构、企业所承担的、以外国货币表示的、具有契约性偿还义务的所有债务的统计。

(4) 国际收支统计。反映一定时期内,全部对外交往所产生的外汇资金来源和运用全貌的统计。

5. 金融市场统计

一般包括以下统计:

(1) 货币市场统计。内容包括市场主体、金融工具种类、交易规模、资金流向、利率水平等。

(2) 资本市场统计。对股票、债券等有价证券的发行和交易规模、价格,以及其他相关市场活动的统计。

(3) 外汇市场统计。是对外汇市场交易主体、交易规模和交易价格等信息的统计。

(4) 黄金市场统计。是对黄金交易市场主体、交易规模和交易价格等信息的统计。

6. 保险统计

是反映保险及相关经济活动规模和程度、市场结构、承包水平、保费收入、理赔支出和盈利状况的统计。

7. 资金流量统计

资金流量统计是从收入和分配社会资金运动的角度,描绘国民经济各部门各类交易的统计。将国民经济划分成:非金融企业、金融机构、政府、私人非营利部门和住户5个部门。资金流量的统计范围有三种:①仅仅包括金融交易;②除金融交易外,还包括总储蓄和实物投资;③除金融交易外,还包括收入、分配、再分配、消费和投资。我国从1992年开始编制资金流量表,将国民经济划分为住户、非金融机构、政府、金融机构和国外5个部门。统计范围采用上述③的范围,反映了全社会资金总量、结构及在各个经济部门之间的分配和流动。

五、中央银行的经济统计调查

除了金融统计以外,中央银行为了获取和了解其他国民经济的信息和发展态势,还进行一些调查。中国人民银行从20世纪80年代开始对物价变化和经济景气变化进行调查统计。

1. 工业景气调查统计

1986年开始实行对国营工业生产企业流动资金,即主要经济活动定期调查制度。1991年开始对5 000家工业企业景气调查,内容包括企业财务指标、资金状况、成本效益状况、投资状况等。1995年开始对1 000家国有大型工业企业监测,内容包括企业往来、企业在银行的存贷款、资产负债表、损益表和其他指标。

2. 城乡居民储蓄问卷调查统计

中国人民银行从 1988 年开始该项调查,目的是了解居民储蓄的心理预期变化,对储蓄存款的稳定性、阶层分布和动态趋势进行准确判断。

3. 物价统计调查

中国人民银行从 80 年代开始该项调查,目的是通过观察和监测物价变化,掌握价格总水平和变化趋势。

此外,中国人民银行进行的调查统计还有企业家问卷调查、银行家问卷调查,以及社会融资规模统计、金融机构贷款投向统计等。

重 要 概 念

国库　国库制度　独立国库制　代理国库制　中央银行会计　中央银行年度决算　中央银行会计报表　金融统计　货币概览　金融概览　银行概览　货币供应量统计　信贷收支统计　资金流量统计

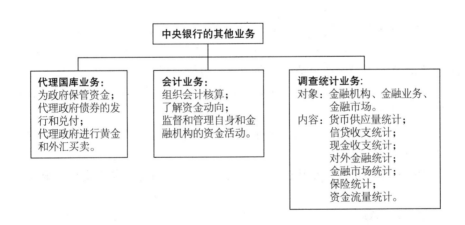

练 习 题

一、填充题

1. 国库的职责是为国家办理(　　)、政府债券的(　　)以及保管(　　)。
2. 对国库的经管可以采取两种形式,即(　　)和(　　)。
3. 独立国库制就是国家(　　)。
4. 代理国库制是(　　)。
5. 中央银行会计的对象是(　　)引起资金变化与运动的过程和结果。
6. 中央银行年度决算的主要内容(　　)、(　　)、(　　)、(　　)、(　　)和(　　)。
7. 中央银行年度会计决算报表由(　　)、(　　)和(　　)构成。
8. 中央银行年度会计决算报表中的基本报表包括(　　)、(　　)、(　　)、(　　)和(　　)。
9. 金融统计包括(　　)、(　　)和(　　)。
10. 金融统计的对象包括(　　)、(　　)和(　　)。
11. 金融统计的基本原则是(　　)、(　　)、(　　)、(　　)和(　　)。
12. 货币当局资产负债表 + 存款货币银行资产负债表 =(　　)。
13. 货币当局资产负债表 + 存款货币银行资产负债表 + 特定存款机构资产负债表 =(　　)。
14. 货币当局资产负债表 + 存款货币银行资产负债表 + 非货币金融机构资产负债表 =(　　)。
15. 资金流量统计是从(　　),描绘国民经济各部门各类交易的统计。

二、简述题

1. 简述中央银行代理国库的重要意义。
2. 简述中央银行会计业务的特点。
3. 简述中央银行金融统计业务的意义。

参 考 答 案

一、填充题

1. 预算资金的收入和支付；发行和兑付；政府持有的黄金和外汇资产。
2. 独立国库制；代理国库制。
3. 设立专门机构，办理国家财政预算收支的保管和出纳工作。
4. 委托银行代理国库业务。
5. 中央银行行使职能、办理各项业务、进行金融宏观调控等活动。
6. 清理资金，核对财务；清查和核实各项资产；核实财务收支；办理发行基金的年终核对工作；编制年度试算平衡表；完成与年终决算有关的其他工作。
7. 基本报表；附表；决算说明书。
8. 资产负债表；损益明细表；各种货币汇兑业务状况表；人民币业务状况表；自由外汇业务状况表。
9. 各级金融机构根据统一规则定期进行的金融统计；就金融活动的某一领域进行的专项调查；有关金融运行中的突发事件和动态反映等。
10. 金融机构；金融业务；金融市场。
11. 客观性；科学性；统一性；及时性；保密性。
12. 货币概览。
13. 银行概览。
14. 金融概览。
15. 收入和分配社会资金运动的角度。

二、简述题

1. （1）国库资金是国家行使各项权力及管理职能的物质保障，国库工作效率事关国家预算执行、财政收支平衡、国民经济发展及社会稳定的大局。中央银行代理国库可充分利用银行与社会各部门、企业、个人之间密切的账户往来及金融服务关系，实现国家预算收入的及时入库和预算支出的按时拨付。

（2）由中央银行代理国库有利于财政部门和金融部门的相互衔接、相互制约和相互监督，在政府资金和银行资金之间形成协调机制，有利于财政政策和货币政策的协调。通过代理国库,中央银行可以及时了解掌握国家财政的现状和发展动态,更好地把握社会资金的流动趋向,为制定和实施货币政策提供依据。并可及时全面向政府提供库款缴拨和预算执行情况,便于财政部门掌握金融信息,有利于财政政策的制定和与货币政策的协调。

(3)中央银行经理国库有助于扩大其信贷资金来源,对其控制货币供应量和信贷规模、加强金融宏观调控力度具有直接影响。

(4)中央银行代理国库可有效发挥其专业组织体系的长处和信息传输网络,降低成本,节约人力物力。

(5)有利于中央银行对国库日常收付和预算资金转移的监督,保证国库资金的安全。

2.(1)中央银行作为国家的货币管理当局,不仅负有制定和执行货币政策的职责,还需要向政府和金融机构提供各种服务,由此产生的资金变化和财务活动必然不同于一般商业银行,需要有适应中央银行职能和业务特征的会计形式和核算方法。

(2)中央银行职能引起的货币发行与回笼、存贷款的增减变化以及其他资金变动,都必须通过会计核算加以完成,会计核算有:货币政策实施业务的核算、联行往来及联行资金清算核算、货币发行与现金出纳业务核算、金银业务核算、外汇业务核算、经理国库及代理发行和兑付国债业务核算、内部资金和损益核算。因此,中央银行会计从核算内容、核算方法到会计科目、会计报表以及会计凭证的设置,均不同于商业银行会计。

(3)中央银行除承担自身会计核算职责以外,还担负指导、管理、监督商业银行及其他金融机构会计核算的职责,因此,中央银行会计必须体现这个职责。

3.(1)调查统计是中央银行获取金融信息的基本渠道,是在中央银行的业务活动和履行职能的过程中的重要依据。

(2)由于中央银行的权威性和其信息来源的可靠性、准确性,因此,金融统计也是观察、分析和研究一国经济金融状况的重要途径。

第九章 中央银行货币政策概述

> **本章提要**
>
> 货币政策包括:政策目标、实现目标的政策工具、各种操作指标和中间指标、政策传递机制和政策效果。
>
> 货币政策的作用是:促进社会总需求与总供给的均衡,为宏观经济提供稳定的货币金融环境,降低经济波动程度,促进国际收支平衡。
>
> 货币供应量与货币需求量的关系是:货币供给量→社会总需求→社会总供给→真实货币需求→货币供应量。
>
> 货币政策直接影响基础货币,并通过乘数作用间接地影响货币供给,最后对实体经济产生影响。
>
> 本章最后简要介绍了关于货币政策对实体经济影响的争论。

第一节 货币政策的含义和作用

一、货币政策的含义

在现代市场经济中,无论是个人、企业或是政府都要以某种形式对其参与的交易进行结算。获得结算工具的难易程度和成本的高低将影响结算的规模,并对经济活动水平和物价水平产生影响。因此所谓货币政策,是指中央银行通过运用各种工具调节、控制利率和货币供应量,影响结算工具规模和获得结算工具的难易程度,进而通过总需求和总供给的变化,影响一般物价水平、经济增长速度和经济结构的变化,以及国际收支的变化等,实现币值稳定和经济持续稳定增长目标的公共政策。货币政策是现代市场经济国家最重要的宏观经济调控手段之一。

表面上看,货币政策仅包括货币政策目标和货币政策工具。但是,由于货币政策作用过程的原因,货币政策一旦实施,如何发生作用、如何使其按照政策意图发生作用、如何又进一步影响实体经济中总需求和总供给的平衡等,都是货币政策所要研究的问题。因此,货币政策实际上包括:政策目标、实现目标的政策工具、各种操作指标和中间指标、政策传递机制和政策效果等内容。

二、货币政策的作用

(1) 促进社会总需求与总供给的均衡,保持币值稳定。社会总需求与总供给的均衡是社会经济平稳运行的前提。社会总需求是有支付能力的需求,因此是由一定时期的货币供给量决定的。使货币供给不成为重大经济波动的根源,是维护宏观经济正常运转的保证。中央银行通过货币政策的实施,调节货币供应量,影响社会总需求,从而促进社会总需求与总供给的平衡。避免因为货币过多或过少,而造成经济的过度繁荣或萧条。

(2) 为宏观经济的正常运转提供一个稳定和良好的货币金融环境。在金本位制时代,货币发行的金本位制曾经为经济提供稳定和良好的货币金融环境。但是,随商品经济的发展,金本位制越来越难以适应,反而成为经济发展的桎梏,最终为信用货币制度替代。信用货币制下,稳定和良好的货币金融环境依赖于中央银行正确的货币政策。货币政策的合理使用可以调控社会信用总量,既抑制金融泡沫和经济泡沫的形成,避免因泡沫破灭对国民经济部门的冲击,也可以避免因通货紧缩造成经济活动的萎缩。

（3）采用逆向的货币政策,对各种经济干扰因素发挥抵消作用,降低经济波动的程度。当经济过度繁荣、出现通货膨胀时,采取紧缩性货币政策,减少货币供应量,抑制社会总需求,缓和通货膨胀压力;反之,在经济萧条时期,则采取扩张性货币政策,增加货币供应量,刺激社会总需求,促进经济增长。

（4）促进国际收支平衡,保持汇率相对稳定。在经济和金融日益全球化、国际化的背景下,汇率的相对稳定是保持国民经济稳定健康发展的必要条件,而汇率的稳定又与国际收支平衡密切相关。不管是在浮动汇率制下,还是管理浮动汇率制下,货币政策都可以通过本外币政策协调、本币供给的控制、利率的适时适度调整等,影响汇率水平,对促进国际收支平衡,保持汇率相对稳定发挥重要作用。

三、货币政策的内容

从货币政策的作用过程来看,货币政策的内容包括政策目标、实现目标的政策工具、监测和控制目标实现的各种操作指标和中间指标、政策传导机制和政策效果等。

从货币政策的作用范围来看,货币政策的内容包括三个部分。

1. 信贷政策

信贷政策是中央银行为了实现货币政策目标,对信用进行管理而采取的方针和各种措施。首先,调节社会信用总量,适应社会经济发展的资金需要;其次,在总量既定的条件下,调节社会信用的构成,合理分配资金,最大限度发挥资金的使用效率。使用的措施有一般性的和选择性的货币政策工具,以及直接和间接信用管制手段。

2. 利率政策

利率政策是中央银行控制和调节市场利率的方针和各种措施,是中央银行间接控制信用规模的重要手段。主要内容包括:控制和调节市场利率的一般水平,使市场利率能够比较正确地反映社会资金的供求状况;控制和调节利率结构,使资金的流动按照政策意图进行,提高资金的使用效率。调节市场利率的措施有两种,一种是在市场经济比较发达的经济体中使用的措施,即中央银行通过再贴现政策的调节,间接影响市场利率水平和利率结构;而在市场经济比较不发达的经济体中,往往采取对利率直接管制的措施。

3. 外汇政策

外汇政策是中央银行控制和调节汇率、实施外汇管制、控制国际资本流动和平衡国际收支的方针和各种措施,具体措施主要有汇率政策和行政管制。

四、货币政策的特点

(1) 货币政策是宏观政策。货币政策的目标是实现宏观经济运行中的经济增长、充分就业、物价稳定、国际收支平衡。作用对象是与宏观经济目标有关的货币供应量、利率、汇率、金融市场的有关指标,不直接涉及单个银行或企业的金融行为。

(2) 货币政策是调整社会总需求的政策,而不是调整社会总供给的政策。因为在货币经济中,社会总需求表现为有货币支付能力的需求,货币政策通过调节货币供应量的多寡调整社会总需求,间接影响社会总供给,从而促进社会总需求和总供给的平衡。

(3) 货币政策是间接调控政策。政策目标主要依靠运用再贴现政策、法定存款准备金政策、公开市场政策,通过中央银行在金融市场上与私人金融机构的金融交易,对私人金融机构的行为产生影响而实现的。因此,要有效地实现政策目标必须以存在一个高效率的金融市场为前提,货币政策是"加强市场机制"的政策。

与此相反,财政政策是对"市场机制失效"的干预。市场机制有利于提高效率,但也会带来收入分配和资源分配的偏差,如收入差距的过分扩大和社会资本的匮乏。因此,财政政策主要表现为税收政策、补贴政策和社会福利政策以及公共投资政策。也就是说,财政政策是由政府通过法律和行政手段,对私人经济主体的行为产生影响而实现政策目标的。

(4) 货币政策目标是长期的,因此货币政策也是长期政策。尽管具体的货币政策措施是短期和随时可变的,但是其发挥作用必须通过市场和市场机制的传导,难以做到立竿见影。

第二节　货币供求与社会总供求

一、货币供求和社会总供求

货币政策的目的从根本上来说,就是要实现社会总供给和总需求的均衡。如何实现均衡,在货币经济中是通过货币供求的调节影响社会总供求均衡的。

1. 货币供给和货币需求

所谓货币供给,是指一定时期内由中央银行和存款货币银行提供的各种形式货币的总量。而货币需求,是指一定时期内社会公众能够而且愿意以货币形式持有其资产的总量。要实现货币供给和货币需求的均衡,就是要使货币供应量处于与货币需求量基本适应的状态。但是,这种基本适应的状态是短暂和不连续性的。因此,货币供给和货币需求的均衡是一种不断从失衡到均衡的动态调整过程。

2. 社会总供给和社会总需求

社会总供给是指一个国家在一定时期内,所能提供的所有商品和劳务的总量。在货币经济中,是指一定时期内,社会生产和流通各部门按一定价格提供给市场销售的商品、劳务总量和社会在市场上出售的金融资产的总和。社会总需求是指全社会在一定时期内,对各种商品和劳务的需求总量。在货币经济中,社会总需求是指有现实购买力的需求,是一定时期内,全社会在市场上按一定价格购买商品和劳务所支付的货币量和人们为持有一定的其他金融资产所支付的货币量的总和。社会总供给和总需求的均衡就是总供给与总需求基本适应的状态,也是一种不断从失衡到均衡的动态调整过程。在自然经济中,是实物均衡;在现代货币经济中,则是货币市场和商品市场的均衡。

二、货币供求均衡和社会供求均衡之间的关系

1. 货币供给促使社会总需求的形成

货币供给与社会总需求、社会总供给以及货币需求的关系,如图9-1所示。

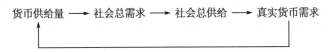

图 9-1 货币与社会供求均衡关系

由于社会总需求是有购买力的需求,因此货币供应量决定社会需求量,货币供应量的增加将引起社会总需求的增加。但是,货币供应量并不等于社会总需求。货币供应量是存量,等于货币流通量与货币流通速度的乘积。因此,所谓货币供应量的增加或者是由于货币流通量的增加引起的,也可能

是由于货币流通速度加快引起的,或者是由于两种原因共同引起的。而社会总需求则是流量,是某一时点社会需求量。

货币供应量的变化与社会总需求的变化之间产生差异,首先在量上,表现为并不是一一对应的关系;其次在时间上,也会产生"时滞"。据美国经济学家米尔顿·弗里德曼对美国经济研究的结果,货币供应量变化与社会总需求变化之间的"时滞"大约为6—9个月,与实体经济变化之间的"时滞"大约为18个月。

2. 社会总需求影响社会总供给

社会总需求增加以后,通过两条途径影响总供给。第一条途径是,当社会上存在可利用而尚未被利用的潜在生产要素时,潜在生产要素通过货币的作用,转化为现实生产要素,形成生产能力,直接促进生产发展。实际产出增加,使名义和实际总供给都增加。但是,也可能由于新增生产要素的生产率低于原生产要素的生产率导致产品边际成本上升,引起物价上涨。或者是,虽然货币供应量的增加引起社会总需求的增加与潜在生产要素在量上相适应。但是,由于各种原因,有一部分潜在生产要素并不能如期转化为现实生产能力,而引起物价上涨。

第二条途径是,当社会上可利用的生产要素都被利用、不存在潜在生产要素时,则货币供应量的增加并不引起实际产出增加,仅仅引起一般物价上涨,表现为名义供给的增加。

3. 社会总供给决定真实货币需求

商品劳务和金融资产的供给决定了要有相应的货币量来表现,并实现其价值。如果货币量过少,不足以表现现有商品、劳务和金融资产的价值,将会引起其价格的下跌;反之,如果货币量过多,将会引起其价格上涨。

4. 货币需求决定货币供给

最终,货币需求决定了货币的供给。如果货币供给与真实货币需求相适应,就是货币供求处于均衡状态;反之,就是失衡。

第三节 货币政策对经济运行的影响

如上所述,货币政策可以通过货币供应量的调节对实体经济产生影响。但是,由于无法确定真实货币需求的数量,也无法对真实货币需求进行测量。因此,我们也难以知道货币供应量多少为适度。于是,经济学界产生了关于货币政策有效性的讨论,在宏观经济学中我们已经学习了著名的"相机抉择"和"单一规则"的争论。关于货币政策有效性的讨论可以分成两部分,即货币政策能否调控货币供应量和货币供应量的变化能否影响实体经济。

一、货币政策对基础货币的影响

为了帮助大家理解货币政策如何对经济运行产生影响,我们先讨论中央银行货币政策工具是如何影响基础货币的。首先,我们回忆一下第五章中央银行资产负债表的主要内容,即:

负债=货币发行+其他存款性公司存款+不计入储备货币金融性公司存款+政府存款+发行债券+国外负债+其他负债+自有资金

资产=国外资产+对政府债权+对其他存款性公司债权+对其他金融性公司债权+对非金融性部门债权+其他资产

因为负债=资产,我们可以通过移项,将货币发行(现金)和其他存款性公司存款(准备金存款)移到等式的左边,其余项全部移到等式右边,因此就有

货币发行+其他存款性公司存款=国外资产+对政府债权+对其他存款性公司债权+对其他金融性公司债权+对非金融性部门债权+其他资产-(政府存款+不计入储备货币金融性公司存款+发行债券+国外负债+其他负债+自有资金)

1. 非金融企业或个人将手持现金存入银行

非金融企业或个人将手持现金存入银行以后,银行的资产负债表发生变化,见表9-1。如果是现金不计算为法定存款准备金的国家,银行将把新增加的现金存入中央银行,成为超额存款准备金。如果是将现金计算为法定存款准备金的国家,银行不一定将该现金存入中央银行,两者情况引起银行资产负债表发生变化,见表9-2。对中央银行来说,非金融企业或个人将现金存入商业银行,不管商业银行将该现金转变为准备金存款与否,都仅仅引起中央银行资产负债表负债方中货币发行的减少和准备金存款的增加,见表9-3。净结果是基础货币没有变化。

表 9-1　非金融企业或个人

资产		负债	
现金	−		
存款	+		

表 9-2　商业银行

资产		负债	
现金(超额准备金)	+	存款	+

表 9-3　中央银行

资产	负债	
	货币发行	−
	准备金存款	+

2. 非金融企业或个人纳税

非金融企业和个人使用银行存款缴纳税金以后的资产负债表变为表9-4，存款减少的同时，应缴纳的税金也相应减少。银行资产负债表中来自非金融企业或个人的存款减少，银行通过中央银行的结算系统将准备金存款中的相应金额转给政府，见表9-5。而中央银行的资产负债中，银行准备金存款减少的同时，政府存款增加了，净负债没有变化，基础货币也没有变化，见表9-6。

表 9-4　非金融企业或个人

资产		负债	
存款	−	应纳税	−

表 9-5　商业银行

资产		负债	
准备金存款	−	存款	−

表 9-6　中央银行

资产	负债	
	准备金存款	−
	政府存款	+

3. 中央银行买入外汇资产

中央银行买入外汇资产，资产负债表变为表9-7。如果该外汇资产是银行卖出的，那么银行的资产负债表就变为表9-8。如果外汇资产是非金融企业或个人卖出的，那么银行和非金融企业或个人的资产负债表就变为表9-9和表9-10。中央银行买入外汇资产，不管卖出者是银行还是非金融企业或个人，或者增加现金或者增加准备金存款，都导致基础货币的增加。

表 9-7 中央银行

资产	负债
外汇资产　　+	货币发行或 （准备金存款）　　+

表 9-8 商业银行

资产	负债
外汇资产　　－ 准备金存款　　+	

表 9-9 商业银行

资产	负债
准备金存款　　+	本币存款　　+

表 9-10 非金融企业或个人

资产	负债
外汇资产　　－ 本币存款　　+	

4. 中央银行买入其他资产（如证券）

与"3."基本相同，中央银行资产负债表变为表 9-11。如果卖出者是银行，银行资产负债表见表 9-12。如果卖出者是非金融企业或个人，其资产负债表见表 9-13。有两种情况：当非金融企业或个人以现金的形式持有，则不会改变银行的准备金存款；如果将卖出证券所得的资金存入银行，将改变银行的准备金存款。不过，不管是存入银行还是以现金的形式持有，基础货币都将等额增加。

表 9-11 中央银行

资产	负债
证券　　+	货币发行或 （准备金存款）　　+

表 9-12 商业银行

资产	负债
证券　　－ 准备金存款　　+	

表 9-13 非金融企业或个人

资产	负债
证券　　－ 现金或(存款)　　+	

5. 中央银行增加向银行的贷款

对基础货币的影响完全同"4."，读者可以自行写出中央银行、银行以及非金融企业和个人资产负债表的变化。

中央银行卖出外汇资产和证券以及收回向银行的贷款，则产生减少基础货币供应的影响，对此读者可以自己进行推导。

二、货币政策对货币供给的影响

关于货币政策能否影响货币供应量,在经济学界存在争论,争论的焦点是货币供应量是内生的还是外生的。内生论的观点认为:货币供应量主要是由经济体系中的收入、储蓄、投资、消费等实际经济变量和微观经济主体的行为决定的,而非中央银行的货币政策决定的。例如,金融创新推动了货币替代资产的发展,节约使用传统意义上的货币,并使得货币的定义和统计变得困难。金融市场的发展,给存款货币银行的资产负债管理发生根本性的变化创造了条件,通过主动性负债和增加金融债券等流动性资产也可以大大减少对货币的需求,从而弱化对存款准备金的依赖和中央银行调节法定存款准备金比率的作用。另外,中央银行受到外部压力和为了维持金融稳定等也往往被迫投放基础货币。

外生论观点则认为:货币供应量不是由经济体系中的实际变量和微观经济主体的行为决定的,而是由中央银行的货币政策决定的。中央银行与存款货币银行之间通过法定存款准备金和超额准备金、公开市场操作和再贴现贷款发生联系,然后,存款货币银行与社会公众通过各自的资产负债表产生货币,包括现金和存款货币。假定货币需求函数是稳定的和可以预测的、利率完全受到中央银行控制,那么,中央银行通过改变基础货币就能影响社会公众和存款货币银行的行为,从而决定货币乘数,货币将以基础货币的倍数扩大,货币供应就是外生的。极端的货币外生论者认为货币供给线是垂直的。

我们已经非常熟悉如下的货币供应量公式,即

$$Ms = m \times B$$

式中,Ms 为货币供应量;m 为货币乘数;B 为基础货币。

根据定义,$B = C + R, Ms = C + D$,则

$$m = \frac{Ms}{B} = \frac{C+D}{C+R} = \frac{(C/D)+1}{(C/D)+(R/D)}, \quad Ms = \frac{(C/D)+1}{(C/D)+(R/D)} \times B$$

式中,C 为现金;D 为存款;R 为存款准备金;C/D 为现金 - 存款比率;R/D 为准备金 - 存款比率。

根据公式,可知决定货币供应量(Ms)的因素分成两个部分:基础货币(B)和货币乘数(m)。先来看基础货币,它由存款准备金(R)和现金(C)组成。现金数量的多寡完全在中央银行的控制之中,既因为中央银行垄断货

币发行,也因为社会公众持有现金的多寡与经济规模、支付习惯密切相关,而这些因素在短期内难有剧变。存款准备金如果按照来源,可以分为借入准备和非借入准备。借入准备是中央银行通过贷款创造的基础货币,非借入准备主要是中央银行通过公开市场操作提供的基础货币。非借入准备基本上是在中央银行的控制之中,借入准备因为存款货币银行对中央银行贷款的利率弹性并不确定,中央银行比较难以控制,但总的方向是可以把握的。

再来看货币乘数。由上述最简单的货币供应量决定模型可知,货币乘数的大小由现金-存款比率(C/D)和准备金-存款比率(R/D)共同决定。其中,现金-存款比率取决于公众的行为,但也受中央银行政策调整的影响。例如市场利率较高时,现金-存款比率就会降低,而中央银行货币政策能够影响市场利率。准备金-存款比率取决于存款货币银行的行为,也受中央银行政策的影响。例如,中央银行可以直接调节法定存款准备金比率影响准备金-存款比率,也可以通过对利率的调控,利用成本效应间接影响准备金-存款比率。不过一般认为,货币乘数除了经济因素以外,还受其他因素的影响,在一定时间内相对稳定。因此,在货币供应量的决定中,起的作用不如基础货币。

为了帮助同学们的理解,举例说明。

设 $C = 4\ 200$ 亿元,$D = 8\ 000$ 亿元,$R = 800$ 亿元,可得 $C/D = 0.525$,$R/D = 0.1$,代入上述公式,得到 $B = 5\ 000$ 亿元,$m = 2.44$,$Ms = 12\ 200$ 亿元。

假定现在存款货币银行认为,需要增加 200 亿元存款准备金,现金相应减少 200 亿元,$R = 1\ 000$ 亿元,$C = 4\ 000$ 亿元,其他一切因素不变[①],可得 $C/D = 0.5$,$R/D = 0.125$。代入上述公式,得到 B 不变,仍然为 5 000 亿元,$m = 2.4$,$Ms = 12\ 000$ 亿元(注意:中央银行并没有提高法定存款准备金比率,存款货币银行提高存款准备金比率完全基于自身对市场前景的判断)。

又假定中央银行用现金从非金融企业或个人买入 200 亿元债券,非金融企业或个人将卖债券获得的现金作为手持现金,那么,$C = 4\ 400$ 亿元,$D = 8\ 000$ 亿元,$R = 800$ 亿元,可得 $C/D = 0.55$,代入上述公式,得到

[①] 不过,实际上,在某些将现金列为法定准备金的国家,上述假定就不成立。而且,事实上,存款货币银行增加 200 亿元存款准备金必然是通过减少其他资产项目,如贷款或证券投资进行的并将引起负债项目的调整。因此,存款货币银行的上述行动不会不引起其他因素的变化,m 的确定也就复杂得多。详细见第十一章。

$B = 5\,200$ 亿元,$m \approx 2.38$,$Ms \approx 12\,400$。

由此,我们可以得出结论,货币供应量既不完全是外生的,也不完全是内生的,而是由经济体系内各种因素共同决定的。其中,中央银行发挥决定性的作用。

如果我们将准备金细分为法定准备金和超额准备金,将存款细分为活期存款、定期存款和储蓄存款,那么上述货币供应量公式就可以表示为

$$Ms = m \times B$$

$$m = \frac{Ms}{B} = \frac{C+F+T+S}{C+(r+e)(F+T+S)} = \frac{c+f+t+s}{c+(r+e)(f+t+s)}$$

$$Ms = \frac{c+f+t+s}{c+(r+e)(f+t+s)} \times B$$

式中,r 为法定准备金比率;e 为超额准备金比率;C 为现金;F 为活期存款;T 为定期存款;S 为储蓄存款;$c=C/Do$ 为现金比率;$f=F/D$ 为活期存款比率;$t=T/D$ 为定期存款比率;$s=S/D$ 为储蓄存款比率。

尽管影响货币供应量的因素扩展到7个:$c(C/D$ 为现金比率)、$f(F/D$ 为活期存款比率)、$t(T/D$ 为定期存款比率)、$s(S/D$ 为储蓄存款比率)、r(法定准备金比率)、e(超额准备金比率)和 B(基础货币),但是结论不变。

三、货币政策对经济运行的影响

在分析了本节的一和二之后,我们知道中央银行货币政策确实对货币供应量有影响。那么货币供应量的变化又是如何影响经济运行的呢?下面对此作简单的分析,以便大家进一步理解第十章、第十一章和第十二章的内容。

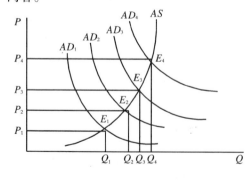

图9-2 货币供应量对经济运行的影响

对货币供应量与经济运行关系进行最简洁描述的是总供给—总需求模型。如图9-2所示,纵轴代表物价,横轴代表产出,AS 和 AD 分别是总供给线和总需求线。假定生产成本不变,因此总供给线 AS 不发生位移。在 E_1 点 AS 和 AD_1 相交,总供给与总需求达到均衡。假

定影响总需求线 AD 位移的众多因素中,唯有货币供应量发生变化。随货币供应量的增加,总需求线由 AD_1 移到 AD_2,与总供给线 AS 的交点也由 E_1 移向 E_2,供求均衡点上移,产出和价格也分别上升至 Q_2 和 P_2。货币供应量进一步增加,产出和价格继续上升。但是,产出增长速度开始减慢、价格水平上升速度则开始加快。到达均衡点 E_4 以后,货币供应量继续增加并不能引起实际产出的增加。反之,货币供应量减少对产出和物价上升的影响亦然。在初始阶段,产出减少速度慢于物价下降速度。随货币供应量的进一步减少,产出和物价上升的速度也进一步降低,但是产出减少的速度开始加快,物价下降的速度却开始放慢。

由上述分析可知,货币供应量对经济运行确实是有影响的,也就是说货币政策是有效的。至于货币政策的影响如何,则主要取决于总供给线 AS 的形状。

如果总供给线 AS 向右上比较陡峭,扩大货币供应量的货币政策对实际产出的影响不大,增加的货币供应量主要反映在物价上涨。相反,此时减少货币供应量的货币政策却对抑制物价效果比较好,而对产出的抑制作用并不大。紧缩性的货币政策比较符合实体经济。

如果总供给线 AS 向右上比较平坦,那么,扩大货币供应量的货币政策既能实现物价的相对稳定,又能增加实际产出。扩张性的货币政策比较有效,符合客观经济运行的需要。正因为总供给线的形状不同,使得不同的货币政策产生不同的效果,成为关于货币政策是否有效的争论的重要原因。

不仅总供给线的形状影响货币政策的效果,货币政策从其实施到产生效果的过程比较长,即存在所谓的"时滞",也导致难以把握货币政策的效果。

首先,时滞使得货币政策在实施过程中可能受到干扰,难以检测影响经济变化的原因是由于货币政策或是其他原因,以及货币政策对经济影响的程度,从而产生货币政策对经济运行的影响效果并不确实可靠的印象。其次,由于时滞的作用,货币政策实施的时机和力度等比较难以掌握,往往会发生过早或过分强烈使用货币政策的错误,结果加剧经济波动。例如当经济已经出现泡沫时,并不能意识到应该改变货币政策的方向。继续扩张性的货币政策加剧泡沫的形成。或者即使可能改变政策方向,但是,由于没有意识到问题的严重性,改变的强度不够,也不能获得阻止泡沫进一步发展的效果。或者是在泡沫已经破灭以后,继续实行偏紧的货币政策,使经济过度紧缩,不能摆脱长期萧条。

货币政策的上述不确定性,正是引起争论的原因所在。

第四节 货币政策理论解释简述

一、古典学派

最早对货币政策进行理论阐述的是李嘉图。以李嘉图为代表的古典经济学认为,名义货币数量对实际国民生产总值、失业率、实际工资、实际利率、储蓄和投资等实物变量完全没有影响,名义货币数量变化能够改变的仅仅是名义物价、名义工资和名义利息率等名义变量。货币对实体经济的影响是"中性"的,即货币数量变化只能引起物价的同比例变化。李嘉图虽然也承认货币数量可能影响利率,但认为这种情况仅仅发生在极短的时间内,并不重要。

因此,李嘉图认为货币政策对调节经济景气无能为力。货币政策的唯一作用是通过调整货币的流通量与贵金属的比例,实现物价稳定。

李嘉图以后,英国历史上爆发了在货币理论史上著名的通货学派和银行学派的争论。争论的焦点是货币数量和实体经济是否存在密切关系,货币的变化与收入无关,还是反映收入变化的"镜子"。通货学派认为,可以通过与贵金属挂钩,调节货币流通量。为了物价稳定也必须如此,这是现代货币学派的最基本想法。

银行学派认为,除了一小部分流通中的贵金属货币以外,绝大部分货币是由银行通过存款创造的。因此,货币数量是与银行存款数量密切相关的,银行贷款也必须适应货币数量的变化而变化。银行通过向工商业者提供票据贴现,增加货币数量;反之,票据到期,银行收回贷款,货币数量随之减少。票据的多寡反映了实体经济的活动,如生产厂商购买原材料以后开出票据、销售商为增加库存开出的票据等。银行信用必须适应实体经济的活动,货币数量又必须适应银行信用而增减。因此,银行学派认为,货币数量的变化是反映产生收入的实体经济活动的"镜子",货币数量无法与贵金属的数量对应,货币数量与贵金属挂钩还会阻碍经济活动。

争论以通货学派胜利告终。其直接结果就是英格兰银行成为中央银行,货币数量论稳居古典经济学的正统地位。不过,英格兰银行在以后的货币发行中并没有完全与贵金属挂钩。

二、凯恩斯学派

凯恩斯在其"就业利息和货币通论"中,向古典经济学的"货币中性"论发起挑战,提出名义收入的变化可以通过实际利率影响实际国民收入,因此货币在实体经济中并不是"中性"的。凯恩斯认为,实际国民收入和就业是由有效需求决定的,只有通过调节总需求才能实现经济稳定。特别强调了,设备投资的不稳定性和资本的边际收益率的重要性。因此,货币政策可以通过改变利率,影响设备投资、库存投资、住宅投资和耐用消费品的需求,实现稳定经济的目的。

毋庸置疑,凯恩斯学派的观点受到货币数量论和货币中性论的激烈反对。但是,战后随经济学研究的中心从欧洲转移至美国,凯恩斯主义成为宏观经济学的经典理论。但是,20世纪六七十年代,美国实施凯恩斯主义政策的结果,造成经济的"滞胀"。古典的货币数量论又以现代货币学派的形式卷土重来。

三、货币学派

弗里德曼根据对美国经济的实证研究,提出:第一,货币当局可以控制货币供应量,因此货币供应量是经济体系的外生变量;第二,存在稳定的货币需求函数和货币流通速度;第三,名义收入的变化可以用货币供应量的变化说明;第四,中长期来看,货币供应不能影响实体经济、实际国民收入、实际利率和失业率;第五,货币政策的目标不是利息率而是货币供应量,并预先公布保持货币供应量增长率不变,即 $k\%$ 规则。

通过"单一规则"抑制货币供应、实现物价稳定的主张,与通货学派如出一辙。货币学派最大得分是在1967年美国经济学会年会上,弗里德曼作为会长所做的发言。当时,一般认为菲利普斯曲线是稳定的。但是,弗里德曼说失业率和通胀率相互替代关系仅仅是暂时的,长期来看失业率是独立决定的,与通胀率无关。长期因素决定的失业率是自然失业率。如果存在菲利普斯曲线,那么通胀率作为名义变量就和实体经济变量的失业率之间存在相关(相互替代的)关系,与货币中性是矛盾的。因此,并不是通胀率,而是没有预期的通胀率影响失业率。在通胀率已经被充分预期的长期,通胀率和失业率之间的相互替代关系也就消失。此后,在菲利普斯曲线上增加"预期通胀率"变量之后,长期菲利普斯曲线的斜率比之短期菲利普斯曲线高。

货币学派盛行的20世纪70年代,正是通货膨胀的时代,面对无法解释通货膨胀的凯恩斯主义,强硬的紧缩政策比机动性的政策更能为决策者们所接受。

四、合理预期学派

20世纪70年代,给凯恩斯主义最后一击的是卢卡斯的合理预期理论。提出没有预期的货币供应量的变化是经济波动的原因,有预期的货币政策对实体经济完全没有影响。

五、其他理论解释

20世纪80年代以后,随计量经济学的发展,关于货币政策的研究转向实证研究,其中最著名的是因果性检验。

货币学派认为,没有预期的货币供应量变化导致实际国民收入和失业率等的变化,从长期来看,货币供应量的变化反而是对实体经济的干扰因素。而凯恩斯学派则在其 *IS-LM* 模型中,最好地表达了其思想,财政政策需要货币政策的配合,货币供应量的变化适应了实际经济活动对货币的需要。由此,挑起了因果之争。

希姆斯使用货币数量和名义收入两个变量的模型进行检验,没有发现名义收入对货币供应量产生系统性的反馈。但是,有人发现如果加入名义利率和其他变量,建立多变量模型的话,希姆斯的上述结论不一定正确。希姆斯本人以后在4变量模型中,发现如果不加入名义利率,货币供应量的变化97%可以由其货币供应本身的创新产生进行说明,即货币供应是外生的。如果加入名义利率,只能42%说明。货币供应量变化的56%由利率的创新说明。这表明,检验货币与实体经济之间因果关系的因果性检验,事实上受模型中使用什么样的变量左右。货币供应量对收入来说,并不一定是外生的。

因果性检验并没能解决货币供应有外生性与否的问题。不过因果性检验的研究仍在进行,主要转向方法的研究,如何构造更加精确的模型。

此外,比较著名的理论解释还有真实商业周期理论。真实商业周期理论认为,实体经济因素,特别是"生产冲击"是经济周期的主要动因。经济尽管波动,但始终处于"帕累托最优",稳定经济的政策反而使帕累托恶化,因此不需要政策。货币是银行部门创造出来的存款,是生产活动的"中间投入"。而银行的交易活动与资本和劳动一样,都是生产函数的构成要素。在经济周期的不同阶段,货币作为中间投入也必然跟着变化,因果关系是实体经济变化决定货币供应。

重 要 概 念

货币政策　资产负债表　货币供应量　货币乘数　基础货币　借入准备　非借入准备　帕累托最优　相机抉择　单一规则

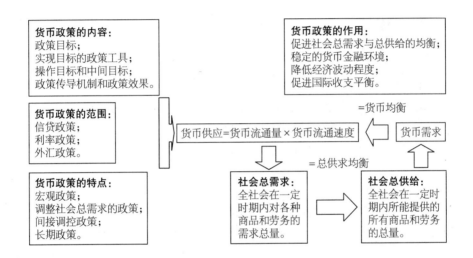

练 习 题

一、填充题

1. 货币政策的特点是（　　）、（　　）、（　　）和（　　）。
2. 货币政策内容包括：（　　）、（　　）、（　　）和（　　）、（　　）和（　　）。
3. 货币供给是（　　）。
4. 货币需求是（　　）。

二、简答题

1. 什么叫货币政策？
2. 为什么说货币政策是宏观政策？
3. 简述货币政策的作用。
4. 货币供应量等于并决定社会总需求。对不对？为什么？
5. 为什么说货币政策是间接调控政策？
6. 社会总需求是如何影响社会总供给的？

三、计算题

1. 根据表格左面的数据，填入右面的等号后。

全部存款 = 4 800 亿元	法定准备金比率 =
活期存款 = 2 400 亿元	超额准备金比率 =
定期存款 = 1 200 亿元	现金比率 =
储蓄存款 = 1 200 亿元	活期存款比率 =
法定准备金 = 480 亿元	定期存款比率 =
现金 = 2 400 亿元	储蓄存款比率 =
超额准备金 = 120 亿元	

2. 根据上表的数据，试分别计算货币乘数（m）、基础货币（R）和（Ms）。
3. 假定中央银行从非金融企业或个人手中用现金购买债券 60 亿元，并假定非金融企业或个人不将此现金存入存款货币银行，计算对 C、C/D、m、B 和 Ms 的影响。

参 考 答 案

一、填充题

1. 宏观政策；调整社会总需求的政策；是间接调控政策；是长期政策。
2. 政策目标；实现目标的政策工具；操作指标；中间指标；政策传递机制；政策效果。
3. 一定时期内由中央银行和存款货币银行提供的各种形式货币的总量。
4. 一定时期内社会公众能够而且愿意以货币形式持有其资产的总量。

二、简答题

1. 中央银行通过运用各种工具调节、控制利率和货币供应量，通过总需求和总供给的变化，影响一般物价水平、经济增长速度和经济结构的变化以及国际收支的变化等，进而实现币值稳定和经济持续稳定增长目标的公共政策。

2. 货币政策的目标是宏观经济运行中的经济增长、充分就业、物价稳定、国际收支平衡；作用对象是与此有关的货币供应量、利率、汇率、金融市场的有关指标，不直接涉及单个银行或企业的金融行为。

3. (1)促进社会总需求与总供给的均衡，保持币值稳定。

(2)为宏观经济的正常运转提供一个稳定和良好的货币金融环境。

(3)采用逆向的货币政策，对各种经济干扰因素发挥抵消作用，降低经济波动的程度。

(4)促进国际收支平衡，保持汇率相对稳定。

4. 货币供应量决定社会需求量，因为社会总需求是有购买力的需求，货币供应量的增减将引起社会总需求的增减。但是，货币供应量并不等于社会总需求。货币供应量是存量，等于货币流通量与货币流通速度的乘积。因此，所谓货币供应量的增加或者是由于货币流通量的增加引起的，也可能是由于货币流通速度加快引起的，或者是由于两种原因共同引起的。而社会总需求则是流量，是某一时点的社会需求量。货币供应量可能大于社会需求量，引起社会供求失衡，物价上升；货币供给量也可能小于社会需求量，引起社会有效需求不足，造成经济萎缩。

5. 政策目标的实现主要依靠运用再贴现率政策、法定准备金政策、公开市场政策,通过中央银行在金融市场上与私人金融机构的金融交易,对私人金融机构的行为产生影响而间接实现的。

6. 社会总需求增加以后,通过两条途径影响总供给。当存在潜在生产要素时,通过货币的作用,转化为现实生产要素,形成生产能力,直接促进生产发展。实际产出增加,使名义和实际总供给都增加。但是,也可能由于新增生产要素的生产率低于原生产要素的生产率导致产品边际成本上升,引起物价上涨。或者由于各种原因,有一部分潜在生产要素并不能如期转化为现实生产能力,引起物价上涨。当不存在尚未被利用的生产要素时,则货币供应量的增加并不引起实际产出增加,仅仅引起一般物价上涨,表现为名义供给的增加。

三、计算题

1. 如表。

全部存款 = 4 800 亿元	法定准备金比率 = 10%
活期存款 = 2 400 亿元	超额准备金比率 = 2.5%
定期存款 = 1 200 亿元	现金比率 = 50%
储蓄存款 = 1 200 亿元	活期存款比率 = 50%
法定准备金 = 480 亿元	定期存款比率 = 25%
现金 = 2 400 亿元	储蓄存款比率 = 25%
超额准备金 = 120 亿元	

2. $m = 2.4; R = 600; B = 3\,000; Ms = 7\,200$ 亿元。

3. 中央银行从非金融企业或个人手中用现金购买债券 60 亿元,如果非金融企业或个人还没有将此现金存入银行,那么,$C = 2\,460$ 亿元;$C/D = 51.25\%$;$m = 2.372\,549$;$B = 3\,060$ 亿元;$Ms \approx 7\,260$ 亿元。

第十章　中央银行货币政策目标

> **本章提要**
>
> 货币政策目标由最终目标、中间指标和操作指标组成。最终目标有：币值稳定、充分就业、经济增长和国际收支平衡。最终目标相互之间存在统一性和矛盾性。因此，产生了关于选取最终目标的单目标、双目标和多目标的争论。
>
> 设置中间指标和操作指标有利于随时修正政策的力度和方向，获得最佳政策效果。中间指标和操作指标的选取标准是：相关性、可测性、可控性和抗干扰性。
>
> 我国货币政策目标反映转轨经济的特点，以币值稳定为主兼顾经济增长和充分就业目标，中间指标正在不断变化。

第一节 货币政策目标

一、货币政策目标的内容

货币政策目标是随宏观经济理论的发展而逐步形成的。20世纪30年代以前,自由资本主义时代,货币政策作用有限,不完全的金本位制要求货币政策目标是稳定币值和汇率。30年代大危机以后,失业问题成为头等大事,充分就业成为主要目标。二战以后,凯恩斯主义兴起,既要实现经济增长、充分就业,造成货币供应量的大量增加。同时也要实现币值稳定,需要对货币供应量的增加进行限制。在战后布雷顿体系下,国际收支平衡也成为货币政策的重要内容。

1. 币值稳定目标

所谓币值稳定,是指用货币衡量的商品价格在一定时期内不发生急剧的波动,这里指的商品价格是指一般物价水平,而不是某种商品的价格。币值稳定目标也可以称之为稳定物价目标。由于价格的特殊性质,商品价格的波动往往表现为物价的上涨,归结其货币原因就是通货膨胀。

通货膨胀是经济发展的大敌,其主要弊端是:第一,造成社会分配不公;第二,造成价格信号失真,不利于资源的有效配置;第三,造成借贷风险增加,资金融通关系无法正常进行;第四,严重的通货膨胀将导致货币体系崩溃。因此,长期以来防止通货膨胀一直是货币政策的最主要目标。

那么,防止通货膨胀与货币政策是什么样的关系呢?归纳来说,引起通货膨胀的原因有三个,即需求拉动、成本推进和结构性因素。第九章已经说明了货币政策是管理需求的政策,成本推进和结构性通货膨胀主要来源于供给方面的原因。因此,与货币政策关系不大。货币政策能够发挥作用的主要是防止需求拉动的通货膨胀。

长期以来,币值不稳往往是以通货膨胀的现象出现的。但是,就币值稳定的本意来说,不仅要防止通货膨胀,也要防止出现通货紧缩现象。事实上,通货紧缩也会给经济发展带来严重的问题。通货紧缩的主要弊端有:第一,造成物价下跌和萧条的恶性循环,一旦形成物价下跌的预期,将使经济难以摆脱萧条;第二,造成社会分配不公,不利于债务人,而有利于债权人;第三,通货紧缩虽然有利于债权人,但是,由于债务人的实际债务不断增加和经济萧条的原因,极易造成债务人破产和债权人无法收回债权,最突出的表现就是银行不良债权的增加,危及银行体系的安全;第四,尽管在通货紧缩时期,中央银行采取降低利息率的政策,但是,实际利率并不相应降低,造成货币政策失灵。因此,中央银行的货币政策需要为经济的顺利运转和适度增长提供必要的货币,避免通货膨胀和通货紧缩。

作为货币政策目标,需要对目标进行量化才有可操作性,这牵涉两个问题。首先是衡量币值稳定指标的选取。一般使用三类指标,即国民生产总值平均指数、消费物价指数以及批发物价指数。国民生产总值平均指数包括全部商品和劳务价格,比较全面反映物价变化,但是数据的采集和获得比较花费时间,一般一年一次,可能延误政策的制定和实施的时机。消费物价指数及时反映消费品和一部分服务业的价格变化,数据的采集比较容易,可以多次进行。但是,包括的范围较窄,不能反映全面情况,而且由于不包括生产资料等的价格,如果生产资料价格已经上涨还没有反映到消费品价格,那么也可能耽误尽早采取预防措施的时机。批发物价指数对商业周期敏感,但缺点是没有包括服务价格。其次,物价变动幅度以多大为宜。事实上,在不同的经济发展阶段和不同的经济社会背景下,物价的变化幅度以及其被容忍的程度是不同的,在经济快速发展、经济社会结构发生比较大的变化的阶段,物价的变化幅度相对可以大一些。

2. 充分就业目标

在宏观经济学中,所谓充分就业是指所有能够被利用的资源全部得到利用。但是,要测定资源的利用程度是非常困难的。因此,充分就业目标也就往往被限定在劳动力资源方面,是指任何愿意接受现有工作条件(包括工资水平和福利待遇等),并有工作能力的人都可以找到工作。充分就业不是社会劳动力全部就业,而是应该扣除摩擦失业和自愿失业之后的就业水平。

按照宏观经济学的解释,摩擦失业是短期内劳动力市场上劳动力的供求失衡造成的失业,包括结构性原因造成的结构性失业。例如,由于经济结构调整引起新劳动力需求与劳动力供给矛盾导致的结构性失业;由于信息不灵,或者不同地区之间劳动力流动限制造成的地区间结构性失业;由于季节性原因引起的季节性失业。自愿失业是有工作能力,但不愿意接受现有工作条件的失业。货币学派将上述摩擦失业和自愿失业称为"自然失业",是市场经济中无法避免的失业。凯恩斯认为,除了摩擦失业和自愿失业以外,还存在愿意接受现有工作条件但找不到工作的非自愿失业,产生非自愿失业的原因是对劳动力需求不足。

很显然,货币政策并不能解决所有失业问题,能够发挥作用的是总需求不足引起的失业,包括周期性的失业,即经济波动引起的失业、劳动生产率提高引起的失业。

充分就业作为政策目标,首先是对充分就业的测定。为了方便起见,一般使用失业率指标测定充分就业。所谓失业率,是指愿意接受现有工作条件而找不到工作的人数和全部劳动力人数之间的比率。劳动力的计算牵涉到劳动力的年龄规定、判断丧失劳动能力的标准,以及学生和家庭主妇如何划分等问题。而对失业人数的计算,则牵涉到失去工作的时间长短的规定。其次,如何计算摩擦失业和自愿失业,也就是失业率在什么程度以内可以认为已经实现充分就业。

3. 经济增长目标

所谓经济增长,是指一个国家一定时期内所生产的商品和劳务总量的增加。很明显,一个国家要增加国民的福利必须首先寄托在经济增长上,只有经济增长才能提高国民生活水平,才能增加劳动就业,实现充分就业目标。因此,经济增长目标也是中央银行货币政策的目标之一。但是,作为货币政策目标,在追求经济增长时,还必须考虑经济增长是如何获得的,以及经济增长的长期目标和短期目标之间的关系。首先,不能以破坏环境为代价追求经济增长。其次,应该追求经济的长期稳定适度增长,避免大起大落。

作为衡量经济增长的指标,通常使用国民生产总值或人均国民生产总值指标。世界上的大部分国家已经建立比较健全的国民生产总值的统计体系,因此数据比较容易获得。但是,国民生产总值指标也有缺点。首先,无法区别直接和不直接参加社会交换的劳动。例如,家庭主妇烤面包的劳动和面包房烤面包的劳动,前者不计入国民生产总值,而同样的劳动,后者却计入国民生产总值。其次,无法计算实现经济增长所付出的社会成本,如环境污染问题。第三,不增加社会福利的劳动和成本也被计入国民生产总值,如因城市圈的扩大,步行上班改为乘车上班后,并没有增进乘车者的福利,乘车的负效用却作为购买乘车的服务被计入国民生产总值。

4. 国际收支平衡目标

所谓国际收支,是指一定时期内由于政治、经济、文化往来,而引起的一国对其他国家或地区的全部货币收支。国际收支平衡是指全部货币收入和货币支出基本平衡。

一个国家国际收支失衡,无论是逆差还是顺差都会给该国经济带来不利影响。如果是逆差,还要分析是经常项目逆差还是资本项目逆差,或两者均为逆差。如果是经常项目逆差,表明商品和劳务的进口超过出口,很可能造成国内有效需求和国内资源利用不足,包括劳动力资源。如果是资本项目逆差,可能是资金外逃,造成国内投资不足。结果都会造成国内货币的贬值和国内经济发展停滞。如果是顺差,也同样要分析是经常项目顺差还是资本项目顺差。如果是经常项目顺差,一般来说会促进国内经济增长和充分就业,但是,也往往容易招致与外国的贸易摩擦。如果是资本项目顺差,还要看产生顺差的原因是长期资本还是短期资本,是直接投资还是间接投资。如果是短期、间接资本,则很可能是投机资金,特别对发展中国家来说,尤其需要迅速采取对策。

随着经济国际化和金融一体化,国际收支的规模越来越大,在经济中的地位越来越重要,国际收支平衡成为中央银行货币政策的重要目标。国际收支平衡目标一般以一年为期。但是,有些时候国际收支失衡是由于暂时的突发性事件引起的,如发生自然灾害或依靠进(出)口的能源价格突然暴涨(跌),但是这种突发事件不会长期持续。或者是由于发展经济的需要,某一年进口的资本品较多,一旦形成生产规模以后,就会促进出口,改善收支。因此,国际收支平衡目标也可以根据经济运行和增长的需要以及国际收支的结构,以若干年为平衡周期。前者称为静态平衡,后者称为动态平衡。

国际收支按照交易的性质,可分为自主性交易和调节性交易。自主性交易是指个人、单位和政府出于自主的经济动机和其他动机而进行的交易,如商品和劳务的进出口、转移支付、直接投资和证券投资等。调节性交易则为调节自主性交易所产生的国际收支差额而进行的交易,如采取分期付款的形式、使用商业信用、动用外汇储备和从国际市场获得长期资金融通弥补赤字,或者通过鼓励对外投资平衡经常收支项目顺差等。衡量国际收支平衡与否主要是衡量自主性交易的平衡与否。

20世纪70年代以后,各种形式的金融危机频频发生,严重妨碍了经济的顺利发展。因此,有一些学者提出应该将金融稳定作为货币政策目标。但是,将金融稳定作为货币政策目标存在诸多困难。首先,金融稳定的概念并不明确。如果是指不发生金融危机,那么金融危机也可以分为交易主体的危机、交易对象的危机以及交易系统的危机。交易系统的危机包括交易的规则和具体运作,很明显不是货币政策的范畴,理所当然也不能成为货币政策的目标。如果是指交易主体和交易对象,也违反货币政策的作用对象是宏观指标的特征。尽管有可能将股价指数作为一种宏观指标,但充其量只能作为参考指标。其次,金融稳定和货币政策目标可能产生冲突。如第九章所分析的,货币政策的最根本目的是通过调节货币供应量的多寡使社会总需求和总供给达到平衡,如果货币供应量过多造成社会总需求超过总供给,需要采取紧缩货币政策,但往往可能同时引起金融不稳定。第三,难以找到衡量金融稳定的合适指标。第四,货币政策目标的实现依靠一套已经比较成熟的政策工具。而要实现金融稳定还不存在政策工具,如三大工具几乎毫无例外地一旦收紧都不利于金融稳定。实现金融稳定最有效的手段还是监管手段。毋庸置疑,在制定和实施货币政策的时候,也需要考虑金融稳定。

二、货币政策目标相互之间的关系

如上所述,货币政策有四个目标,不同的目标之间既存在统一性,也存在矛盾性,为实现某目标而采取的政策措施往往可能干扰其他目标的实现。

1. 币值稳定目标和充分就业目标

英国经济学家菲利普斯研究了1861年至1957年近100年英国的失业率和物价变化之间的关系,发现物价变化率和失业率之间存在此消彼长的关系,提出著名的"菲利普斯曲线"。他认为,要实现充分就业的目标,必然要增加货币供应量、增加政府支出、刺激社会总需求的增加,则将导致一般物价水平的上升;反之,如果要稳定币值,必然要减少货币供应量、削减政府支出、抑制社会总需求,结果将导致失业率的上升。因此,作为货币政策,既不能为稳定币值而放弃充分就业目标,也不能为了充分就业而放弃币值稳定目标。只能根据社会经济的具体条件,在稳定币值和充分就业之间选择正确的搭配。

2. 币值稳定目标和经济增长目标

(1)两者具有统一性,表现为:①物价稳定促进经济增长。只有物价稳定才能促进资本形成、技术进步,维持经济的长期增长。②经济增长促进物价稳定。经济增长带来劳动生产率的提高和新的生产要素的投入、产品增加和单位产品生产成本的降低。

(2) 两者存在的矛盾性,表现为:①通货膨胀刺激经济增长。市场经济往往表现为有效需求不足,在非充分就业均衡中运行,存在货币幻觉,为了促进经济增长,需要伴随适度的通货膨胀。②为了稳定币值,必须减少货币供应量,抑制总需求,导致经济增长率降低;反之,为了实现经济增长目标,必须增加货币供应量,刺激总需求,导致一般物价水平上升。

3. 充分就业目标和经济增长目标

美国经济学家奥肯根据对美国经济的分析,发现充分就业和经济增长之间存在这样的关系:失业率提高1%,经济的潜在产出与现实产出的缺口增大3.2%,这被称为"奥肯定律"。一般来说,要实现充分就业,必然采取刺激总需求的政策措施,由此带动经济增长。因此,两者存在正相关的关系。但是,也存在特殊情况,如果经济增长的方式由劳动密集型向资本或资源或知识密集型转变,那么,经济增长不仅不能带来就业率的上升,甚至还可能引起就业率的下降,这样两者的关系就可能是负相关。

4. 国际收支平衡目标和其他政策目标

(1) 汇率固定条件下。为了分析的简便,先分析在汇率固定条件下,币值稳定目标和国际收支平衡目标之间的关系。

分三种情况:①国内通货膨胀率高于外国,即本国货币相对于外国货币贬值更甚。但是,由于汇率没有进行调整,本国货币没有相应对外贬值,将使出口减少、进口增加,导致国际收支向逆差发展。②外国通货膨胀率高于本国,也因为本国货币没有相应对外升值,则出口增加进口减少,国际收支向顺差方向发展。因此,币值稳定目标和国际收支平衡目标之间的关系依据于国内外币值的相对变化。③若国内外的通货膨胀率相同,在其他条件不变的情况下,对国际收支的影响是中性的。

假定汇率可以调整,那么两者关系就很不确定。例如,如果国内通货膨胀率高于外国,而通过调整汇率使本国货币对外贬值幅度更大,将促进出口反而有利于改善国际收支。

(2) 放弃汇率固定条件下。接下来再分析放弃汇率固定条件下,其他货币政策目标(即币值稳定、充分就业和经济增长)与国际收支平衡目标的关系。

分为四种情况:①国内经济处于萧条状态(币值稳定、非充分就业和经济增长率过低)、国际收支顺差。为了改变萧条状态,采取扩张性货币政策,引起通货膨胀率提高,进口增加、出口减少,国际收支由顺差向平衡方向发展,扩张性货币政策与国际收支平衡目标一致。②国内经济处于萧条状态、国际收支逆差。如果采取扩张性政策,将进一步加剧国际收支的逆差程度。货币政策目标冲突,货币当局处于两难境地,或者为了国际收支平衡目标放弃其他货币政策目标,或者为了其他货币政策目标而放弃国际收支目标。③国内经济处于景气状态(通货膨胀比较严重、接近充分就业和经济增长率较高)、国际收支顺差。采取紧缩性货币政策,物价上涨率和经济增长率回落,进口减少、出口增加,国际收支顺差进一步增加。货币当局也处于两难境地。④国内经济处于景气状态、国际收支逆差。紧缩性政策在抑制国内过热经济景气的同时,也减少了逆差,紧缩性货币政策与国际收支平衡目标一致。

三、货币政策目标的选择

由于货币政策目标之间既有统一,又有矛盾,货币政策目标不可能同时实现。因此,就产生了货币政策目标的选择问题。

1. 单目标论

因为各目标之间存在矛盾,因此只能采用单一目标。由此,又产生选择哪个目标的争论。物价稳定是经济正常运行和发展的基本前提,主张稳定币值是唯一目标的占大多数。但是,也有主张经济增长是稳定物价的基础,应该以经济增长作为唯一目标的。

2. 双目标论

既然经济增长是币值稳定的基础,币值稳定又有利于经济的长期稳定增长,两者相互制约、相互影响,不能偏颇。因此,必须同时兼顾,货币政策应该同时以币值稳定和经济增长作为目标。有人提出相机抉择的主张,即根据具体经济情况进行决定和选择。有经济学家在技术上进一步深化相机抉择的主张,提出临界点选择的方法,即结合本国对某一问题所能承受的限度,找出临界点作为货币政策目标,如通货膨胀率和失业率之间是反函数关系,若临界点均为4%,那么两个4%之间就是安全区域,该安全区域就成为货币政策的目标圈。

3. 多目标论

货币政策作为宏观经济调控手段应该在总体上兼顾各个目标,在不同时期以不同的目标作为相对重点。

货币政策应以稳定币值为首要目标,同时兼顾其他目标。由于宏观经济目标既统一又矛盾,宏观经济环境不断变化,因此经济发展的不同阶段、经济周期的不同时期货币政策目标也应相应变化。在经济发展的低级阶段,经济增长和充分就业目标相对比较重要。在经济周期的高涨时期,币值稳定应是目标;紧缩时期,则经济增长和充分就业就应成为相对重点;而在国际收支失衡、汇率波动、金融动荡时期,国际收支平衡、汇率稳定和金融稳定就应成为货币政策目标的相对重点。

第二节 货币政策的中间指标和操作指标

一、建立中间指标和操作指标的意义

中央银行的货币政策目标同时也是一个国家的宏观经济目标,宏观经济目标的实现是国民经济各部门协调配合的结果。虽然中央银行通过实施货币政策,发挥关键作用。但是,中央银行也仅仅是通过货币政策工具的操作,调节货币供应量的变化,间接影响宏观经济目标,却无法直接控制和实现宏观经济目标。由于从货币政策的制定、实施,到影响金融市场参与者的行为、改变货币供应量进一步影响实体经济,最后实现宏观经济目标是一个漫长的过程,其间市场机制发挥作用如何、经济环境变化等存在不确定性,影响宏观经济目标的实现。因此,如果将宏观经济目标作为最终货币政策目标,中央银行通过在货币政策工具和最终货币政策目标之间建立用金融指标表示的操作指标和中间指标,形成政策工具→操作指标→中间指标→最终目标的目标体系,有利于在政策实施以后密切观察这些指标的实现情况,以便随时修正政策的力度和方向,保证政策的作用机制不偏离政策轨道,获得实现宏观经济目标的最佳效果。

二、选择中间指标和操作指标的主要标准

1. 相关性

作为中间指标的金融指标必须与最终目标、作为操作指标的金融指标必须与中间指标密切相关,它们的变动必然对最终目标或中间指标产生可预测的影响。例如,作为中间指标的货币供应量和利率与作为最终目标的经济增长、币值稳定和充分就业等指标之间具有相关性,那么作为操作指标的基础货币和短期利率又与作为中间指标的货币供应量和(长期)利率具有相关性,那么通过对基础货币供应量或短期利率的调节可实现对最终目

标的调控。

2. 可测性

要对作为操作指标和中间指标的金融指标进行有效控制,必须能对其进行迅速和精确的测量。因此,指标的选取首先必须是中央银行能够迅速获取的精确数据。其次是必须有较明确的定义,便于观察、分析和检测的指标。作为中间指标,只有在政策"偏离轨道"时,能比最终目标更快发出较为准确的信号才是有用的;同样道理,作为操作指标也只有比中间指标更快发出较准确信号才是有用的。例如,货币供应量数据较之 GDP 能够更快得到,也比较准确,利率更是随时可以获得。

3. 可控性

建立操作指标和中间指标的目的,是通过对其的调节达到修正政策轨道的目的。因此,操作指标和中间指标必须具有可控性;否则,即使发现偏离政策目标也没有办法对其修正,失去建立操作指标和中间指标的意义。

4. 抗干扰性

既然货币政策的目的是通过对操作指标和中间指标的调节,影响最终目标,那么作为调节工具的货币政策对操作指标和中间指标的影响必须比较明确、可靠。如果对操作指标和中间指标的影响因素和渠道较多,就难以判别货币政策影响的程度,也就无法掌握政策的适当与否和力度。

此外,在选取中间指标和操作指标时还要考虑以下两点。首先,考虑经济管理体制、市场发育程度、经济发展水平等因素的制约和影响。例如,我国过去实行信贷总量控制,利率对货币供应量就没有什么影响。利率实行管制,利率就不能作为中间指标。利率缺乏弹性,也就难以通过改变利率影响商业银行的超额存款准备。

其次,考虑各个国家不同时期客观条件变化的因素。例如 20 世纪 60 年代,美国中间指标主要使用金融机构的贷款利率和债券市场利率,使得美联储常常发生困惑。因为利率上升可能由两种原因引起,其一是紧缩政策、货币供应减少的结果;其二是物价上升形成物价上涨预期,导致投机性资产需求增加的结果。前者说明政策已经产生效果,没有问题;后者则表示紧缩政策的力度还需要加强。但是,美联储却难以区别利率的上升究竟是由哪种原因引起的。70 年代,随通货膨胀的加剧,美联储放弃利率作为中间指标而改用与物价相关性较强的货币供应量。

三、可供选择的操作指标

1. 存款准备金

存款准备金作为基础货币,它的多寡直接影响市场银根的松紧。因此,是中央银行各种货币政策工具影响中间指标的主要传递指标。

(1) 法定存款准备金比率,作为中央银行货币政策的工具,它的变化直接导致存款准备金数量的变化,影响中间指标。

(2) 再贴现率变化,通过再贴现贷款数量增减,影响商业银行借入准备金的数量,再影响货币数量。

(3) 中央银行公开市场业务,通过债券买卖影响商业银行的非借入准备金数量,然后影响中间指标。

但是,存款准备金有各种不同的概念:存款准备金总额、法定存款准备金、超额存款准备金、借入准备金、非借入准备金等。因此,选择哪个准备金指标作为操作指标,就成为学术界以及中央银行政策制定者争论的焦点。例如,选择存款准备金总额作为操作指标,中央银行能提高的仅仅是法定存款准备金比率,商业银行可以通过减少超额存款准备金的办法,维持存款准备金总额不变。

理论界的争论暂且不管,从各国中央银行的实践来看,作为操作指标最常用的是存款准备金总额。但是,近来美国联邦储备银行理事会改用非借入准备金。非借入准备金增加表示货币市场资金比较充裕,中央银行可在公开市场出售债券,减少货币供应,降低非借入准备金;反之,则在公开市场买入债券增加商业银行的非借入准备金。但是,非借入准备金作为操作指标虽然符合中间指标选择的"四性",但往往是"顺周期"的。例如经济高涨,利率上升、银行的超额存款准备金减少、非借入准备金减少,中央银行误认为货币市场资金偏紧,增加货币供应。如果经济高涨的程度超出充分就业,那么非借入准备金作为操作指标却指示货币政策进一步扩张;反之,也会促使萧条加剧。

2. 基础货币

货币供应量等于基础货币乘以货币乘数,在货币乘数一定或变化可测的情况下,通过调节基础货币就可以控制货币供应量。尤其是在金融市场发展比较落后、现金流通比率较高情况下,基础货币比单纯存款准备金与中间指标的相关性更强。

3. 短期利率

主要是指货币市场的利率,最典型的是银行同业拆借市场利率。作为操作指标,其可测性、可控性和抗干扰性都无可非议。但是,与中间指标的相关性却依赖于货币市场与其他金融市场之间的相关性,以及货币市场在整个金融市场中的地位。

四、可供选择的中间指标

1. 利率

这里的利率是指长期利率。

(1)利率的优点。主要是:①不仅能够反映货币与信用的供给状态,还能够表现资金供求状况的相对变化;②中央银行能够运用政策工具进行较为有效的控制;③数据易于及时收集和获得;④作用力大、影响面广、与货币政策最终目标的相关性强。因此,很多国家都将利率作为中间指标。

(2)利率的缺点。利率作为中间指标也有缺点:①中央银行能够控制的是名义利率,对经济产生实际影响的是预期实际利率,而预期实际利率既很难准确计量,通货膨胀率数据的获得又比较花时间。②利率对经济活动的影响依赖货币需求的利率弹性,而货币需求的利率弹性既受经济体制的影响,又受金融市场发达程度的影响。同时在经济运行的不同时期,货币需求的利率弹性又存在差异。

例如 2013 年 7 月以前,在我国,对实体经济有重要影响的银行贷款基准利率是管制的,所以,利率无法作为中间指标,只能作为工具使用。

2. 货币供应量

(1)优点。主要是:①能直接影响经济活动;②中央银行对货币供应量的控制力较强;③与货币政策的目标联系紧密;④不易混淆政策性效果和非政策性效果。

(2)缺点。货币供应量也有缺点:①中央银行对货币供应量的控制力不是绝对的,货币供应量既取决于基础货币的变化,也取决于货币乘数的变化,后者的受控因素非中央银行完全可控,如现金-存款比率、超额准备金比率等主要受公众和银行行为的影响。虽然中央银行可通过利率等对其施加影响,但这种影响是不确定的。②货币政策调节货币供应量还存在时滞。③货币供应量还有货币层次选择的问题。一般来说,货币供应量有:$M0$、$M1$、$M2$ 和 $M3$ 四个层次。

在金融市场比较落后、信用工具较少情况下,现金是主要信用工具,控制住现金的供给也就在很大程度上控制住了货币量的供给。在此情况下,现金应作为中央银行控制重点。随着金融市场发展,信用工具增加,现金比重下降,仅控制现金并不能有效控制货币供应量,也不能有效实现货币政策目标,则控制重点应向范围更广的货币层次转移。但货币供应量的控制难度也随之增加,不仅货币的内部结构变得复杂,而且金融创新使得活期存款和定期存款的界限模糊,中央银行难以控制货币在活期存款和定期存款之间的移动。扩大货币的范围又将使得各指标之间,以及与最终目标之间的相关性减弱。

3. 货币供应量和利率作为中间指标的比较

(1)可测性。虽然利率的数据比较容易得到,但预期实际利率比较难以测量。因此,在可测性方面,孰优孰劣难以确定。

(2)可控性。货币量是由货币供应量和需求量共同决定的,中央银行只能通过基础货币的增减间接控制货币供应量,社会公众对货币的需求量由众多因素决定,因此中央银行的控制能力也是有限的。中央银行虽可调节再贴现率控制利率,但仅仅是名义利率,不能控制实际利率。

(3)相关性。无论是货币供应量还是利率都对最终目标有很强的相关性,但何者的相关性更大难以测量。总之,作为中间指标,货币供应量和利率孰优孰劣难以作出结论。较多情况下,当以币值稳定为指标时,往往选择货币供应量;当以经济增长为指标时,则往往选择利率。

4. 货币供应量和利率同时作为货币政策中间指标的分析

既然货币供应量和利率作为中间指标都有优缺点,那么是否可以将两者同时作为中间指标呢?简单来说,将使中央银行处于顾此失彼的两难境地。如图10-1所示,中央银行将货币供应量 M^* 作为中间指标。由于经济增长率和通胀率等的意外变化使货币需求线在 M_{d1} 和 M_{d2} 之间变动,为了维持 M^* 的目标,利率将在 I_1 和 I_2 之间变动;反之亦然。如图10-2所示,中央银行将利率 I^* 作为中间指标。由于公众对货币偏好的变化将使货币需求在 M_{d1} 和 M_{d2} 之间变化,

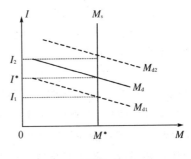

图 10-1

为了维持 I^* 目标,不得不变化货币供应量 Ms。

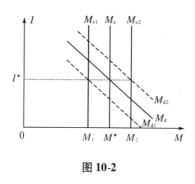

图 10-2

5. 其他可作中间指标的指标

在特殊的经济条件下,还有两类指标可以作为中间指标使用。

(1) 贷款量。①优点是:第一,与最终目标有一定的相关性,特别是在金融市场发展落后、商业银行贷款是主要的信用供给渠道的情况下,控制住了贷款量也就控制住了货币供应量;第二,数据较易获得,具有可测性;第三,中央银行可以直接规定贷款规模,具有较好的可控性。②缺点是:第一,如果金融市场比较发达,融资渠道多样,贷款规模与最终目标的相关性就将减弱;第二,可控性主要采取的是行政手段,非经济手段,不利于市场机制发挥作用;第三,因为贷款量非市场机制决定,所以难以确定合适的贷款规模和结构。

(2) 汇率。如果是实行联系汇率制的国家,货币的发行依赖与之挂钩的主要货币,因此可以将联系汇率作为中间指标。但是,这实际上是牺牲对内均衡满足对外均衡,是放弃货币政策的表现,而实行联系汇率制国家的货币政策本来就受到非常大的限制。

第三节 我国中央银行货币政策目标的特点

一、我国中央银行货币政策最终目标的特点

长期以来,我国在计划经济体制下,金融的职能受到严重削弱。中国人民银行成为事实上的唯一银行,既履行中央银行的职能,又承担商业银行的功能。实际上,中国人民银行已经放弃货币政策,也就无所谓货币政策目标。中国金融业也就是中国人民银行的任务,就是在"发展经济,保障供给"的原则下,为计划经济服务,保证经济计划的实施和实现。

改革开放以后,金融的作用受到重视。我国进行了金融体制的改革,中国人民银行分离其商业银行功能,专门履行中央银行职能,表明了中国人民银行开始利用货币政策对金融实行调控。由于改革开放的目的是实现计划经济体制向市场经济体制的转变,中国人民银行的货币政策目标也要配合

改革的这一目的。因此,货币政策目标也体现了这个特点。1995年以前,货币政策目标一直在经济增长和币值稳定之间摇摆。首先,为了配合改革,必须维持经济的增长。因为在计划经济体制下的我国经济是短缺经济,没有经济增长、不改变短缺状况,是难以实现币值稳定目标的。其次,经济体制的转变牵涉各方利益的调整,需要支付改革成本,没有经济增长就难以保证改革顺利进行。第三,经济体制改革带来社会体制等各方面的改革,大量潜在的农村失业人口转向非农产业,也需要经济增长的支撑。第四,经济增长目标的实现同时伴随物价上升,特别是几次比较严重的物价上涨都造成了社会不稳定。因此,当出现这种现象时,中国人民银行都放弃经济增长目标转向币值稳定目标。

1995年我国颁布了《中国人民银行法》,明确规定中国人民银行货币政策目标是"保持货币币值稳定,并以此促进经济增长"。说明货币政策目标首先是币值稳定,在维持币值稳定的前提下,促进经济增长。货币政策目标的这个改变可以说是因为通过十几年的改革,短缺状况得到很大改善、价格已经成为配置资源的重要信号、政府调控经济的方法已经从使用行政手段向运用市场机制转变。

2003年在党的十六大上,江泽民同志代表党中央作的工作报告中,提出"扩大就业是我国当前和今后长时期重大而艰巨的任务,国家实行促进就业的长期战略和政策"。很显然,充分就业已经成为我国的宏观经济目标,中国人民银行也要将宏观经济目标作为货币政策目标。充分就业成为宏观经济目标的背景,是与我国在2020年实现全面小康社会的目标密切相关的。要全面实现小康社会就必须增加人民的收入,我国是社会主义国家,人民收入的增加必然依靠就业获得。因此,扩大就业、实现充分就业目标是实现全面小康社会的关键。当然扩大就业目标并不是要否定《中国人民银行法》规定的"保持货币币值稳定"目标,扩大就业是长期目标,是在保持币值稳定前提下,努力争取实现的目标。由此可见,改革开放以来,我国中央银行货币政策目标实际上是以稳定币值为首要目标,同时兼顾其他目标,采取根据宏观经济环境变化,适时调整货币政策目标的方针。

二、我国中央银行货币政策中间指标的特点

我国长期将信贷规模作为中间指标,曾经很有效,但是随着经济市场化,其有效性正在下降。

第一,计划经济体制不存在商业信用,银行贷款又几乎等同于银行信用,银行信贷规模与货币供应量高度相关。不实行存款准备金制度和利率被管制情况下,没有控制货币供应量的手段。同时,通过信贷计划还可以调节信贷的结构。但是,改革开放以后,出现了不在信贷计划管理体制范围内的金融机构,信贷统计不能囊括全部以及非银行机构违规经营贷款业务等,可测性下降。

第二,非国有经济的崛起,对银行资金依赖程度低,使相关性下降。

第三,经济市场化使得可控性下降。微观方面,企业自主权的发展,筹资渠道多样化,居民储蓄存款非常容易变为企业资金。虽然贷款数额可以不变,但是银行负债内容发生变化,潜在购买力变成现实购买力,需求增加。宏观方面,信贷资金分配体制弱化,银行依靠吸收存款增加贷款,多存多贷,以及资产形式多样化。

我国在20世纪90年代以前,曾经将流通中现金作为中间指标,主要原因如下:

首先,流通中现金的供给是非银行部门通过存款的兑现获得的。理论上,银行必须随时满足客户提现要求。因此,流通中现金的数量取决于银行部门以外的力量,难以作为中间指标。但是,在计划经济条件下,宏观金融指标几乎全部是计划规定的,存款准备金制度也没有实行,可以说唯有现金还受到非银行部门持有现金意愿的影响,成为计划经济体制下与宏观经济变化存在相关关系的极少数金融指标之一。

其次,在计划经济体制下,金融机构几乎就是中国人民银行一家,业务也非常简单,就是存贷款,所有金融机构的资产负债关系表现为:存款+流通中现金=贷款。贷款由国家信贷计划控制,存款中的单位存款也受国家控制,居民存款和流通中现金虽不受国家控制,但实际上也在国家的计划之内。不过,现金变化往往是对物价上涨的反应,或是物价上涨引起贷款超计划发行的结果。

此外,计划经济下的现金投放和回笼无非是与工资和农副产品有关的部分,均是可以控制的。现金出入银行发行库的统计,保证流通中现金的数据准确满足了可测性的要求。对现金的控制手段主要有:信贷计划管理,现金管理制度,工资基金管理制度。但是毋庸置疑,现金作为中间指标是特殊时期的不得已之举,其局限性是显而易见的。因为现金在货币供应量中的比重不到20%,生产资料和生活资料的流通放松以后,现金与宏观经济的相关性就下降了。而在经济管理方式改变、对现金管理放松以后,可控性也消失了。

因此在90年代以后,中国人民银行就改将货币供应量作为中间指标。

重 要 概 念

货币政策目标 最终目标 中间指标 操作指标 单目标论 双目标论 多目标论 相关性 可测性 可控性 抗干扰性

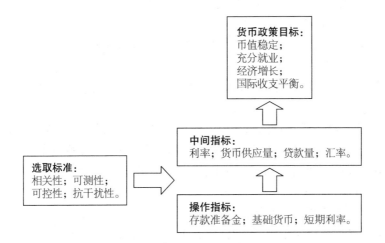

练 习 题

一、填充题

1. 货币政策目标通常包括(　　)、(　　)、(　　)和(　　)。
2. 因为货币政策是管理(　　)的政策,因此,货币政策能够发挥作用的主要是(　　)的通货膨胀。
3. 衡量币值稳定的指标,通常有(　　)、(　　)以及(　　)。
4. 充分就业的定义是(　　)。
5. 摩擦失业是指(　　),包括(　　)和(　　)。
6. 自愿失业是指(　　)。
7. 货币政策并不能解决所有失业问题,能够发挥作用的是(　　)。
8. 国际收支平衡目标一般以一年为期。也可以根据经济运行和增长的需要以及国际收支的结构,以若干年为平衡周期。前者称为(　　),后者称为(　　)。
9. 通常经济增长目标与充分就业目标是一致的,但是,如果(　　),经济增长不仅不能带来就业率的上升,甚至还可能引起就业率的下降。
10. 选择中间指标和操作指标的主要标准是(　　)、(　　)、(　　)和(　　)。
11. 可供选择的操作指标是(　　)、(　　)、(　　)和(　　)。
12. 可供选择的中间指标是(　　)、(　　)、(　　)和(　　)。

二、简述题

1. 简述币值稳定目标和经济增长目标的统一性和矛盾性。
2. 简述选取作为中间指标和操作指标的金融指标时,需要考虑的因素。

参 考 答 案

一、填充题

1. 币值稳定;充分就业;经济增长;国际收支平衡。
2. 需求;防止需求拉动。

3. 国民生产总值平均指数；消费物价指数；批发物价指数。

4. 任何愿意接受现有工作条件，并有工作能力的人都可以找到工作。

5. 短期内劳动力市场上劳动力的供求失衡造成的失业；结构性失业；季节性失业。

6. 有工作能力，但不愿意接受现有工作条件的失业。

7. 总需求不足引起的失业，包括周期性的失业，即经济波动引起的失业、劳动生产率提高引起的失业。

8. 静态平衡；动态平衡。

9. 经济增长的方式由劳动密集型向资本或资源或知识密集型转变。

10. 相关性；可控性；可测性；抗干扰性。

11. 存款准备金；基础货币；短期利率；非借入准备。

12. 利率；货币供应量；贷款量；汇率。

二、简述题

1. 统一性：①物价稳定促进经济增长。只有物价稳定才能促进资本形成、技术进步，维持经济的长期增长。②经济增长促进物价稳定。经济增长带来劳动生产率的提高和新的生产要素的投入、产品增加和单位产品生产成本的降低。

矛盾性：①通货膨胀刺激经济增长。市场经济往往表现为有效需求不足，在非充分就业均衡中运行，存在货币幻觉，为了促进经济增长，需要伴随适度的通货膨胀。②为了稳定币值，必须减少货币供应量，抑制总需求，降低经济增长率；反之，为了实现经济增长目标，必须增加货币供应量，刺激总需求，导致一般物价水平上升。

2. 除了相关性、可控性、可测性和抗干扰性以外，还要考虑经济管理体制、市场发育程度、经济发展水平等因素的制约和影响，以及不同时期客观条件变化的因素。

第十一章 中央银行货币政策工具与业务操作

> **本章提要**
>
> 中央银行货币政策目标是通过货币政策工具的运用实现的。货币政策工具可以分为一般性政策工具和选择性政策工具。
>
> 一般性政策工具有:存款准备金政策,公开市场政策,再贴现政策。
>
> 选择性政策工具有:直接信用控制政策,间接信用控制政策,消费信贷控制政策,证券市场信用控制政策,不动产信用控制政策。
>
> 货币政策工具虽然有各种形式,各有其特点和使用条件,但基本原理都是通过调节货币供应量,达到实现货币政策目标的目的。中央银行需要根据宏观经济形势变化和具体金融状况不同,运用不同的货币政策工具,以最佳的方式实现政策目标。
>
> 一般性政策工具已经成为我国中央银行的主要货币政策工具,但是受制于金融管理体制和金融市场发展的程度,效果有限;选择性政策工具仍然发挥着一定作用。

第一节 一般性货币政策工具及其业务操作

所谓一般性货币政策工具,是指对货币供应量进行调节和控制的政策工具,主要包括存款准备金政策、再贴现政策和公开市场政策。一般性货币政策工具的特点是对总量进行调节和控制的政策工具。

一、存款准备金政策与业务操作

1. 存款准备金政策的含义

存款准备金政策是中央银行在法律赋予的权利范围内,通过规定或调整商业银行缴存中央银行存款准备金的比率,控制和改变商业银行的信用创造能力,间接控制社会货币供应量的活动。目前在大部分国家,都在法律上规定存款准备金比率,并赋予中央银行调整法定存款准备金比率的权限。因此,存款准备金政策也可以称之为法定存款准备金政策,本书为了语言表达的方便,使用存款准备金政策。

世界上,最早在法律上规定存款准备金的是美国路易斯安那州银行法(1824);最早将存款准备金集中于中央银行的是英格兰银行,18世纪英国的私人银行就将存款准备金的一部分存在英格兰银行,用于银行间的转账结算;最早规定商业银行必须向中央银行上缴存款准备金和存款准备金比率的是美国《联邦储备法》(1913);美联储最早获得改变法定存款准备金比率的权限(1935),并将存款准备金比率作为中央银行货币政策工具使用。

2. 存款准备金政策的作用

(1)保证商业银行等存款货币银行的流动性。存款货币银行为了应付客户的提现需要,都保持一定的现金准备。但是,保持现金准备对存款货币银行来说是一种负担。因为保持现金准备没有利息收入,还要为此支付保管费用、存款利息和员工的工资等。所以,作为以营利为目的的金融机构来说,理性的行动是尽量减少现金准备,特别是当存在良好的投资机会的时候更是如此。一部分存款货币银行就会理性减少现金准备,其结果是常常发生流动性危机,历史上这种例子比比皆是。因此,各国普遍建立了存款准备金制度,强制存款货币银行将准备金存入中央银行,保证存款货币银行资金的流动性和清算能力。

(2)集中一部分信贷资金。强制规定吸收存款中的一部分作为存款准备金缴存中央银行,为中央银行办理银行同业之间的清算和向金融机构提供贷款,以及调节资金的流向提供了条件。

(3) 调节货币供应量。假定法定存款准备金比率为10%,银行根据经验为了应付客户的提现需要,另外持有10%的现金(超额存款准备金)。因此,就有银行体系资产负债表1,见表11-1。假定现在中央银行将法定存款准备金比率提高到15%,那么,由银行自主决定的超额存款准备金比率降为5%(如果是在现金不能计算为法定存款准备金的国家,需要将此现金存入中央银行),银行体系资产负债表变为表11-2。银行觉得5%的现金(超额存款准备金)难以满足客户的提现要求,应该恢复10%的现金准备。于是,通过收回一部分贷款或卖出一部分证券,补充现金(超额存款准备金),银行的资产开始收缩。与此同时,购买银行出售的证券和归还银行贷款的企业或个人也不得不减少在银行的存款,银行开始减少负债。理论上,这个调整过程一直进行到:存款准备金200亿元/(法定存款准备金比率15% + 超额存款准备金比率10%) = 800亿元时结束,银行系统资产负债表变为表11-3。反之,调低法定存款准备金比率的情况也同样按照上述过程反方向进行。

表11-1　银行体系资产负债表1

资产		负债	
现金(超额存款准备金)	100 亿元	存款	1 000 亿元
法定存款准备金	100 亿元		
贷款、证券	800 亿元		

表11-2　银行体系资产负债表2

资产		负债	
现金(超额存款准备金)	50 亿元	存款	1 000 亿元
法定存款准备金	150 亿元		
贷款、证券	800 亿元		

表11-3　银行体系资产负债表3

资产		负债	
现金(超额存款准备金)	80 亿元	贷款	800 亿元
法定存款准备金	120 亿元		
贷款、证券	600 亿元		

一般来说,为了应付非预期的债权债务的收回和发生,银行总是需要持有超额存款准备金。从整个银行体系来看,超额存款准备金处于平均水平。但是,就个别银行来看,每家银行的经营方针各不相同,有些银行经营方针比较稳健,持有较多的超额存款准备金。而有些银行比较冒险,持有的超额存款准备金较少。一旦中央银行提高法定存款准备金比率,持有超额存款准备金较多的银行可以动用超额存款准备金满足法定存款准备金比率提高的要求。而持有超额存款准备金较少的银行该怎么办呢?好在现代金融体系已经建立了满足银行短期资金需求的短期同业市场(不同的国家有不同的称呼),持有超额存款准备金较少的银行可以立刻在同业市场拆入资金,以满足法定存款准备金比率提高的要求。

由此可见,法定存款准备金比率的调整通过两条渠道影响货币供应量。第一条渠道是影响同业市场利率的渠道。虽然就整个银行体系来说,同业市场的拆出拆入在内部进行,似乎并不影响货币供应量。但法定存款准备金比率提高以后,银行闲散资金的数量马上变化,相对拆出资金的数量,拆入资金的需求增加将引起同业市场利率上升并传导到资本市场,进一步引起信贷收缩。第二条渠道是通过存款货币银行超额存款准备金的调整进行的,然后通过资产和负债的扩张和收缩影响货币供应量。如上例,法定存款准备金比率提高5%,虽然仅仅增加法定存款准备金20亿元,但是通过银行体系信用的多倍收缩,减少存款200亿元。

当然,这两条渠道也不是泾渭分明的,作用过程是很复杂的,上述例子也是高度简单化的。但是,法定存款准备金政策调节货币供应量的效果非常明显,却是可以明确断言的事实。

3. 存款准备金政策工具的特点

如上所述,存款准备金政策的优点是非常明显的。首先,对货币供应量具有极强的影响力,力度大、速度快,效果明显,是中央银行收缩和放松银根的有效工具。其次,对所有存款货币银行的影响是均等的。这不像公开市场操作或再贴现政策,只对参与市场操作或申请中央银行贷款的银行才发生作用。

但是,上述优点有时也是缺点,法定存款准备金比率的微小变动会通过银行体系信用的收缩、扩张产生放大作用,增加经济的波动,难以成为日常使用的政策工具。另外,也可能使超额存款准备金比率较低的银行立即陷入流动性困境,造成金融不稳定。特别是由于数学中"大数定律"的存在,大银行持有的超额存款准备金可以比小银行少。如果小银行持有与大银行相同的超额存款准备金,法定存款准备金比率的调高,极易造成小银行的流动性危机。某种意义上来说,存款准备金制度对小银行并不公平。因此通常来说,对小银行要求的存款准备金比率相对较低。例如,目前我国对大型商业银行实行的法定存款准备金比率是20%,对其他商业银行实行18%,对农村信用社等合作制金融机构实行14.5%。

法定存款准备金作为在中央银行的存款,中央银行对此却并不支付利息,其理由已在第五章第二节说明,不再赘述。但是,长期以来由于我国法定存款准备金政策的主要作用不是调节货币供应量,而是为了集中信贷资金和保持金融机构的流动性,因此中央银行对法定存款准备金和超额存款准备金都支付利息。由于利息收入而产生的银行赚取利差的动机,往往会削弱政策的作用。特别是当中央银行采取扩张性的货币政策,降低法定存款准备金比率时,如果银行对经济前景并不看好,并不减少存款准备金的话,将使中央银行的货币政策效果大打折扣。

4. 存款准备金政策的变化趋势

由于中央银行对法定存款准备金不支付利息,因此,法定存款准备金就成为对缴付存款准备金的金融机构征收的一种赋税。在战后经济繁荣、资金需求旺盛时期和利率管制的情况下,存款准备金对存款货币银行并不构成特别负担。但是,在经济繁荣和利率管制结束以后,各种金融机构的业务相互交叉,争夺银行存款和逃避法定存款准备金比率管制的金融创新,以及变相存款应运而生,非存款货币金融机构创造的筹资工具种类繁多,规模越来越大。因此,仅对存款货币银行征收法定存款准备金就显得很不合理和公平,长此以往必定损害存款货币银行的竞争力,不利于整个金融体系的稳定和发展。有鉴于此,美国在1990年12月取消了定期存款的法定存款准备金,1992年4月将支票存款的法定存款准备金比率降低到10%;加拿大取消了所有两年以上期限存款的法定存款准备金;日本银行从1991年10月起没有改变过法定存款准备金比率;瑞士、新西兰、澳大利亚的中央银行也已完全取消了法定存款准备金。可以说,在发达资本主义国家,存款准备金政策作为货币政策工具的意义已经非常淡薄,存款准备金的职能已经演变为主要承担金融机构之间的清算。

二、再贴现政策与业务操作

1. 再贴现政策的含义

再贴现政策是中央银行通过改变再贴现率的办法,影响商业银行等存款货币银行从中央银行获得的再贴现贷款和持有超额存款准备金的成本,达到增加或减少货币供应量、实现货币政策目标的一种政策措施,包括对再贴现率和申请再贴现金融机构资格的调整。

早期的再贴现业务是一种纯粹的信用业务,商业银行通过将其持有的未到期的商业票据在中央银行办理再贴现,获得一定的资金,解决暂时的资金短缺问题。随中央银行职能的不断完善和调节宏观经济的作用日益加强,再贴现业务逐步演变成调节货币供应量的货币政策工具。

2. 再贴现政策的内容

(1)再贴现的条件。这包括两方面的内容,首先是从中央银行获得再贴现贷款的主体。大部分国家规定能够从中央银行获得再贴现贷款的主体是商业银行等存款货币银行。我国《中国人民银行法》第四章第二十三条(三)规定,再贴现贷款的对象是在中国人民银行开立账户的银行业金融机构。其次是中央银行再贴现贷款的对象。大部分国家规定,向中央银行申请再贴现的票据必须是以生产和流通过程中的商品为依据、能自行清偿的短期商业票据。例如,美联储规定申请再贴现的票据必须具备以下条件:商业票据不得超过90天,农产品交易的票据不得超过9个月;必须是根据交易行为产生的自偿性票据;必须是直接从事经营农工商业的借款人出具的票据;投机或长期资本支出产生的票据不得申请再贴现。英格兰银行规定申请再贴现票据必须是有两家国内信誉极佳企业签署,并且其中一家必须是承兑人;未到期票据申请再贴现必须距到期日一个月以内。德国规定申请再贴现票据必须有3个被公认有支付能力的责任人担保,并在3个月内到期。

我国中国人民银行规定,申请再贴现所提交的票据只能是已经贴现或转贴现的未到期银行承兑汇票和商业承兑汇票。用于再贴现的商业汇票应以真实合法的商品、劳务交易为基础,汇票的签发、转让应遵循诚实信用原则。

(2)再贴现的利率。即中央银行提供再贴现贷款时使用的利率,也称再贴现率。中央银行根据市场资金供求状况和货币政策目标对再贴现率进行调整,提高再贴现率表示银根紧缩,降低再贴现率则表示银根放松。再贴现率可以高于市场利率,也可以低于市场利率。高于市场利率表示再贴现率是惩罚性利率,中央银行并不鼓励商业银行向中央银行申请贴现贷款,而是希望商业银行首先通过金融市场解决资金需求,不到万不得已不要申请贴现贷款;反之,低于市场利率则表示再贴现贷款优先提供给信用好的金融机构,起到引导市场资金流向的作用。再贴现率一般是短期利率,最长不超过一年。根据再贴现票据的信用等级,也可以对再贴现贷款实行差别利率。

3. 再贴现政策的作用

如上所述,中央银行可以通过调整再贴现率,产生四种影响。首先,影响商业银行等存款货币银行的存款准备金数量和资金成本,从而影响它们的贷款量和货币供应量。再贴现率发生变化,从中央银行获得再贴现贷款的成本也随之变化,将引起再贴现贷款的增减,进一步引起存款准备金的增减。若存款准备金多于或少于预期水平,只能通过缩减或增加贷款,使存款准备金恢复到预期水平,这个调整导致整个社会货币供应量的变化。同时,随货币供应量的变化,市场利率和货币需求也会相应发生变化。其次,通过再贴现政策影响和调整信贷结构。方法有两个,即规定再贴现票据的条件和对再贴现票据实行差别再贴现率。第三,再贴现率的升降可产生货币政策变动方向和力度的告示作用,影响公众预期。第四,利用再贴现贷款向再贴现贷款申请人提供信用,防止金融危机的发生,即发挥最后贷款人的作用。

4. 再贴现政策的特点

再贴现政策通过改变再贴现率引导市场利率发生变化,符合市场经济的基本规律。因此,成为中央银行最早和最基本的调控手段,而且在大多数情况下也是有效的。但是,随金融市场的发展,特别是非存款货币金融机构的发展,其局限性也越来越明显。

第一,一般来说,银行之所以愿意从中央银行借款,是因为再贴现率与市场利率之间的利差足以弥补所承担的风险和有关费用。如果不能弥补风险和费用,银行就将收回贷款,归还从中央银行的借款。但是,如果银行预期市场利率进一步升高,尽管再贴现率已经降低,银行可能并不愿意马上增加贷款;反之,如果再贴现率已经提高,但银行预期还将提高,就可能并不急于归还从中央银行的借款。也就是说,市场利率与再贴现率之间的利差正好弥补银行承担的风险和有关费用的假设,并不是市场经济的常态,而是特例,利差将随市场利率的变化而发生较大的波动,可能使再贴现贷款和货币供应量发生非政策意图的较大波动。

第二,中央银行处于被动地位,再贴现率的变化与货币供应量的变化之间的关系并不确定。因此,再贴现率的调高、调低并不一定带来商业银行再贴现借款的相应减、增。也就是说,再贴现政策的效果取决于再贴现率与市场利率之间的相关性,如果金融机构的资金来源有广阔的渠道、对中央银行再贴现贷款依赖程度很低,那么再贴现政策的效果也就有限。难怪有经济学家比喻,再贴现政策是用绳子去推动市场利率。

第三,再贴现率的调节方向缺乏弹性,不能在短期内任意改变,否则将引起市场和金融机构的无所适从。也就是说,再贴现率作为市场利率的风向标需要相对稳定性。但是,事实上并不能保证中央银行对宏观经济形势的判断总是正确的。

由于再贴现政策存在上述不足,因此不少经济学家提出改革再贴现政策,甚至放弃再贴现政策。

三、公开市场政策与业务操作

1. 公开市场政策的含义

简而言之,就是中央银行在公开市场买卖证券的行为。中央银行通过在公开市场买进或卖出有价证券,改变存款货币银行的存款准备金数量,影响货币供应量和利率,实现货币政策目标。

所谓公开市场,是指非金融机构,甚至个人也能参加的金融市场。事实上,尽管信用形式和信用工具迅速发展,以及各种有价证券的发行和流通市场的发展为中央银行的公开市场业务提供了客观物质基础。但是,很多国家因为公开市场的规模、运转机制和效率尚不能满足公开市场政策的要求,公开市场政策实际上是在同业市场进行的①。

2. 公开市场政策的内容

主要包括以下四个方面:第一,确定买卖证券的品种和数量,制定操作的计划。第二,决定操作方式的长期性和临时性。长期性的目的是保证存款货币银行的流动性,临时性则是为了消除如因季节性的原因突然大量提现或存款增加,造成存款货币银行流动性不足或过剩的波动。第三,选取操

---

① 因此,公开市场政策改称金融(或同业)市场政策似乎更名副其实。但在经济学教科书和关于货币政策的专门著作中,仍然称作公开市场政策,本书也使用公开市场政策一词。

作机构。中央银行公开市场的操作往往是通过中介商进行的,选取中介商的标准是:资金实力、业务规模和管理能力。第四,确定交易方式。交易方式主要有现券交易和回购交易两种。回购交易是指卖(买)方在卖出(买入)证券的同时,与买(卖)方约定在某个时间、按照某个价格、买入(卖出)相同数量的同品种证券的交易。卖出并约定将来买入的交易,称为正回购;买入并约定将来卖出的交易,称为逆回购。

3. 公开市场政策的作用

如前所述,公开市场政策作用的基本原理是中央银行通过在公开市场买卖证券改变基础货币的数量,通过乘数作用影响货币供应量。但是,公开市场政策的运用和对金融市场的影响绝不仅限于此,下面作简单分析。

(1) 调控存款货币银行的存款准备金数量和货币供应量。中央银行买卖有价证券直接增加和减少存款货币银行的超额准备金,影响存款货币银行的贷款规模和货币供应量。

假定中央银行决定通过公开市场操作,买入债券 500 亿元,以增加货币供应量。假定银行体系仅有 A、B、C 3 家银行,那么,市场就由中央银行和 A、B、C 3 家银行组成。购买债券通过招标进行,招标前,3 家银行的资产负债表见表 11-4、表 11-5、表 11-6。招标结果,A 银行卖出 200 亿元债券,B 银行投标失败,C 银行卖出 300 亿元债券。卖出债券所获得的资金由中央银行转入 A 银行和 C 银行在中央银行的存款准备金账户,中央银行以及 A 银行和 C 银行的资产负债表分别变成表 11-7、表 11-8 和表 11-9,B 银行不变。A 银行和 C 银行发现,它们的存款准备金超额太多,应该去进行投资。于是,这部分新增资金被用于贷款,如同在"货币银行学"课程学过的那样,新增资金在银行体系内运转,并通过乘数进行放大。假如各家银行都想维持原来的现金比率和存款准备金比率不变,于是就有银行体系的资产负债表,见表 11-10,可知出售债券所获得的 500 亿元,使得存款增加了 2 500 亿元。

表 11-4　A 银行资产负债表 1

资产		负债	
现金(超额存款准备金)	100 亿元	存款	1 000 亿元
法定存款准备金	100 亿元		
贷款、证券	800 亿元		

表 11-5　B 银行资产负债表 1

资产		负债	
现金(超额存款准备金)	150 亿元	存款	1 500 亿元
法定存款准备金	150 亿元		
贷款、证券	1 200 亿元		

表 11-6　C 银行资产负债表 1

资产		负债	
现金(超额存款准备金)	250 亿元	存款	2 500 亿元
法定存款准备金	250 亿元		
贷款、证券	2 000 亿元		

表 11-7　中央银行资产负债表

资产		负债	
债券	+500 亿元	存款准备金	+500 亿元

表 11-8　A 银行资产负债表 2

资产		负债	
现金(超额存款准备金)	100 亿元	存款	1 000 亿元
法定存款准备金	300 亿元		
贷款、证券	600 亿元		

表 11-9　C 银行资产负债表 2

资产		负债	
现金(超额存款准备金)	250 亿元	存款	2 500 亿元
法定存款准备金	550 亿元		
贷款、证券	1 700 亿元		

表 11-10　银行体系资产负债表

资产		负债	
现金（超额存款准备金）	750 亿元	存款	7 500 亿元
法定存款准备金	750 亿元		
贷款、证券	6 000 亿元		

（2）影响利率水平和利率结构。中央银行在公开市场买卖证券使证券需求变化：首先引起证券价格和证券市场利率的变化；其次，引起存款货币银行存款准备金数量的变化，通过乘数作用导致货币供应量变化，也影响市场利率；再次，中央银行通过买卖不同期限的证券，也可以改变市场对不同期限证券的需求，使利率结构发生变化。

（3）与再贴现政策配合使用，提高货币政策效果。由于再贴现率与货币供应量变化之间的关系并不确定，如由于存款货币银行持有较多的超额准备并不依赖中央银行的再贴现贷款，中央银行改变再贴现率并不能引起货币供应量的增减。这样就可以在改变贴现率的同时，买卖证券使存款货币银行的存款准备金减少或增加，以提高政策的效果。

（4）降低货币流通量的波动幅度。假定其他条件不变，货币供应量决定货币流通量。但是，有时货币供应量的决定是被动的。第一，政府财政的收入和支出在季节上有高峰和低谷，在税收高峰期买入债券，增加市场资金；在财政支出高峰期，卖出债券，回笼资金，可以达到稳定金融市场的目的。第二，政府发行新债券时，中央银行不能直接承购新债券。但是，仍然可以通过买入旧债券，向市场供应资金和压低市场利率，保证新债券的顺利发行和降低政府发行债券的成本。第三，抵消因外汇储备流出入引起的金融市场波动。在外汇储备流出多于流入时，应买入债券，增加货币供应；反之，则卖出债券，回笼货币。

4. 公开市场政策的特点

公开市场政策由于与法定存款准备金政策相比，具有弹性，可以随时进行操作；与再贴现政策相比，主动权完全掌握在中央银行手中。因其具有效果比较确实可靠的优点，已经成为发达国家的主要政策工具。

（1）主动权完全在中央银行，操作规模的大小完全受中央银行控制。

（2）操作的时机、规模以及如何实施的步骤都比较灵活，可以比较准确地实现政策目标。

（3）具有较强的可逆性，万一发现错误时，可立即实施逆向操作进行纠正。

（4）由于中央银行是作为市场的一员参与交易的，政策意图的告示作用较弱。

（5）需要有较发达的证券市场，包括证券的数量和规模、适当的期限结构和健全的规章制度。

（6）国内外资本的流动、国际收支变化、金融机构和社会公众对经济前景的预期和行为以及货币流通速度的变化，仍然可能抵消公开市场业务的作用。

第二节　选择性货币政策工具

选择性货币政策工具是中央银行针对特殊经济领域或特殊用途的信贷，而采取的信用调节工具。

一、直接信用控制政策

直接信用控制政策是中央银行从内部结构和数量两方面，根据有关法令对商业银行创造信用业务加以直接干预的总称。比较重要的手段有信用分配、利率最高限额的管制、流动性比率管制和直接干预等。

1. 信用分配政策

信用分配政策是指中央银行根据金融市场的供求状况和经济发展的需要，对各个商业银行的信用规模加以分配和限制的措施。在市场经济体制下，中央银行无法对商业银行基于从金融市场获得的资金来源的信用扩张进行干涉，但是可对基于中央银行再贴现贷款的信用创造进行干预，如分配再贴现额度等。英格兰银行最先使用信用分配政策，规定自身每月授信额度，分配给各商业银行。若商业银行需要英格兰银行的再贴现贷款时，在此额度内申请。在计划经济体制下，信用分配成为最主要的信用控制手段。

2. 利率管制政策

利率管制政策是指对金融市场上某些金融产品的利率进行管制的政策，是很常用的直接信用管制工具，最常见的是对存贷款利率的管制。例如1980年以前，美国的Q条款（对活期存款禁付利息和对定期及储蓄存款利率规定最高限），其目的是防止银行用抬高利率的方法在吸收存款方面进行过度竞争,以及为牟取高利而进行高风险投资。因此,有利于银行的正常经营,并控制银行的贷款能力,限制货币供应量。但是,利率管制扭曲资金的真实供求状况,阻碍利率自动调节资金供求职能的正常发挥,不利于资源的合理配置。尤其是在通货膨胀的情况下,利率的最高限额管制将引起资金外流,使管制流于形式。

3. 流动性比率管制政策

流动性比率是指流动资产与存款的比率。一般说来,资产的流动性越大,其收益率就越低。高的流动性比率将减少银行的盈利能力。因此,银行往往不太愿意太多持有流动性资产。但是,如果流动性资产比率太低,抵御不可预测的流动性风险的能力就相应较弱。历史经验表明,过低的流动性比率是银行体系脆弱性的主要根源。因此,中央银行强行规定流动性比率,并根据金融形势变化,调整流动性比率,成为信用调节的工具之一。比如经济过热时,中央银行提高流动性比率,银行为了符合中央银行规定的流动性比率,不得不减少长期贷款、增加流动性的资产。同时还必须持有一部分随时可提取的资产,从而达到中央银行限制信用扩张的目的。

4. 直接干预政策

直接干预政策是中央银行利用其"银行的银行"的身份,直接对银行的信贷业务进行干涉,如规定银行的业务范围、贷款的额度等。对业务经营不当的银行,拒绝再贴现贷款或实行惩罚性利率。

5. 特别准备金政策

特别准备金政策就是中央银行在特殊条件下,规定银行在进行贷款时必须提留坏账特别准备金。例如,我国在1996年开始要求国有商业银行提留新增贷款的1%作为坏账特别准备金。

二、间接信用控制政策

间接信用控制往往不具有强制性,因此其发挥作用需具备三个条件:中央银行在该国金融体系中,有较高的威望和地位;该国的道德水准和遵纪守法的意识较强;中央银行拥有控制信用的足够的法律权力和手段。

1. 道义劝告

道义劝告是中央银行利用其在金融体系中的特殊地位和威望,通过对银行以及其他金融机构的劝告、交流等,影响其贷款的数量和投资的方向,使银行和其他金融机构自动采取相应措施,更好地贯彻中央银行政策,达到控制和调节信用的目的。道义劝告既能影响信用总量,又有助于调整信用的构成。

2. 窗口指导

窗口指导是指中央银行根据市场、物价的变化趋势,金融市场的动向,货币政策的要求等,对银行的贷款重点和贷款规模进行指导,如在金融紧缩时期对贷款增加设置上限等。

最多运用窗口指导手段的是日本中央银行,其最初目的是稳定同业拆借市场利率。因当时日本除了货币市场利率是市场利率以外,其他利率基本上也是管制的。银行服从窗口指导的原因有两个:第一,服从窗口指导,减少贷款可遏制拆借市场利率的上升,防止资金借贷利差的扩大,有利于金融机构进行经济核算。第二,相互竞争的其他金融机构受到同样的约束,即使减少贷款也不必担心优良客户转向其他金融机构。以后,窗口指导运用到协助贯彻中央银行意图的各个方面。

三、消费信贷控制政策

消费信贷控制政策的含义,是中央银行对不动产以外各种耐用消费品的销售融资予以控制的政策。其主要内容是根据经济的不同周期,规定消费信贷最低首付款的数额、最长期限以及限定消费信贷的范围。

控制消费信贷的原因有:第一,消费信贷本来是作为反周期的措施实施的。但是,在实践中也可能顺周期变化,成为影响经济稳定的因素。如在经济高涨期,消费信贷大量增加,刺激生产和销售过热;相反在衰退期,压缩催收消费信贷,消费者购买力下降,使经济更加萧条。第二,消费信贷过度增加使一部分消费者的负担过重,而面临生活困难,影响经济稳定。第三,一定条件下,社会资金是有限的,消费信贷的扩张可使企业投资资金相对减少,影响社会资源的合理分配。

四、证券市场信用控制政策

证券市场信用控制政策是中央银行对利用信用买卖证券(即融资融券交易)的控制,规定贷款额占证券交易额的比率,限制对证券市场的贷款规模。20世纪20年代,美国股票市场空前繁荣,以股票为担保的银行贷款大量流入股市,促成股价急剧上升。美联储想干预股市,但因为当时物价比较稳定,没有其他理由认为经济过热,而无计可施。1929年9月,美联储为了抑制流入股市的贷款数量,不得不提高再贴现率,结果造成股市崩溃和经济衰退。以后美国政府检讨得失,有一部分经济学家认为,当出现结构性的信用过热时,运用无差别的一般性货币政策工具杀伤力过大,可能损伤正常的部分,因此,可以使用结构性的信用抑制工具。

证券市场信用控制政策的主要内容包括:规定信用方式买卖有价证券的保证金比率,中央银行可根据金融市场的状况随时调整保证金比率。

证券市场信用控制政策的作用有:①既限制了证券市场的资金供给,也限制了资金需求,有利于中央银行控制证券市场的信用活动。②既控制证券市场信贷资金的供求,平抑证券市场的价格,也促成资金向其他市场的流动,实现资金供给结构的调整。

五、不动产信用控制政策

不动产信用控制政策是中央银行对商业银行等金融机构向客户提供不动产抵押贷款的管理措施。主要内容有:①对不动产贷款规定最高限额;②规定不动产贷款的最长期限;③规定首付最低限额;④规定分期付款的每期最低金额。

第三节 我国货币政策工具的特点

随着我国社会主义市场经济体制的逐渐建立,一般性货币政策工具已经成为中国人民银行调控货币供应量的主要工具。但是,由于我国尚处于转轨阶段,金融体制中还存在很多管制,金融市场的成熟程度还不够,因此一般性货币政策工具的作用受到很多限制,能够发挥的作用和对经济的影响仍然有限。

一、货币政策工具的使用受制于金融管理体制

货币政策工具发挥作用很重要的条件之一是金融市场的发展,因为货币政策发挥作用的基础是市场机制成为金融市场资源配置的主导机制。但是,我国金融体制中存在的管制阻碍了市场机制发挥作用。

首先,目前我国仍然对利率实行管制,利率分为法定利率和市场利率。法定利率即受管制的利率,又分为三类:第一类中央银行基准利率(准备金存款利率、对金融机构贷款利率、再贴现的利率);第二层金融机构基准利率(金融机构的各种存款和贷款利率);第三类是优惠贷款利率、同业存款利率和惩罚性利率。这里,中央银行基准利率作为政策性利率由中国人民银行决定理所当然,第三类的优惠贷款、同业存款和惩罚性利率作为过渡性时期的措施,并且由于涉及的面很窄,也没有什么问题。问题是第二类:金融机构基准利率。根据《中国人民银行法》,金融机构基准利率及其可能的浮动幅度由中国人民银行决定,报国务院批准实行。基准利率包括金融机构的各种存款和贷款利率,其中除了个人住宅抵押贷款利率之外,中国人民银行已经于2013年7月20日废除了对金融机构贷款利率浮动幅度的限制。但是,存款利率仍然实行中央银行规定基准利率,金融机构存款利率的浮动幅度不超过基准利率1.1倍的管制。对金融机构贷款利率浮动范围的管制放开以后,金融机构贷款并没有出现大的变化。或许是因为管制放开以后的时日尚短,或许是因为金融机构存款仍然实行管制的缘故。不管怎么说,至今为止,虽然通过再贴现率的调整对金融市场利率能够产生一定影响,但影响金融机构存贷款利率的机制在我国现阶段实际上并不存在。而且,由于金融机构存贷款仍然是我国资金融通的主要形式,因此再贴现率对经济的影响就很有限了。

其次,中国人民银行从1998年5月26日开始恢复公开市场债券交易,目前公开市场政策已经是中国人民银行调控货币供应量的主要渠道。但是,在市场经济发达国家,债券流通市场是对非金融企业和个人开放的公开市场,而我国则将债券流通市场人为分割成交易所市场和银行间市场,中国人民银行公开市场政策是在银行间市场进行的。因此,所谓我国中央银行公开市场政策,并不是在公开市场进行的。所以,包括对市场的影响速度和影响范围的政策效果受到限制。特别是1994年外汇管理体制改革以后,我国对经常项目的外汇管理实行结售汇制,实际上就是外汇集中制,中国人民银行有义务买入外汇。加上受加入WTO等因素的影响,我国国际收支出现持续顺差,并且顺差的规模越来越大。外汇买卖成为公开市场的主要内容,外汇占款成为中国人民银行主要货币发行渠道。所谓外汇占款,实际上是为了平衡国际收支而进行的调节性交易的结果。也就是说,外汇占款成为货币发行的渠道是以国际收支平衡为目标,往往以牺牲国内均衡为代价,甚至放弃独立的货币政策。2002年9月,中国人民银行开始发行中央银行票据(中央银行债券的一种),意图回笼过度发行的货币。随国际收支顺差规模的扩大,中央银行票据发行规模也不断扩大,最高时曾达到47 491亿元

(2010年10月)。这样,外汇市场交易以及中央银行票据的发行和兑付,就成为现阶段我国公开市场政策的特点。

再次,我国存款准备金政策的特点主要体现在法定存款准备金比率高和准备金存款有利息,以及代替再贴现率成为中国人民银行的主要货币政策工具。我国在1984年开始实行存款准备金制度,1998年对存款准备金制度进行了重大改革,一直延续至今。其主要特点是:

第一,法定存款准备金率高。在本章的第一节已经指出,主要资本主义国家开始放弃法定存款准备金。当然,放弃法定存款准备金并不等于银行不持有存款准备金。例如,美国取消定期存款法定准备金;日本虽然还实行法定存款准备金,但是对大型银行(存款余额超过2.5万亿日元以上)的定期存款规定法定存款准备金率为1.2%,其他存款1.3%,小型银行的准备金率分别是0.05%和0.1%。这个法定存款准备金率很容易达到,也可以说形同虚设。相反,我国的法定存款准备金率很高,目前大型银行实行20%,最高时曾经达到21.5%(2011年6月20日—2011年12月4日)。

第二,对存款准备金支付利息。在我国,如此之高的存款准备金率必然影响银行的经营,因此,就产生了我国法定存款准备金政策的这个特点。目前,中国人民银行对法定存款准备金支付的利息率是1.62%,超额准备金是0.72%。

第三,成为货币政策的主要工具。由于法定存款准备金率高,就不会形同虚设,就会对货币供应量产生比较重要的影响,由此形成了我国法定存款准备金政策的第三个特点。由于法定存款准备金率高,银行持有的实际存款准备金就在法定存款准备金率的临界点附近,对货币政策非常敏感,需要经常根据负债(存款)状况进行调整,进而影响货币供应量。法定存款准备金率替代再贴现率,成为常用和有效的货币政策工具。例如,2008年为了对付世界金融危机,金融机构基准存款利率下调了4次,贷款利率下调了5次;危机过后,2010年10月20日至2011年7月7日,分别上调了5次;2012年6月8日和7月6日又进行了两次下调。与此相比,2008年9月25日至12月25日,法定存款准备金率下调了4次;2010年1月18日至2011年6月20日,存款准备金政策较之再贴现政策早9个月调转方向,并且进行了11次上调;2011年6月20日至2012年5月18日,进行了4次下调。

二、受制于金融市场发展滞后

货币政策工具发挥作用很重要的条件之一是金融市场的发展,除了市场机制成为金融市场资源配置的主导机制以外,金融市场的规模、层次和有关规章制度也是必不可少的条件。例如,长期以来,我国企业之间主要采用转账结算方式,相互提供商业信用并不普遍,商业票据的种类规模有限,票据市场不发达,中国人民银行事实上也难以通过再贴现政策调控货币供应量。但是,通过现代化支付体系的建设,利用电子票据的结算呈现空前增长,这方面的情况已经大有改观。如果利率市场化进一步进行的话,再贴现政策的重要性将会大大提高。

由于现阶段我国金融体制以及金融市场成熟程度的上述特点,一般性货币政策的作用受到限制,因此给选择性货币政策发挥作用创造了舞台。例如,利率管制、信用分配、禁止证券市场的信用交易等成为很重要的政策工具。

重 要 概 念

一般性政策工具　选择性政策工具　存款准备金政策　公开市场政策　再贴现率政策　直接信用控制政策　间接信用控制政策　消费信贷控制政策　证券市场信用控制政策　不动产信用控制政策

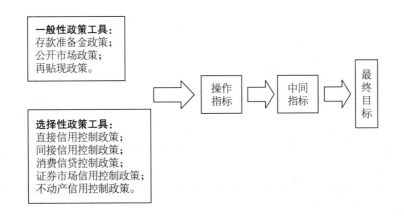

练 习 题

一、填充题

1. 所谓一般性货币政策工具是对（　　）的政策工具，主要包括（　　）、（　　）和（　　）。一般性货币政策工具的特点是（　　）的政策工具。

2. 存款准备金政策的作用是：（　　）、（　　）和（　　）。

3. 存款准备金政策工具的特点是对货币供应量具有极强的（　　）、（　　）、（　　），效果明显，对所有存款货币金融银行的影响是（　　）的。

4. 所谓再贴现政策是：中央银行通过（　　）的办法，影响商业银行等存款货币银行（　　），达到（　　）、实现货币政策目标的一种政策措施。

5. 再贴现政策的作用是：（　　）、（　　）、（　　）和（　　）。

6. 再贴现政策的特点是：（　　）和（　　）。

7. 所谓公开市场政策就是：中央银行通过（　　），改变（　　），影响（　　）和（　　），实现货币政策目标。

8. 选择性货币政策工具是中央银行（　　）。

9. 直接信用控制政策包括（　　）、（　　）、（　　）、（　　）和（　　）。

10. 信用控制政策主要有（　　）、（　　）和（　　）控制政策。

二、计算题

1. 假定 A 银行资产负债表如下：

A 银行资产负债表

资产		负债	
现金（超额存款准备金）	150 亿元	存款	1 500 亿元
法定存款准备金	120 亿元		
贷款、证券	1 230 亿元		

（1）试计算法定存款准备金比率和总存款准备金比率。

（2）假定现在中央银行提高法定存款准备金比率至 10%，资产负债表将如何变化？

（3）如果 A 银行的现金（超额存款准备金）比率同时提高到 14%，资产负债表将如何变化？

2. A 银行的资产负债表如下：

A 银行资产负债表

资产		负债	
现金（超额存款准备金）	150 亿元	存款	1 000 亿元
法定存款准备金	50 亿元		
贷款、证券	800 亿元		

（1）假定 A 银行将 50 亿元债券出售给 B 银行将引起货币供应量的如何变化？

（2）假定出售给中央银行，中央银行使用现金和转账有什么区别？

（3）短期内 A 银行和中央银行的资产负债表将如何变化？

（4）如果银行体系的存款准备金比率与 A 银行相同，将引起货币供应量的如何变化？

3. 银行体系的资产负债表如下：

A 银行资产负债表

资产		负债	
现金（超额存款准备金）	100 亿元	存款	1 000 亿元
法定存款准备金	100 亿元		
贷款、证券	800 亿元		

（1）银行体系的法定存款准备金比率和超额准备金比率各为多少？

（2）假定法定存款准备金比率降低到 6%，超额存款准备金比率不变，那么，银行体系资产负债表将做怎样的变化？

4. 假定银行体系资产负债表如下，现在中央银行向银行体系卖出债券 100 亿元。

银行体系资产负债表

资产		负债	
现金（超额存款准备金）	250 亿元	存款	2 500 亿元
法定存款准备金	250 亿元		
贷款、证券	2 000 亿元		

(1)中央银行资产负债表如何变化?
(2)银行体系资产负债表如何变化?

三、简述题

简述公开市场政策的特点。

参 考 答 案

一、填充题

1. 货币供应量进行调节和控制;存款准备金政策;再贴现政策;公开市场政策;对总量进行调节和控制。

2. 保证商业银行等存款货币银行的流动性;集中一部分信贷资金;调节货币供应量。

3. 影响力;力度大;速度快;均等。

4. 改变再贴现率;从中央银行获得的再贴现贷款和持有超额存款准备金的成本;增加或减少货币供应量。

5. 影响存款货币银行的资金成本;影响和调整信贷结构;货币政策的告示作用;最后贷款人。

6. 再贴现率的变化与货币供应量的变化之间的关系并不确定;再贴现率的调节方向缺乏弹性。

7. 在公开市场买进或卖出有价证券;存款货币银行的存款准备金;货币供应量;利率。

8. 针对特殊经济领域或特殊用途的信贷,而采取的信用调节工具。

9. 信用分配政策;利率管制政策;流动性比率管制政策;直接干预政策;特别准备金政策。

10. 消费信贷;不动产信用;证券市场信用。

二、计算题

1.(1)法定存款准备金比率 = 120 亿元/1 500 亿元 = 8%;

总存款准备金比率 = (120 + 150)亿元/1 500 亿元 = 18%。

(2)如表1。(3)如表2。

表 1　A 银行资产负债表

资产		负债	
现金（超额存款准备金）	150 亿元	存款	1 500 亿元
法定存款准备金	150 亿元		
贷款、证券	1 200 亿元		

表 2　A 银行资产负债表

资产		负债	
现金（超额存款准备金）	210 亿元	存款	1 500 亿元
法定存款准备金	150 亿元		
贷款、证券	1 140 亿元		

2. (1) 对货币供应量没有变化。因为就整个银行体系的资产负债表来说没有变化。

(2) 使用现金和转账没有区别。

(3) 假定中央银行是用现金购买的，A 银行和中央银行的资产负债表首先作如下变化，见 A 银行资产负债表 1 和中央银行资产负债表。由于 A 银行认为现金太多，将把太多的 50 亿元贷出或买入别的证券，变为 A 银行资产负债表 2。

A 银行资产负债表 1

资产		负债	
现金	200 亿元	存款	1 000 亿元
存款准备金	50 亿元		
贷款、证券	750 亿元		

A 银行资产负债表 2

资产		负债	
现金	157.5 亿元	存款	1 050 亿元
存款准备金	52.5 亿元		
贷款、证券	840 亿元		

中央银行资产负债表

资产		负债	
贷款、证券	+50 亿元	货币发行	+50 亿元

(4) 货币供应量增加 = 50 亿元 ÷ 20% = 250 亿元。

3. (1) 都为 10%。(2) 资产负债表马上变成表 1，因为超额存款准备金太多，各银行将多余准备金用于增加贷款，资产扩张。同时，增加贷款的一部分又作为存款回到银行体系，负债扩张。形成银行体系存款信用的多倍扩张，(40 亿元/16%) = 250 亿元。资产负债表进一步变为表 2。

银行体系资产负债表 1

资产		负债	
现金(超额存款准备金)	140 亿元	存款	1 000 亿元
法定存款准备金	60 亿元		
贷款、证券	800 亿元		

银行体系资产负债表 2

资产		负债	
现金(超额存款准备金)	125 亿元	存款	1 250 亿元
法定存款准备金	75 亿元		
贷款、证券	1 050 亿元		

4.(1)中央银行资产负债表变化如下。

中央银行资产负债表

资产		负债	
债券	-100 亿元	准备金存款	-100 亿元

(2)与银行相互之间的债券买卖不会引起基础货币变化不同,买入中央银行持有的债券,等于中央银行从银行体系回收等额的基础货币,引起银行体系资产和负债的收缩$\left(\dfrac{100 \text{亿元}}{20\%}\right)$,资产负债表变化如下。

银行体系资产负债表

资产		负债	
现金(超额存款准备金)	200 亿元	存款	2 000 亿元
法定存款准备金	200 亿元		
贷款、证券	1 600 亿元		

三、简述题

公开市场政策的特点主要表现在:

(1)主动权完全在中央银行,操作规模的大小完全受中央银行控制。

(2)操作的时机、规模以及如何实施的步骤都比较灵活,可以比较准确地达到政策目标。

(3)具有较强的可逆性,万一发现错误时可立即实施逆向操作进行纠正。

（4）由于中央银行是作为市场的一员参与交易的，政策意图的告示作用较弱。

（5）需要有较发达的证券市场，包括证券的数量和规模、适当的期限结构和健全的规章制度。

（6）国内外资本的流动、国际收支变化、金融机构和社会公众对经济前景的预期和行为以及货币流通速度的变化，仍然可能抵消公开市场业务的作用。

第十二章 中央银行货币政策的作用机制

> **本章提要**
>
> 货币政策工具与操作指标、中间指标,以及最终目标之间存在逐步递进的关系,构成货币政策作用的传导机制。
>
> 货币政策在其传导过程中存在时滞:内部时滞(认识时滞、决策时滞)和外部时滞(操作时滞、作用时滞)。
>
> 货币政策影响金融市场:利率和货币供应量。
>
> 货币政策影响实体经济:成本效应、财富效应、流动性效应、可供信贷效应、汇率效应。
>
> 货币政策影响物价:增加名义总产出、增加实际总产出和在短期内增加实际总产出。

第一节 政策工具、操作指标、中间指标和最终目标之间的关系

第十章已经学习了政策目标体系的构成,初步了解了政策工具与货币政策目标之间的关系以及为什么要在政策工具与最终目标之间设立操作指标和中间指标的原因。本节进一步分析政策工具与各项指标之间的关系。为了叙述的方便,本节在讲到政策工具的时候,直接使用表示政策工具内容的指标,如存款准备金政策就用法定存款准备金比率、再贴现政策用再贴现率、公开市场政策使用公开市场业务替代。

一、货币政策工具与操作指标之间的关系

在第十章已知操作指标共有三个:存款准备金、基础货币和短期利率。作为政策作用机制的分析,下面分别分析三大货币政策工具如何影响操作指标。

1. 法定存款准备金比率与操作指标之间的关系

第十一章已经讲到所谓存款准备金政策,是指通过改变法定存款准备金比率,影响货币供应量。因此,需要首先讨论法定存款准备金比率与三个操作指标之间的关系。

(1) 法定存款准备金比率与存款准备金的关系。我们已经知道存款货币银行的存款准备金由法定存款准备金和超额存款准备金组成,并由第十一章得知,中央银行能够控制并调整的是法定存款准备金比率。一般情况下,中央银行改变法定存款准备金比率首先将影响超额存款准备金,进而影响总存款准备金。例如,提高法定存款准备金比率,超额存款准备金的一部分将成为法定存款准备金,为了维持原来的超额存款准备金比率不变,存款货币银行将收回一部分资产补充超额存款准备金,引起总存款准备金的变化。在特殊情况下,如果存款货币银行持有充足的超额存款准备金,并在中央银行提高法定存款准备金比率,超额存款准备金减少以后,并不补充超额存款准备金。那么,中央银行改变法定存款准备金比率并不能够改变总存款准备金数量,即该政策无效。

(2) 法定存款准备金比率与基础货币的关系。根据定义,基础货币是流通中的货币和存款准备金之和,那么法定存款准备金比率与基础货币的

关系基本与(1)相同。一般情况下,法定存款准备金比率的改变将引起存款准备金的改变,进而引起基础货币的变化,但不是一一对应关系。特殊情况下,并不能引起基础货币的变化。

(3) 法定存款准备金比率与短期利率的关系。假定存款货币银行持有的超额存款准备金的数量非常有限,那么,当中央银行提高法定存款准备金比率以后,就不得不从同业市场拆入短期资金作暂时应付,由此引起同业市场的利率上升。

2. 再贴现率与操作指标之间的关系

与法定存款准备金比率不同的是,再贴现率与操作指标的关系依靠的是资金价格和中央银行告示效应。

(1) 再贴现率与存款准备金的关系。中央银行改变再贴现率,一般情况下,将引起存款货币银行持有超额存款准备金的机会成本变化,改变超额存款准备金的数量,并影响总存款准备金的数量。特殊情况下,存款货币银行可能预期再贴现率还将进一步变化,并不急于改变超额存款准备金数量,也就对存款准备金没有影响。

(2) 再贴现率与基础货币的关系。同上,再贴现率变化引起准备金变化。同时,存款货币银行从中央银行的借款数量发生变化,向非金融机构的贷款也会随之变化,导致流通中的货币数量变化,与存款准备金共同引起基础货币数量变化。

(3) 再贴现率与短期利率的关系。再贴现率的改变通过成本效应和告示效应共同影响短期利率。

但是,再贴现政策的主动权却并非完全在中央银行手中。因为向中央银行请求贴现票据,获得中央银行信用仅是存款货币银行获得融通资金的渠道之一,存款货币银行还可以通过诸如出售证券、发行存单等,从改变资产结构和增加负债两方面获得资金来源。中央银行再贴现政策的预期效果如何,应视存款货币银行的行为而变。

3. 公开市场业务与操作变量之间的关系

如第十一章所分析的,公开市场业务与操作变量之间的关系比较明确。

(1) 公开市场业务与存款准备金的关系。中央银行在公开市场买卖证券或外汇,将改变市场参与者(绝大部分情况下是金融机构,特别可能的是存款货币银行)的资产构成。如果中央银行是买入证券,将增加社会的现金或超额存款准备金,引起存款准备金增加;反之,如是卖出证券,则是回收资金,引起存款准备金减少。

(2)公开市场业务与基础货币的关系。同上,存款准备金的增减引起基础货币的同方向增减。

(3)公开市场业务与短期利率的关系。撇开其他因素,中央银行在公开市场买卖证券,在改变金融机构资产构成的同时,一般也将增加或减少同业市场的资金供给,引起短期利率下降或上升。

二、操作指标与中间指标之间的关系

分析了货币政策工具与操作指标之间的关系之后,需要进一步弄清操作指标与中间指标之间的关系。由第十章知道,中间指标通常有两个:货币供应量和利率。因此,操作指标与中间指标之间的关系,可以分解为基础货币、存款准备金、短期利率与货币供应量和利率之间的关系。

1. 基础货币与中间指标之间的关系

(1)基础货币与货币供应量的关系。如果撇开货币乘数变化对货币供应量的影响,中央银行增加基础货币对货币供应量的影响可以简单归纳,见表12-1。

表12-1 基础货币与货币供应量的关系

基础货币增加的原因	货币供应量变化
中央银行贷款增加	+
中央银行收购黄金外汇资产	+
中央银行证券资产增加	+
中央银行其他资产增加	+
财政存款增加	−
外国存款或对国际金融机构负债增加	−

(2)基础货币与利率之间的关系。基础货币由流通中的货币和存款准备金组成,撇开流通中货币在基础货币中比率变化因素,基础货币与利率之间的关系首先表现在短期金融市场,特别是同业拆借市场。一般来说,基础货币较多将引起同业拆借市场利率下降;进而引起长期金融市场利率的下降;反之,反是。

2. 存款准备金与中间指标之间的关系

存款准备金的增减除了在表12-1中来源于中央银行资产负债的增减以外,还可以来源于存款准备金比率的变化。如果存款准备金的增减原因来自于中央银行资产负债的增减,将引起信用扩张或收缩,货币供应量增加或减少。如果是因为存款准备金比率的提高或超额存款准备金的增加,则将引起存款的收缩,货币供应量的减少;反之,反是。

3. 短期利率与中间指标之间的关系

短期利率与中间指标之间的关系主要表现为短期利率与长期利率之间的关系。根据预期假说理论,长期利率是短期利率的平均加风险升水,用 i_t、i_{nt} 和 k_{nt} 分别表示短期利率、长期利率和风险升水,长期利率和短期利率的关系可以用下式表示为

$$i_{nt} = \frac{i_t + i_{t+1} + i_{t+2} + i_{t+3} \cdots + i_{t+(n-1)}}{n} + k_{nt}$$

那么,短期利率与长期利率同方向变化。

三、中间指标与最终目标之间的关系

1. 利率与最终目标之间的关系

利率与最终目标之间的关系将在下节货币政策作用的传导机制中进行详细讨论。简单归纳的话,利率降低通常是扩张性货币政策的结果,反映在最终目标上,与物价上涨、增长率提高和充分就业同方向变化;反之,利率上升则是紧缩性货币政策的结果,将引起最终目标的反方向变化。

2. 货币供应量与最终目标之间的关系

货币供应量的增长率提高是扩张性货币政策;反之,则是紧缩性货币政策。其对最终目标的影响,同利率与最终目标之间的关系。

第二节 货币政策作用的传导机制

虽然上节对货币政策的实施如何影响操作指标、中间指标和最终目标进行了简单的分析。但是,实际上无论是货币市场、资本市场,还是实物市场都是一个非常复杂的综合体,其运行受到各种因素以及相互之间的影响。因此,货币政策作用的传导一直是经济学界争论不休的课题。凯恩斯学派试图通过运用经济学的基本原理,对传导机制进行描述。而经济学界的另一个主要派别货币学派,则认为市场太复杂了,要搞清传导机制,难免以点带面,提出了著名的"黑箱"理论。

一、货币政策作用的时滞

货币政策传导机制复杂性的原因之一,是货币政策从实施到对各指标产生影响存在"时滞"。因此,首先有必要了解一下"时滞"。

1. 内部时滞

内部时滞是指中央银行从制定政策到采取行动所需要的时间,包括两方面的内容:

(1) 认识时滞。认识时滞是从实行某种政策的需要,到中央银行认识到此种需要所耗费的时间。产生认识时滞的原因,是因为搜集各种信息资料需要耗费时间。搜集到各种信息之后,还要对各种复杂的社会经济现象进行综合分析,作出符合客观实际的判断,均需要耗费时间。

(2) 决策时滞。决策时滞是从认识到需要改变政策,到提出新的政策也需要耗费时间。产生决策时滞的原因是根据形势研究对策、拟订方案、对方案作可行性论证、最后审定批准,需要耗费时间。时滞长短取决于对各种信息资料占有程度、对经济金融形势的分析和判断能力,以及中央银行决策水平高低和对金融调控能力的强弱。

2. 外部时滞

外部时滞是指中央银行从采取行动到政策对经济过程发生作用所耗费的时间,包括货币政策调控对象的金融部门及企业部门对中央银行实施货币政策的反应过程。时滞长短取决于政策的操作力度和金融部门、企业部门对政策工具的弹性大小,也包括两方面的内容:

(1) 操作时滞。从调整政策工具到对操作指标、中间指标发生作用所耗费的时间。时滞长短取决于商业银行及其他金融机构对中央银行政策的态度、对政策工具的反应能力,以及金融市场对中央银行政策的敏感程度。

(2) 作用时滞。即从中间变量发生反应到对目标变量产生作用所耗费的时间。例如,利率→投资的利率弹性→目标;货币供应量→消费的收入弹性→消费→目标。

二、凯恩斯学派和货币学派关于货币政策传导机制的争论

1. 关于总需求线位移的原因

我们在第九章讨论总需求线时,假定总需求线位移的唯一原因是货币供应量。实际上在宏观经济学中我们已经知道,早期凯恩斯学派认为货币政策并不重要,甚至是无效的。首先,总需求=消费(C)+投资(I)+政府支出(G)+净出口(NX),任何项目的变化都将引起总需求线的位移,如图 12-1 所示。其次,在 20 世纪 30 年代大危机时期,利率已经降到非常低的水准,可以说货币政策是非常扩张的。但是,并没有因此促进投资。因此,财政政策最重要。

相反,从货币学派对总需求线的解释来看,货币学派有著名的交易方程式,即

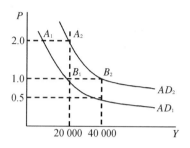

图 12-1　总需求线的位移

$$M \times V = P \times Y$$

式中,M 为货币供应量;V 为货币流通速度;P 为价格水平;Y 为总产出。

设 $V=2$ 不变,AD_1 是当 $M=10\,000$ 亿元时,Y 与 P 的各种组合。假定 $P=1$,那么在 B_1 点,$Y=20\,000$ 亿元。AD_2 则表示 M 增加至 $20\,000$ 亿元时,P 与 Y 的各种组合,当 Y 不变仍然为 $20\,000$ 亿元时,由于 M 增加了一倍,P 也同比率上升一倍。因此,货币学派认为,货币供应量的变化是总需求线位移的唯一原因。

货币学派认为,凯恩斯学派犯了一个致命错误,就是忽视实际利率。30 年代大危机时期的利率虽然很低,但是物价下跌,实际利率并不低,相反还是很高的。因此,货币政策并不是扩张的而是非常紧缩的。对财政政策的重要性,货币学派也提出反论。认为政府支出增加,将导致在资金市场与私人借款者争夺资金来源,利率上升提高了购买实物资本和消费品的资金成本,引起私人支出和净出口的减少,即所谓的"挤出效应"。

对此,凯恩斯学派接受货币学派的意见,承认政府支出的增加确实会引起利率的上升。提出如果同时动用货币政策,增加货币供应量将通过提高实际货币余额 M/P,导致总需求的扩张。政府支出增加可能导致的挤出,是部分挤出。因此,财政政策仍然有效,财政政策与货币政策的搭配很重要,于是诞生了 $IS-LM$ 模型。

2. 关于利率和货币供应量在货币政策传导中的作用

凯恩斯学派非常重视利率在货币政策传导中的中介作用,认为货币政策之所以发挥作用,是因为货币供应量的变化能够改变利率。货币供应量

变化以后,如前面所述,首先通过存款货币银行超额存款准备金的变化影响货币市场的利率,然后引起资本市场利率的变化影响投资,通过乘数作用,最终影响国民收入。如果货币供应量的变化不能影响利率,那么货币政策就无效。

相反,货币学派则如交易方程式所表达的那样,认为利率并不重要,虽然在改变货币供应量的最初阶段,可能改变利率。但是,不久货币收入和物价也会发生变化,就会完全抵消利率变化的效果。货币政策的作用是通过货币供应量的变化,从各个方面影响国民收入的。利率的中介作用仅仅是货币政策传导的一个方面,强调利率就会忽视其他方面,甚至是主要方面。而且,利率的作用机制也并不是按照先货币市场、后资本市场、最后实物市场的顺序循序渐进的。在市场机制的作用下,货币供应量的变化可以同时在货币市场、资本市场和实物市场发生作用,影响名义国民收入。

3. 关于货币政策传导机制研究的方法

凯恩斯学派试图从经济学的原理出发阐明货币政策的传导机制,无疑是非常必要的。因为只有搞清楚货币政策的作用机理,才能帮助我们预测货币政策将如何影响货币政策目标,帮助我们运用货币政策工具有效地对经济进行调控和增加经济福利。但是,市场经济的复杂性、影响市场经济运行因素的多样性和易变性,以及市场经济参与主体行为的随机性,使得要比较精确地描述货币政策传导机制异常困难。

货币学派提出著名的"黑箱"理论,认为货币对国民收入影响的途径是多种多样和不断变化的,要想弄清货币政策的全部传导机制是不可能的。实际上,也没有必要搞清全部传导机制,只要能证明货币变动与国民收入变动的相关性,也就为货币政策找到依据了。据此,货币学派使用时间序列方法实证货币政策的有效性,并得出货币政策非常有效的结论。但是,采用时间序列方法能够证明的仅仅是相关性,因果关系却无法通过时间序列方法证明,因为存在逆因果关系。

假设国民收入(Y)和货币供应量(Ms)的运动完全相关,如图12-2、图12-3所示,Y的变化和Ms的波动完全同步。由此推断,Ms与Y密切相关。同时我们又发现,如图12-4所示,货币供应增长率($\triangle Ms/Ms$)的高

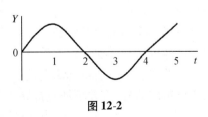

图12-2

峰较之 Y 的高峰正好差一个 t 期。也可以推断是 $\triangle Ms/Ms$ 推动 Y,但这与前面假设矛盾。经济学中,各种指标相互影响互为因果的例子比比皆是,不仅要精确描述货币政策的传导机制是非常困难的,要发现绝对的因果关系也是极其困难的。

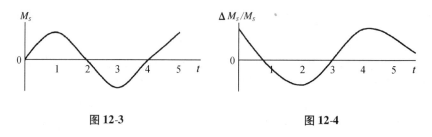

图 12-3　　　　　　　　图 12-4

三、货币政策作用的传导机制

1. 货币政策与金融市场的关系

虽然货币学派并不追求货币政策具体传导机制的精确描述,但是如第一节所分析的,利率在货币政策作用传导中的核心作用是毋庸置疑的。再贴现政策通过再贴现率的调整,影响货币市场的利率变化;公开市场政策通过公开市场操作改变基础货币数量,也影响货币市场利率;存款准备金政策通过改变法定存款准备金比率,改变存款货币银行的超额存款准备金,影响货币市场利率。货币市场是短期利率,其变化通过跨市场交易,影响长期利率的资本市场利率。我们在货币银行学中学过的预期假说理论,作为解释短期利率和长期利率之间关系理论,在"利率期限结构"理论中占有重要地位。根据该理论,货币政策通过调整短期利率可以影响长期利率同方向变化,如果中央银行被市场信任的程度较高、基于预期的风险升水较少、短期利率与长期利率的关系更加直接,货币政策的效果也就更好。

货币政策在改变利率的同时,也通过资产结构的变化对整个金融市场产生影响。对通过资产结构变化影响金融市场,最直接的是公开市场政策。公开市场操作的主要对象是政府债券,假如中央银行买入政府债券,将提高政府债券价格和增加存款货币银行的超额存款准备金,减少金融市场对政府债券的需求和增加对其他金融资产的需求。贷款和股票是其他金融资产的重要组成部分,贷款增加直接导致投资增加;对股票需求的增加导致股价上升,产生托宾的 q 效应,也引起投资的增加。

2. 货币政策影响实体经济的途径

(1) 成本效应。在新古典学派的模型中,左右企业增加投资的因素有两个:即投资的边际收益(Rk)和投资的边际成本(r)。当 $Rk > r$ 时,企业将增加投资。随投资的增加,投资的边际收益递减,直至 $Rk = r$,停止增加投资。关于投资的成本收益分析,可以从两条途径进行。

首先,从成本方面来看。如果企业投资的资金来源于银行贷款,那么 r 就是指银行贷款利率。因此,利率变化直接影响企业的投资意愿。一般来说,利率提高将减少投资,利率下降将增加投资。

其次,如果企业有丰富的自有资金,无须向银行借款。那么 r 就表示投资的机会成本,是指设备投资的替代品金融资产的收益率。那么利率的变化,不仅反方向影响企业的投资行为。而且,因为利率与金融资产的价格反方向变化,进一步放大企业设备投资的机会成本的作用,促使企业进一步增加或减少设备投资。

除了设备投资以外,还可以将投资的范围扩大到住宅投资和耐用消费品的购买。因此,可以得出结论,利率的变化将通过成本效应,反方向影响投资和消费,影响总支出。

不过利率的变化除了成本效应以外还有收入效应。例如利率下降以后,如果存款人是靠利息收入为生,就不得不增加储蓄以维持收入不变,将减少消费支出。但是,一般来说,利率的成本效应大于收入效应,利率降低对设备投资和耐用消费品的投资的净效益是正的。

托宾进一步发展了利率的成本效应,提出 q 理论。所谓 q,是指资本的市场价值与资本的重置成本之比。当货币供应量 Ms 增加以后,通过利率下降,引起股票价格 Ps 的上涨,导致 q 上升。q 上升表示资本的重置成本相对其市场价值较低,企业将增加股票发行和投资,引起总支出的增加。

(2) 财富效应。股票和土地等资产的价格取决于持有该资产的收益和将来该资产的预期市场价格。如果资产价格换算成现值高于其收益和预期市场价格之和,那么投资者将停止购买该资产,该资产的需求减少、价格下降;反之,如果低于其收益和将来的预期市场价格之和,该资产价格就上涨。表示式为

$$资产价格 = \frac{(持有该资产的预期收益 + 预期将来的市场价格)}{1 + 利率}$$

货币供应量增加,利率下降,资产价格上升。资产包括金融资产和实物

资产,其中,金融资产包括现金、存款、债券和股票等,实物资产包括土地和建筑物。资产价格的变化通过财富效应,影响消费和投资活动。

以后莫迪格利亚尼创立了著名的消费生命周期理论,提出决定消费支出的是消费者毕生财富,金融资产是毕生财富的重要组成部分。当股票价格上升时,金融资产增加,消费随之增加。因此,如果货币供应量增加,将引起股价上升、金融资产增加、毕生财富增加,消费支出增加,总支出增加。

(3) 流动性效应。在金融资产价格变化对总支出影响的研究中,人们发现金融资产价格变化不仅产生财富效应,还会产生流动性效应。与金融资产相比,耐用消费品不具有流动性。因此同样作为财富或资产,实物资产和金融资产的价格变化对总支出的影响是不同的。消费者具持有什么样的资产负债状况与其对可能遭受财务困难的估计有密切关系。如果消费者持有的金融资产相对可能遭受财务困难的估计足够充分的话,将比较乐意增加耐用消费品的购买。当股票价格上升时,金融资产增加、遭受财务困难的可能性下降,增加消费支出。

(4) 可供信贷效应。与大企业可以发行股票、股价上涨促使大企业增加投资支出不同,银行贷款是广大中小企业的主要资金来源,当中央银行在公开市场买入债券、向社会增加基础货币供应,存款货币银行觉得超额存款准备金过多,将多余的存款准备金用于贷款,引起投资支出或消费支出的增加。

(5) 汇率效应。在浮动汇率制下,汇率与国内利率的关系为

国内外利差 = 预期汇率变化率 + 风险升水

假定其他一切条件不变,如果改变国内利率,将引起本国货币汇率的变化,通过进出口商品和劳务价格变化的价格效应和交易条件效应,对国际收支以及国民经济的全部活动产生影响。同时,通过上述(利率的)成本效应,减少投资和消费等,最终影响总支出[①]。例如当出现对外收支逆差时,提高利率(或通过公开市场操作,回笼货币,引起利率上升),引起本国货币升值,通过交易价格条件效应,减少逆差。反之,通过价格效应,则将使逆差增加。同时,通过上述(利率的)成本效应,减少投资和消费;通过收入效

---

① 汇率变化的价格效应是指本国货币升值或贬值以后,本国物价相对于外国物价发生的上升和下跌变化对收入的影响;交易条件效应是指本国货币升值或贬值以后,国际交易中交易条件的改善或恶化;利率的成本效应是指利率变化以后对收入的影响。价格效应、交易条件效应和利率的成本效应的净结果,依据于该国的经济结构。

应,减少进口和逆差。

3. 货币政策对物价的影响

尽管货币政策对实体经济的作用是非常复杂的,但是,仍然可以发现影响实体经济的上述途径是存在的。那么,在对实体经济产生影响的同时,对物价的影响又是如何的呢?首先,扩张性的货币政策可以增加名义总产出是确切的。其次,在未达到充分就业时,也可以增加实际总产出。第三,在充分就业情况下,短期内扩张性的货币政策也能增加实际总产出。但是在物价完全可伸缩的中长期,实际总支出将被物价和工资上涨所吸收,扩张性货币政策不能增加实际总产出。

重 要 概 念

内部时滞　认识时滞　决策时滞　外部时滞　操作时滞　作用时滞　成本效应　托宾的 q 理论　财富效应　流动性效应　可供信贷效应　汇率效应

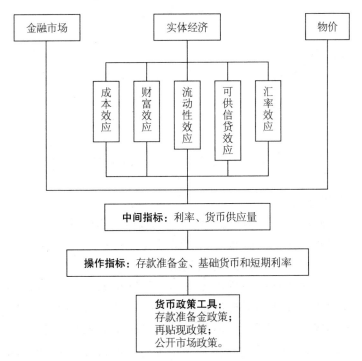

练 习 题

一、填充题

1. 内部时滞是（　　），包括两方面的内容（　　）和（　　）。
2. 外部时滞是（　　），包括两方面的内容（　　）和（　　）。
3. 货币政策影响实体经济的主要途径有（　　）、（　　）、（　　）、（　　）和（　　）。

二、简答题

1. 简述货币政策通过成本效应的作用机制。
2. 莫迪格利亚尼的生命周期理论如何修正凯恩斯学派关于货币政策作用传导机制的传统观点。
3. 简述汇率效应的不确定性。

参 考 答 案

一、填充题

1. 中央银行从制定政策到采取行动所需要的时间；认识时滞；决策时滞。
2. 中央银行从采取行动到政策对经济过程发生作用所耗费的时间；操作时滞；作用时滞。
3. 成本效应；财富效应；流动性效应；可供信贷效应；汇率效应。

二、简答题

1. 左右企业增加投资的是投资收益和投资的边际成本，若收益大于成本，企业将增加投资。此成本可以高度概括为利率，货币政策通过改变利率，增减企业的投资，达到调节总支出的目的。
2. 凯恩斯学派标准的货币政策作用传导机制是：$M\uparrow \to i\downarrow \to I\uparrow \to Y\uparrow$。莫迪格利亚尼的传导机制是：$M\uparrow \to Ps\uparrow \to P$（财富）$\uparrow \to P_f$（毕生财富）$\uparrow \to C$（消费）$\uparrow \to Y\uparrow$。不仅通过投资的收入效应，增加总支出。而且，还增加了金融资产价格上升引起财富增加影响消费的途径，更强调了货币政策的作用。

3. 假定出现逆差,采取紧缩性货币政策可以抑制总需求,减少进口、增加出口,改善国际收支。如果该国出口商品的价格弹性很小,紧缩性货币政策使本国货币升值,通过交易条件效应,改善国际收支。紧缩性货币政策还通过国内利率上升吸引外国资金的流入改善国际收支。但是,如果该国出口商品的价格弹性很大,紧缩性货币政策引起本国货币升值的价格效应大于交易条件效应,导致出口减少、进口增加,将使国际收支进一步恶化。因此,货币政策调节对外均衡仍然存在不明确的部分。

第十三章　中央银行与金融监管

本章提要

金融监管是对"市场失效"的纠正。金融监管的主体由政府监管和非政府监管两部分组成。

金融监管体制依据金融体制,可以分为多元金融监管体制和单元金融监管体制。

金融监管的目标具体体现为:提高金融资源的配置效率,避免因信息不对称造成的交易不公平,消除系统性风险,促进公平竞争。

金融监管的对象是向金融市场提供产品的金融机构和金融市场参与者的交易行为。

金融监管的手段:按照性质,可分为法律和行政手段;按照监管过程,可分为事前、事中和事后监管手段。

金融监管的基本原则是:合法原则,公正原则,公开原则,公平原则,控制系统风险的原则,内部监管和外部监管相结合的原则,母国与东道国共同监管的原则。

金融监管的主要理论有:市场失效理论,外部效应理论,信息不对称理论。

第一节 金融监管概论

一、金融监管的含义

在市场经济条件下,市场机制成为配置资源的基本方法。但是,市场机制又不是万能的,在某些情况下可能出现所谓"市场失效"问题,既需要通过宏观经济政策引导市场机制进行修正和调节,同时又通过"反不正当竞争法"等法律,修正市场机制不能解决的经济发展过程中的问题。

既然对经济的运行已经建立了一整套的政策体系和规范市场运转的制度,那么是否还有必要对作为经济组成部分的金融领域进行特别的监管呢?对此,经济学界和金融实务界一直存在不同意见。事实上,作为金融监管的体制和内容也在管制—放松管制—再管制的循环中不断变化和发展。不过,依据金融业的发展历史及其在经济中地位变化,特别是理论研究的成果已经证明,金融领域较之其他经济领域存在更加明显的垄断性和外部性,更加容易导致金融产品价格的扭曲;金融产品的公共性也要求金融业避免过度竞争和保持稳定性。因此,金融监管已经获得经济学界的普遍认同。目前,仍然存在意见分歧的是关于监管的范围以及程度。据此,可以简单地概括金融监管的基本含义如下:

一国政府根据经济金融体系稳定、有效运行的客观需要以及经济主体的共同利益要求,通过金融主管机构或建立专门的金融监管机构,依据法律和规定对金融体系中各金融主体和金融市场实行监督和管理,以维护债权人的利益、约束债务人的行为,确保金融主体和金融业务的公平竞争,促进金融业有秩序地运行和健康地发展,实现推动经济发展和社会进步的目标。金融监管包括监管主体、监管对象、监管手段和监管目标。

二、金融监管主体和监管体制

1. 金融监管主体

既然金融监管是起因于对"市场失效"的修正,那么由处于公共立场的政府承担金融监管的职责也就是理所当然的,政府是金融监管的主体。事实上,至今为止大部分的金融监管也是由政府负责实施的。例如,金融机构开业批准的权限在世界各国几乎毫无例外地都掌握在政府手中。但是,政府机构的低效率也往往反映在金融监管方面。因此,有一部分经济学家反对由政府包办金融监管的全部内容。于是,金融监管的有些活动就由非政府的金融行业组织完成,如证券商的行业协会对证券商的自律监管、证券交易所对证券交易的监管。最近出现了证券交易所由会员组织向股份公司形式转变的动向,证券交易所对交易行为的监管也变成了由企业承担监管的任务。因此,金融监管的主体并不仅仅限于政府,也可以有其他各种性质的监管主体同时存在。

政府监管和非政府监管共同构成金融监管体系产生了两者的分工问题。一般来说,政府对金融的监管通常是委托金融管理当局进行的。所谓金融管理当局,在各个国家具体由哪个政府部门承担并不相同,有些国家由中央银行充当金融管理当局,也有国家由财政部充当。

政府监管往往是依据监管的目标,通过制定各种规章制度和规章制度的实施进行的,这些规章制度具有法律效力,违反具有法律效力的规章制度将受到处罚。但是金融法规不可能对金融机构的所有经营活动都作详细和彻底的规定,如果金融机构没有违反有关法规,政府也就不具备处罚手段。因此,这也成为建立非政府监管的理由。通过建立行业组织,或由证券交易所等在充分尊重市场机制的基础上对金融机构的经营行为实行自律。于是就形成了非政府监管。非政府监管承担者的监管权力主要来自于成员参加该机构时对该机构规章的认可,一旦违规并不承担法律后果,但会受到机构纪律的处罚。

2. 金融监管体制

由于各国的金融体制存在差异,因此,政府监管的体制也存在不同。归纳起来,大致有以下几种。

(1) 多元金融监管体制。所谓多元,就是指根据金融业内各种金融机构的业务范围,由不同的监管机构分别实行监管的体制。这种体制往往都与实行分业经营的金融体制有关,最典型的是将金融业务分成银行、证券和保险三大类,由中央银行、证券交易监督委员会和保险监督委员会分别对银行、证券公司和保险公司实行监管。

多元监管体制中最复杂的是美国的监管体制,被称为"双线多头监管体制"。也就是说,不仅联邦政府的监管机构是多元的,而且依据批准银行注册的是联邦政府还是州政府,形成联邦政府和州政府双线的监管体系。在联邦一级的监管机构有:联邦储备体系(FRS),负责管理会员银行和所有银行控股公司;货币监理局(署)(Office of the Comptroller of the Currency,

OCC),隶属于财政部,负责对联邦注册银行的审批和检查。联邦存款保险公司((Federal Deposit Insurance Corporation,FDIC),负责对加入联邦存款保险的银行的监管。储蓄金融机构监督局(Office of Thrift Supervision:OTS)、联邦住宅贷款银行(Federal Home Loan Banks,FHLB)及其下设的联邦储贷保险公司(the Federal Savings and Loan Insurance Corporation,FSLIC),监管储蓄银行和储贷协会;全国信用合作社管理局(national credit union administration)以及证券交易委员会(united states Securities and Exchange Commission,SEC)和消费者金融保护局(Consumer Financial Protection Bureau:CFPB)。在州一级,美国50个州都有各自的法律,都有银行监理官和监管机构。

多元金融监管体制的另一种形式是"单线多元监管体制"。所谓单线,是指不存在地方政府的监管,仅仅存在中央的监管。在这种体制下,由两个以上机构承担全国统一的监管任务。

(2)单元金融监管体制。也可以称为集中金融监管体制,由单一的监管机构,通常是中央银行,也有专门的监管机构将整个金融业作为一个相互联系的整体统一进行监管的体制。世界上的大部分国家都实行这种体制。

我国长期实行计划经济体制,在1984年中国人民银行专司中央银行职能之前,中央银行和商业银行合为一体,银行的一切活动都被纳入计划的轨道,基本上不存在监管也无须监管。1984年以后,中国人民银行专司中央银行职责,作为金融管理当局对银行和其他金融机构实行监管,可以说实行的是单元金融监管体制。1992年,国务院成立了中国证券监督管理委员会(简称证监会),负责证券市场的监管,中国人民银行继续负责审批和管理证券经营机构。1998年,中国人民银行将此权限移交中国证券监督管理委员会。1998年,国务院批准设立中国保险监督管理委员会(简称保监会),专司保险监管职能。至此,我国的金融监管体制完成向单线多元监管体制的转变,即中国人民银行、证监会和保监会分别负责对银行、证券公司和保险公司的监管。

2003年,我国又对中国人民银行的监管体制进行了改革。国务院决定设立中国银行业监督管理委员会(简称银监会)履行原由中国人民银行履行的监督管理职责,统一监督管理银行、金融资产管理公司、信托投资公司及其他存款类金融机构,维护银行业的合法、稳健运行。

银监会成立之后,引起了两个新问题。第一,我国金融监管体制刚刚稳定,为什么又要专门建立银监会专司对银行的监管呢?对此问题将在金融监管的对象和范围中进行讨论。第二,银监会成立之后,中国人民银行是否可以对银行的监管完全甩手不管呢?虽然第十届全国人大常委会第二次会议通过的《关于中国银行业监督管理委员会履行原由中国人民银行履行的监督管理职责的决定》已经有了明确规定。但是,从国外的经验和金融监管的特性来看,中国人民银行不可能不参与对银行的监管。例如,美国联邦储备体系负责管理会员银行和所有银行控股公司,而其中在联邦注册的银行又必须同时接受货币监理局的检查。联邦注册的银行又必须加入联邦存款保险,因此,又必须接受联邦存款保险公司的监管,形成多重的监管等。关于多重监管的利弊,学术界和实务界褒贬不一,这里暂且不作讨论。由此又引起中国人民银行如何配合银监会和与银监会协调,共同提高监管效率的问题。不管情况如何变化,有两点是可以肯定的。首先,中国人民银行作为中央银行不管是为了履行最后贷款人的职能,还是为了履行货币发行职能,都必须对由此提供的基础货币承担责任,作为债权人对借款银行进行监督管理,也是理所当然。从国外的经验来看,日本的金融监管主体一直是财务省,而非日本银行。但是,日本银行还是作为贷款人对银行进行监管。其次,由于中央银行在业务上与商业银行有着天然的各种联系。因此,中国人民银行可以通过对商业银行业务活动的稽核,形成银监会专司商业银行的设立、业务内容的批准以及是否符合法律规定等方面的监管,中国人民银行侧重监管具体业务活动的分工体制,既有利于降低金融监管的成本,又可以达到加强对商业银行监管效果的目的。

三、金融监管的对象及其范围

金融监管的对象及其范围是金融监管的重要问题,如在本节开头所讨论的,在金融领域更可能存在"市场失效",市场机制并不能完全实现金融资源的最佳配置。因此,需要针对金融业的特点寻找超越市场的力量对市场进行干预。那么,金融业的特点是什么呢?

1. 金融业的特点和监管的必要性

第一,现代经济是商品经济,银行信用替代商业信用成为最主要的信用方式,银行信用既有加速资金周转、促进资源合理配置的积极方面,也有脱离社会实际需要盲目发展、刺激个别部门过度扩张、造成经济结构失衡的消极方面,需要对银行信用进行适当调控和限制。

第二，金融机构经营的是以货币为主要内容的特殊商品，金融机构对这些商品的绝大部分仅有使用权，在经营活动中比一般商品经营者增加了负责收回使用权和向所有者归还使用权的环节，各个金融机构相互之间形成债务锁链，增大了经营风险。特别是，银行承担全社会的各种债权债务的支付和结算。因此，个别银行的倒闭将引起整个信用系统的不稳定。

第三，与一般商品经营不同，金融机构经营规模的大小在一定条件下，可以不受资本金多寡的制约。而一部分金融机构冒险行为的后果，又可能由整个金融体系承担。因此，需要对金融机构的冒险行为进行一定限制。

第四，虽然金融机构的经营规模在一定条件下可以脱离资本金的数量，但是金融业的特殊性又具有非常明显的规模效应，有利于大金融机构，容易造成垄断。而且，金融业的竞争有利于提高效率，但过度竞争也容易造成金融不稳，不利于经济运行和发展，需要对竞争进行适当限制。

第五，准确、及时的信息是制定货币政策的依据，也是货币政策是否有效的关键。因此，需要对反映金融机构经营内容的有关数据的形成进行规定。

第六，金融国际化以后，不仅货币政策需要进行协调，还需要对国际间的金融活动进行监管。

2. 金融监管的对象

针对上述金融业的特点，金融监管的对象很明显不仅应该是参与向金融市场提供产品的金融机构，还应该包括金融市场参与者的交易行为。而作为监管对象的金融机构，前面在讨论监管主体和监管体制时已经提到，还与金融体制有关。如果是实行混合经营的金融体制，那么同一个监管主体监管的对象是所有金融机构。如果是分业经营的金融体制，那么监管主体是分离的，监管对象也是分开的。例如，我国目前实行分业经营体制，监管的对象也分为银行、证券公司和保险公司。

3. 金融监管的范围

前面已经谈到，金融监管的必要性来自于"市场的失效"，那么金融监管并不需要对所有的金融行为都进行监管，而应该仅限于"市场的失效"造成的偏差部分。纠正"市场的失效"通常有三种方法：宏观经济政策、建立政策性金融机构直接提供金融产品和金融监管。由此产生了如何使用三种方法的问题，金融监管的方法应该使用到什么程度的问题。一般来说，如果通过货币政策能够引导金融市场解决"市场的失效"，应该尽量使用货币政策。通过政策性金融机构直接提供金融产品比通过金融监管管制金融产品的价格,效率更高、成本更低时,应该采用直接提供金融产品的方法。而当上述两种方法失效或成本太高时,才将金融监管作为最后方法使用。

通过政策性金融机构直接提供金融产品是一种比较常用的纠正"市场的失效"的方法,如政府建立专门向中小企业提供贷款的金融机构,改善中小企业的融资状况,建立扶持高新技术发展以及农业发展的金融机构等等。但是,政策性金融机构往往存在效率的问题,只有当政府直接提供金融产品比民间金融机构提供产品更容易实现监管目标时,才使用此方法。

货币政策与金融监管的作用原理很相似,有时很难区别。例如,调节法定存款准备金的比率既是货币政策的一种,也是对存款货币银行的一种管制。但是,货币政策与金融监管是不同的。首先,监管运用的是行政和法律的手段,金融机构必须执行和遵守,对金融机构的作用具有强制性和直接性;而货币政策则是通过市场传导发挥作用或者是给与市场表明政府态度的信号,具有间接性和选择性。其次,监管依据的行政和法律的手段是事先规定的,并具有在一定时期内的稳定性;而货币政策则需要货币当局,根据宏观经济形势的变化经常进行调整。第三,由于货币政策通过市场传导,存在有效市场是发挥作用的前提,具有不确定性。因此,在市场经济的成熟程度较低阶段,作用有限。此时,监管则比较有效,利率管制、信贷规模控制等,所谓介于管制和货币政策中间,被称之为"选择性货币政策"的手段被广泛使用。

另一方面,金融监管与货币政策又存在相互补充和相互矛盾的方面。第一,金融监管能够保证金融信息的真实、准确和及时,是制定正确的货币政策的前提。第二,金融监管能够确保金融机构的稳健经营和金融体系的稳定,是货币政策有效传导的关键,是有效实施货币政策的基础。第三,货币政策的实施也有助于金融监管目标的实现。第四,扩张性的货币政策为了增强政策效果,要求银行配合采取比较放松的信贷政策,与要求银行稳健经营的监管目标矛盾。

在中央银行制度建立以前,金融监管的范围主要集中在商业银行内部的管理上。随中央银行制度的建立和中央银行职能的加强,金融监管也得到强化,主要体现在以下几个阶段:

(1)金属货币制度让位于信用货币制度,货币的信用风险开始增加。早期的金融监管主要表现在对货币发行银行的货币发行纪律和保证支付方面,主要内容是确定银行券的发行资格、发行准备和建立存款准备金制度。主要的法律有:《皮尔条例》(1844 年)、《国民银行法》(1864 年)、《联邦储备法》(1913 年)。

(2) 20 世纪 30 年代大危机的发生,促使美国为首的各国加强金融监管。美国颁布了《银行法》(1933 年)、《证券法》(1933 年)和《证券交易法》(1934 年)等一系列法律,确立了分业经营和利率管制体制,建立了联邦存款保险公司、证券交易委员会和联邦住房贷款银行等金融监管机构。

(3) 1946 年英格兰银行国有化,正式确立该银行负责对金融机构实施监管,为各国完善金融监管体制提供了范例。

(4) 第二次世界大战后,金融活动日趋复杂化、多样化、自由化和全球化,特别是 1973 年布雷顿森林体系崩溃、由固定汇率制度变为浮动汇率制以后,汇率风险陡增。为了规避风险,各种金融工具应运而生,金融投机的规模也急剧膨胀。1988 年,以对国际银行业进行监管为目的的"巴塞尔协议",即《关于统一国际银行资本衡量和资本标准的协议》诞生。1997 年,提出《有效银行监管的核心原则》。2003 年和 2010 年,又两次修订"巴塞尔协议"。

四、金融监管的目标、手段和原则

1. 金融监管的目标

既然金融监管起因于"市场的失效",那么金融监管的目标就是要纠正"市场的失效",以及由此引起的金融资源配置不合理、收入分配不公平和金融不稳定。具体体现在以下方面:

(1) 促进全社会金融资源的配置与政府的政策目标相一致,提高整个社会金融资源的配置效率。

(2) 消除因金融市场和金融产品本身的原因,而给某些市场参与者带来的金融信息的收集和处理能力上的不对称,避免因这种信息不对称造成的交易不公平。

(3) 克服或者消融超出个别金融机构承受能力的、涉及整个经济或金融体系的系统性风险。

(4) 促进整个金融业的公平竞争。

2. 金融监管的手段

确定金融监管的目标之后,需要有监管的手段。金融监管是对金融机构及其金融行为的干预和规范。因此,金融监管手段从其干预和规范的效力分为法律手段和行政手段。很明显在一个法制社会里,最基本的手段是法律手段。例如,各国差不多都从法律上规定银行的开设需要获得监管当局的批准,规定各种不同金融机构的最低资本金要求,美国在1980年以前法律规定存款利息的上限等。但是,仅靠法律手段是不够的。因为,法律只能对大的框架进行规定,而无法详细规定各种细节。金融市场随时都在变化之中,特别是在市场机制发挥作用有限的金融市场,配之以行政手段和稽核检查手段,就更能够做到对金融机构的行为进行比较及时的干预和调节。

按照对金融市场的影响,可以分为事前监管手段、事中监管手段和事后监管手段。所谓事前,是指对进入市场的金融机构进行审查和批准;事中,是对已进入市场的金融机构的行为进行规范;事后,则是指对金融机构退出市场的规定。

3. 金融监管的基本原则

不管采取什么样的金融监管手段都必须遵循以下原则:

(1) 合法原则。一切金融活动和金融行为都必须合法进行,一切金融监管都必须依法实施。

(2) 公正原则。金融监管部门在实施金融监管的过程中,必须站在公正的立场上秉公办事,保证金融活动的正常秩序,保护各方面的合法权益。

(3) 公开原则。金融监管的实施过程和实施结果都必须向有关当事人公开,必须保证有关当事人对金融监管过程和金融监管结果信息的知情权。

(4) 公平原则。金融监管的实施要考虑到金融市场全部参加者的利益,保证交易各方在交易过程中的平等地位,不得有任何偏袒。

(5) 控制系统风险的原则。应该将监管的重点放在控制系统风险上,对个别风险实行由个别金融机构自身承担的原则。

(6) 内部监管和外部监管相结合的原则。审查金融机构的资格、保障金融市场的竞争秩序等外部监管,如果没有金融机构的有效配合,就难以收到预期效果。而如果把希望寄托在内部监管上,则难免不发生冒险经营行为和风险。

(7) 母国与东道国共同监管的原则。在金融国际化、跨国银行成为普遍现象的条件下,母国与东道国建立联系、交换信息,共同完成对跨国银行的监管,可以获得事半功倍的效果。

第二节 金融监管理论

金融监管通常包括三层含义：第一，按照监管目标，通过建立规章制度，限制或管制监管对象的金融行为；第二，监视监管对象的金融行为是否违反有关规章制度；第三，管理监管对象的金融行为，使之遵守有关规章制度。

对金融监管必要性的最基本理论解释是"市场失效"。

一、市场失效理论

古典经济学认为，市场机制是实现资源最佳配置的最有效的方法，完全竞争的市场机制能够使市场实现一般均衡。要实现所有市场都达到竞争性均衡的一般均衡条件是：①全部产品都是私人产品，消费者能够完全掌握全部产品的信息；②生产者的生产函数中，剔除了生产规模和技术变化带来的收益增加；③在给定的预算约束下，消费者尽可能使自己的效用最大化；④在给定的生产函数下，生产者尽可能使自己的利润最大化；⑤价格决定一切，所有的经济主体只对价格有反应；⑥在此基础上建立起的市场均衡，正好使所有产品都出清，即在所有市场上，价格等于边际成本。

但是，现实情况离开实现上述一般均衡的条件距离遥远，市场失效理论认为主要原因是市场价格的扭曲，而导致市场价格扭曲的主要原因有：垄断、外部效应和信息不对称。

1. 垄断与市场价格扭曲

垄断又分自然垄断和非自然垄断。自然垄断是指如果市场上只存在一个厂商时，该产业的生产成本才能达到最低，就称该产业所在的市场属于"自然垄断"市场。研究表明，需要较大固定成本的产业较易产生自然垄断，因为在此情况下固定成本接近于边际成本，产出越大，平均成本越低。由于固定成本很大，造成其他厂商难以进入该市场和单个厂商的生产效率最高。该厂商为了追求利润最大化，将产品价格置于边际成本之上，造成产出效率和分配效率的冲突以及价格扭曲。为了纠正价格扭曲和获得分配效率，需要增加厂商，但由此又会丧失产出效率。为了协调此矛盾，需要政府的监管。

非自然垄断是指不是基于自然因素，而产生的各种不同形式的市场垄断。与自然垄断一样，生产的集中有利于生产成本的降低和产出效率的提高,但也容易形成操纵市场的力量,引起价格扭曲。

2. 外部效应与市场价格扭曲

所谓外部效应,是指某个生产者或消费者的经济行为给其他生产者或消费者带来的影响。如果是有利影响,称为外部经济;反之,即外部不经济。也就是说,某些人获得收益,却不承担成本;而另一些人分担了成本,却不能获得利益。外部效应导致产品成本失真和效用失真,造成产品价格和边际成本的背离,扭曲市场价格。虽然厂商可通过协商解决外部效应问题,但往往因协商成本太大而导致协商破裂。较好的办法是通过监管消除成本收益分摊不公,以及由此造成的价格扭曲。

3. 信息不对称与市场价格扭曲

产品生产者对产品的价格、产量和质量方面信息的掌握程度高于购买者,造成信息的不对称,导致产品价值与价格的背离。金融产品特别依赖于信息,因此由信息不对称引起的价值与价格背离的程度就更加严重。价格与价值的背离会导致销售价值较高产品的生产者被逐出市场的后果,"逆向选择"。"劣币驱逐良币",即是"逆向选择"的典型例子,其结果是市场的崩溃。要改善此种情况,最好的办法就是改善信息失真和信息披露。

二、外部效应理论

循着造成市场失效的原因的思路,经济学家提出了外部效应理论。此即一般均衡理论成立的重要条件之一:市场价格等于边际成本。由于外部效应的存在往往难以成立,表现在金融行业,个别银行倒闭产生的"传染效应"。因为金融机构特别是商业银行相互之间的资产负债形成信用的锁链,某个银行的倒闭使得其他银行不能收到预期的结算资金,将不得不通过资产的调整、筹措非预期的结算资金。而非预期的资产调整并不容易进行,往往造成资产损失。如果损失过大也可能发生资不抵债,引发整个体系的危机。

某个银行的倒闭将引起不明真相的挤兑,会导致经营优良银行的倒闭,也是"传染效应"的表现。因此,产生了对银行资本金的规定和强制加入存款保险。

外部效应还表现在银行作为结算体系的一部分,银行倒闭将造成结算体系的混乱。在信用货币制度下,银行体系承担了信用货币供应的职能。银行倒闭将导致社会信用量的震荡,也会给经济造成混乱。因此,银行提供的结算服务和存款货币与公共产品有某些相同的性质,适当限制银行业的竞争,维护结算体系①和银行存款货币的稳定,也就成为对银行业进行监管的依据。

三、信息不对称理论

在上面市场失效理论中已经讨论过信息不对称,信息不对称不仅扭曲市场价格,而且还阻碍"真实市场价格"的发现。

第一,金融产品的价值与预期有关;第二,金融产品的价值不稳定,随某些因素变化而变化;第三,金融产品的物理形态与产品价值基本没有直接联系,有些产品甚至没有物理形态,仅以概念形式存在,金融产品价值的判断主要依据信息。

普通商品的价值由其投入的劳动决定,而金融商品仅是证明持有者拥有该数额的资产,凭此可获得一定数额收入的权利或将此还原为一定数额的货币。对金融商品的占有权可以进行交换,交换的价值不仅仅决定于所代表的现实资本的多少,更主要地决定于持有该金融商品所能获得的投资收益上。这样,该金融商品的价值就由两部分决定:放弃当前消费的时间价值和承担收益不确定性获得的风险价值。风险价值取决于交易双方的主观预期,而主观预期几乎完全取决于交易双方对各种信息的掌握程度,以及在此基础上所作的判断。由于借款人(筹资人)较之贷款人(投资人)更了解自身的财务状况或经营环境、经营状况,以及经营决策的调整和经营业绩的预期,因此在金融商品的交易过程中,借款人拥有影响该金融商品交易价值的信息的来源。交易双方中的金融商品的发行人是否对掌握的信息进行彻底披露,成为能否公平、合理地形成金融商品交易价值的主要因素。

要发现"真实市场价格",就必须掌握信息。而生产信息具有明显的规模经济效应,一般存款人存款金额有限,既没有能力生产债务人的信息,也无法承受生产信息的成本。

此外,银行同时经营存贷款业务和债券业务,当存款业务和债券业务发生利益冲突时,往往偏向大客户。例如,银行向大客户的贷款将成为坏账时,就会鼓动大客户发行债券归还贷款,最终上当受骗的是购买债券的小客

---

① 在银行业务综合化(或金融业混业经营化)的大潮后面,有一部分经济学家提出"狭窄银行"(narrow bank)的观点。

户。银行还可能利用提高存款利率的手段进行冒险活动,而由存款人承担冒险失败的后果。

在证券市场上,证券发行人(债务人)和内幕人都会利用信息不对称阻碍"真实市场价格"的发现,谋取不正当利益。

因此,由政府负责信息的生产,承担对债务人的监管,成本最低。

第三节 金融监管的主要内容与方法

一、事前监管

事前监管中,最主要的内容是对进入市场的金融机构进行审查,实行市场准入制度。包括金融机构的开设需要金融管理当局的批准,金融管理当局对进入市场金融机构的审查已经基本标准化,通常包括三方面的内容:

第一,申请人的财产基础,通常表现为最低资本金的限制。例如,美国规定在联邦注册的商业银行的资本金,在扣除筹建费用之后需要达到100万美元;日本商业银行的最低资本金为10亿日元。我国商业银行的最低资本金要求最严,市场准入的门槛最高。《商业银行法》规定:设立商业银行的注册资本最低限额为10亿元人民币。城市合作商业银行的注册资本最低限额为1亿元人民币,农村合作商业银行的注册资本最低限额为5 000万元人民币。

第二,申请人的素质和经历,包括知识、经验和信誉。例如,美国审批银行开业时,对银行高级管理人员资格进行审查,主要内容是财产状况、信誉状况、银行从业经历和其他经历,重点是信誉状况;英格兰银行规定,每家商业银行至少有两个知识经验丰富、有管理决策能力的管理人员。我国对商业银行高级经营管理人员的任职资格更有详细的规定,包括学历和从事金融工作的经历,以及禁止过去曾经有过不良表现人员担任高级职务。

第三,新金融机构开设以后的盈利前景和对当地金融秩序的影响。即使申请人符合上述条件,如果监管当局认为新金融机构的进入将加剧竞争、对当地金融秩序可能产生不良影响,仍然可以拒绝新金融机构的开业。例如1980年以前,尽管美国对银行业的市场准入管制较松,每年都有一些新银行开业。但是,银行注册主管机构面对银行开业申请通常需要考虑该区域内是否需要新银行,如果新银行的开业会使现有银行遭到严重损害,就不会批准新银行的开业申请。相比之下,日本对新银行的开业管制就严格得多,战后几十年,银行的数量固定不变。我国《商业银行法》也规定:中国人民银行审查设立申请时①,应当考虑经济发展的需要和银行业竞争的状况。

市场准入制度视金融制度不同,内容也稍有不同。如果是实行金融业分业经营的国家,那么在申请开业的时候,还必须注明业务内容和范围。例如,1999年以前的美国和1998年以前的日本实行分业经营,银行、证券和保险的业务相互分离,不能交叉经营。我国目前也实行分业经营,严格限制银行参与非银行金融业务。

市场准入制度有利于防止不合格金融机构的开业和预防不合格申请人进入金融业。

二、事中监管

所谓事中监管,是指对金融机构日常经营过程的监管,目的是防范金融机构的风险。因此,事中监管也就围绕风险管理进行。

1. 资本充足性

金融机构特别是其中的银行,经营的对象是货币这一特殊商品。从理论上讲,银行开展经营活动并不需要资本或需要的资本很少。但是,资本又是银行在经营活动中,承担风险的能力;在遭遇损失时,得以避免破产的最后手段。因此,又是维持银行稳健经营所必需的。如果资产总额和利润一定的话,较少的资本可以获得较高的资本利润率。所以,银行往往具有使用较少的资本、经营较多资产的动机。但是,前面已经讲过,银行具有外部效应。银行倒闭将产生外部不经济,整个银行体系将承担外部不经济的成本。因此,1988年国际清算银行通过了《统一国际银行资本衡量与资本标准的协议》(简称《巴塞尔协议》),对银行的自有资本比率进行了规定。第一,规定银行资本分为核心资本和附属资本,银行资本与加权风险资产的比率高于8%,其中核心资本的比率不得低于4%。第二,根据资产的性质,规定不同的风险权重。第三,重视银行表外业务给银行带来的风险,为各种表外业务规定了换算系数。第四,1996年又公布了《资本协议市场风险补充规定》。

《巴塞尔协议》原先仅是协议参加国之间的协议。但是,资本充足率具有遏制银行冒险和加强稳健经营的效果,为世界各国广泛接受,成为银行在

---

① 银监会成立以后,商业银行的开业审查由银监会负责。

国际金融市场开展经营活动的入场券,而成为世界性标准。各国金融管理当局也纷纷采用资本充足率指标,对银行进行监管。

监管是有局限性的,因此不能忽视市场激励或约束作用。市场约束就是股东监督和银行债权人的反应,这种监督和反应有助于促进银行管理者采取适当措施。监管的原则不应该阻碍这种市场激励作用的发挥,不应该排除银行所有人和管理者因银行倒闭而承受损失的可能性。由于存在存款保险,银行降低资本金,银行破产成本降低,增加了银行冒险的动力,因此提高资本比率可以作为保证资本充足率和减少市场扭曲的一个重要手段发挥作用。

2. 价格

金融产品的价格包括证券的发行手续费和二级市场的交易手续费、银行的利率以及保险费率等。20 世纪 30 年代大危机以后,很多国家都对金融产品的价格进行限制。最为典型的是美国银行法中的 Q 条款,直至 1986 年才最后被废除。日本在战后,也长期对银行的存贷款利率、证券的交易手续费率和保险费率进行限制。在我国,目前也对存款货币银行的存款利率实行法定基准利率加浮动幅度的管制。

3. 流动性

所谓流动性,是指银行根据存款和贷款的变化,随时以合理的成本举债或者将资产按其实际价值变现的能力。当流动性不足时,银行无法以合理的成本迅速增加负债或变现资产获得足够资金,不能及时满足客户提款或借款需求,其后果就是银行利润受到侵蚀、声誉遭受影响,甚至导致支付危机。因此,金融监管当局对银行的流动性非常重视。监管当局对银行流动性的监管政策通常有两种:向银行发布衡量和管理流动性风险的指导方针,以及要求银行流动性资产与总资产的比率、流动性资产与存款的比率达到一定标准。例如,我国对商业银行的流动性规定以下指标:①存贷款比率。本外币合并各项贷款与各项存款的比例不得超过75%,其中外汇各项贷款与各项存款的比例不得超过85%。②资产流动性比率。本外币并表流动性资产与各项流动性负债的比例不得低于25%,其中外汇各项流动性资产与外汇各项流动性负债的比例不得低于60%。③中长期贷款比例。余期1年期以上的人民币中长期贷款与余期1年期以上的存款之比不得超过120%,余期1年期以上的外汇中长期贷款与各项外汇贷款余额之比不得超过120%。④拆借资金比率。拆入资金余额与各项存款余额之比不得超过

4%,拆出资金余额与各项存款余额之比不得超过8%。

4. 资产和负债的风险管理

资产和负债的风险管理涉及银行经营的各个方面,其中重点是资产管理,银行资产中贷款占了很大比率,因此贷款质量好坏成为关键。美联储将银行贷款资产质量分为正常、关注、次级、可疑和损失5级,并提供提取呆账准备金比率的参考标准。除了贷款资产质量以外,各国监管当局还对商业银行的贷款集中程度进行限制,目的是避免风险集中。

我国也在1998年,对贷款资产质量实行5级分类标准和贷款集中程度管制。规定商业银行对同一借款人的贷款余额与商业银行资本余额的比例不得超过10%,对最大10家客户发放的贷款总额不得超过银行资本净额的50%。

5. 外汇风险管理

外汇风险管理涉及两方面的内容:第一,汇率风险;第二,对特定国家的资产和负债过于集中,引起对该国的国际收支失衡和国家风险。因此,金融监管当局对银行的外汇风险进行监控。不过,各国金融监管当局对商业银行外汇风险的监管依该国外汇管理制度而不同。如果是对外汇实行比较严厉管制的国家,金融监管当局的外汇风险监管必须在外汇管理制度的框架内进行。例如,日本在对外汇实行管制的时期,监管当局规定每家商业银行的外汇业务量。2007年之前,我国对经常项目实行结售汇制度,商业银行持有外汇资产必须获得外汇管理局的批准,在境外的资产业务与外汇资产总额的比例不得超过30%。从境外筹措资金,也必须事先获得外汇管理局的批准。

6. 内部管理

仅仅有金融监管当局的监管是不够的,为了提高监管效率需要各个金融机构加强内部监管。因此,监管当局要求银行按照有效、审慎、全面和独立的原则建立低于各类风险的内控制度,包括组织结构、人员素质、内控机制等。

(1) 组织结构上。我国商业银行在组织结构上建立了三道监控防线:①一线岗位双人、双职、双责;②相关部门、相关岗位之间相互制约;③内部监督部门对各岗位、各部门和各项业务全面实施监督反馈。

(2) 在人员素质上。实行任职资格、离任审计和责任到人的制度。

(3) 内控机制上。实行①对各类贷款的发放和使用必须实行严格控制；②建立风险评估和控制为核心的信贷风险管理制度；③建立对贷款的立项、调查、审核、决策，以及对贷款的检查监督为内容的信贷资产管理责任制；④建立监测信贷风险和监测借款企业经营风险的预警系统，以及监测信贷风险的考核指标系统。

三、事后监管

事先监管也可以称为市场退出的监管。尽管设计了事前、事中的监管，但是仍然会有一些金融机构由于种种原因陷入困境或面临倒闭。与一般工商企业不同，金融企业即使陷入资不抵债的状况，倒闭也仅仅是最后选择。事实上，在国外有一句名言：大银行不让倒（too big to fall），大银行的歇业需要得到监管当局的批准，就是因为金融业具有外部经济。

一般来说，支付危机是导致金融机构倒闭的最直接原因。因此，一旦金融机构发生支付危机，金融监管当局（或中央银行）首先需要分析该金融机构支付危机的性质、该金融机构经营存续的可能性，以及该金融机构倒闭的外部效应；然后决定是否对其通过最后贷款人的职能进行援助。最后贷款人职能通常可以通过两条途径实行，即中央银行直接贷款和提供担保。例如1965年，日本山一证券公司发生支付危机，日本银行提供特别融资平息了危机的蔓延。1985年，美国联邦存款保险公司宣布对大陆伊利诺斯银行的所有债务提供担保，平息了威胁美国国内外银行的挤兑风潮。

如果支付危机的性质并不是由于非预期的外部冲击，而是源于金融机构本身的冒险经营。那么，金融监管当局可能放弃对其实施援助。但也并不马上选择让其倒闭的方法，而往往是组织其他金融机构并购和接管该金融机构。所谓并购，是指由健全金融机构购买和承担危机金融机构的资产和负债。并购又可以分为金融监管当局提供资金援助的援助性并购和监管当局不提供资金援助的非援助性并购。其他民间金融机构进行非援助性并购，是因为通过并购可以获得该金融机构的客户资源、开辟新的市场。如果是对分支机构的开设有严格管制的国家，还可以通过并购增加大量分支机构，获得在极短时间内迅速扩张业务的好处。

接管则往往带有命令的性质，发生在金融机构大多为国家所有的银行。当某国有金融机构发生危机时，由金融监管当局命令另一家国有金融机构接管该发生危机的国有金融机构。并购和接管能够保留客户资源、继续使用有关客户的信息，降低交易成本，也可以避免金融机构倒闭给社会带来的震动。

如果该金融机构的经营状况十分糟糕,即使通过接受外部援助和更换领导人也难以起死回生时,让该金融机构倒闭就可能是唯一选择。但是,当实施倒闭以后,仍然应该在尽量减少外部不经济的原则下,做好善后处理。例如1998年,我国海南发展银行由于不良资产比率过高,发生挤兑引发危机。国务院和中国人民银行迅速宣布关闭海南发展银行,由中国工商银行接管海南发展银行的所有资产负债,并行使海南发展银行的行政领导权、业务管理权和财务收支审批权,平息了挤兑的蔓延。

如果是某一类金融机构普遍发生经营困难或危机,那么就由金融监管当局通过建立特别机构提供资金援助或帮助回收资产,避免危机进一步恶化。例如20世纪80年代,美国发生遍及全国的储蓄与贷款协会危机,国会专门拨款成立了整理信托公司(Resolution Trust Corporation,RTC),负责倒闭储蓄与贷款协会的资产处理。1998年日本成立过渡银行,专门处理银行的不良资产。

第四节 中央银行在金融监管中的作用

一、中央银行金融监管的目的

第一节中已经讨论过,各国由于金融体制不同,金融监管体制也不相同,有采用集中监管体制的,也有采用多元监管体制的。如果采用多元监管体制,那么就存在分工问题。中央银行在其中起什么作用呢?一般来说,作为政府机构的直接监管部门负责金融机构的开业审查和批准,以及制定有关的规章制度,并在金融机构发生经营危机时进行善后处理。例如,美国财政部的货币监理局负责向在联邦注册银行经营许可证的发放,联邦储备银行则负责对会员银行的日常经营进行监管。日本也同样,银行的营业许可证是由金融厅发放的(过去是大藏省),日本银行则负责对在日本银行开设往来账户的金融机构进行日常业务监管。我国在银监会成立之前,中国人民银行负责存款货币银行的集中监管,包括开业审查和批准以及日常经营等。在银监会成立之后,开业审查和批准的权限已经明确规定转移到银监会,中国人民银行内的有关监管机构也已经转移到银监会。但是,从国外的经验和中央银行业务的特殊内容来看,中国人民银行也应该继续在金融监管中发挥作用。不过,其定位应该在业务特长方面。什么是中国人民银行的业务特长呢？简单来说，就是中国人民银行在全国支付结算体系中处于核心地位，向全社会提供货币和其他信用手段；在我国现阶段选择性货币政策的货币政策体系中，依然占据重要地位，需要与金融监管手段配合使用；在外汇风险管理中，货币政策与金融监管手段同样需要相互配合。据此，可以对我国中央银行在金融监管中的作用和监管目的作简单的概括：

第一，保证银行体系存贷款的安全可靠，保证存款人的利益和金融稳定（经营安全性）。第二，通过对金融活动的监督管理，营造一个平等竞争环境，防止垄断，鼓励金融机构在合理竞争基础上提供高效率、多样化的服务（竞争公平性）。第三，通过监督管理，使金融机构的经营活动与中央银行的货币政策目标保持一致（政策一致性）。

二、中央银行监管的主要方式和内容

中央银行的监管应该以不干涉金融机构内部经营为原则，不对金融机构的业务活动直接下指示。但可以依据经营安全性、竞争公平性和政策一致性的监管目的，重点对已经在法律上规定的监管指标，如资本充足率、流动性比率等的执行情况进行监管。在法律允许的范围内，规定金融机构经营活动的范围和可承受风险的最大限度，帮助金融机构找出存在的问题，督促金融机构尽快解决问题。通过对金融机构的存、贷款和支付结算系统的监控，了解流通中货币的状况，分析货币政策的效果。

主要方式可以分为现场检查和非现场检查。

（1）现场检查，有时也称为现场稽核。是由中央银行派监管人员到金融机构进行实地检查。实地检查有针对业务报表或其他资料中暴露出来的迹象进行重点检查，也有仅仅是定期的例行检查。现场检查方法最早是美国联邦储备银行对商业银行进行检查的方式，由于该方式可靠，以后为各国中央银行普遍采用。现场检查包括检查人员与被检查银行主要负责人的谈话，通常由检查人员对银行的经营策略、经营管理上的疑点以及风险管理等内容进行提问，然后对被检查银行的资产质量、资本充足率以及风险管理能力进行检查。

（2）非现场检查，有时也称为非现场稽核。是中央银行通过对金融机构的业务报表和其他资料的检查，发现被检查金融机构存在问题的检查方式。非现场检查的目的有三个：第一发现虽然目前经营状况基本良好，但是在短期或中期可能会出现问题的银行。检查人员通过前瞻性的方法，及时

发现和处理问题,以防其发展到无法收拾的地步。由于中央银行检查人员的数量有限,定期例行检查的频率不可能很高,一般 2—3 年一次。现场检查间隔一般为一年,而在此期间发生问题和蔓延的可能性是很大的。现场检查中的重点检查,也建立在非现场检查的基础之上。因此,非现场检查构成了中央银行监管的重要一环。第二,密切监视已发现有严重问题的银行机构。有利于防止问题的恶化和检查人员不断获得信息,以便帮助银行渡过难关。第三,评估整个银行业的发展轨迹和趋势。检查的内容基本同现场检查,主要有:资本充足指标、资产质量指标(如逾期贷款比率、资产集中比率等)、利润指标(收入占总资产比率、收入占资本比率)、流动性指标。

在现场检查和非现场检查的基础上,检查人员最后对被检查银行的资产质量、风险管理能力和体制,以及高层管理人员的工作能力进行评价。例如,美国已经开发了评价资产质量的 5 级分类标准和对银行综合评价的骆驼评级体系,并为其他国家广泛采用。

所谓骆驼评级体系(CAMEL, rating system),是因为 5 个评级指标的缩略语而得名。主要内容包括:①资本(capital),主要是指资本充足率。②资产质量(assets quality),主要是评价资产的风险程度,包括存款来源、风险资产组合、贷款组合、大笔贷款、大笔贷款与资本的比率、逾期呆滞贷款的情况和呆账准备金的清理等。③经营管理能力(management),主要评价银行的业绩、业务策略管理机构、高层管理人员的工作能力、对银行法规的遵守、报表的质量以及信贷、流动资金、利率和汇率等风险的内控情况。④盈利水平(earnings),主要评价盈利和盈利的增长、收入来源、支出情况、财务状况、平均资本收益率、红利发放情况等。⑤流动性(liquidity),评价有关流动性比例的情况。

重 要 概 念

市场失效　金融监管　外部监管　内部监管　多元金融监管体制　单元金融监管体制　稽核　现场检查　非现场检查　骆驼评级体系

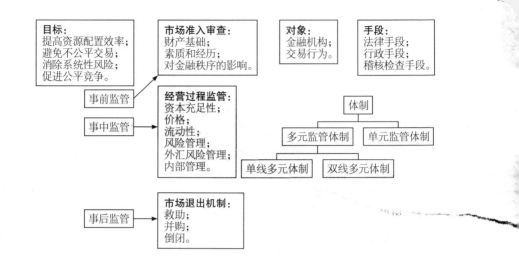

练 习 题

一、填充题

1. 多元金融监管体制就是根据（   ），由（   ）分别实行监管的体制。最典型的是将金融业务分成（   ）、（   ）和（   ）三大类，由（   ）、（   ）和（   ）分别对（   ）、（   ）和（   ）实行监管。
2. 双线多元监管体制中的双线表示（   ），多元表示（   ）。
3. 纠正金融的"市场的失效"通常有三种方法：（   ）、（   ）和（   ）。
4. 金融监管的基本原则是（   ）、（   ）、（   ）、（   ）、（   ）、（   ）和（   ）。

二、简答题

1. 金融监管的含义。
2. 试分析银监会成立以后，中国人民银行是否还要对金融监管承担责任。
3. 金融监管的必要性。
4. 简要分析如何正确使用纠正"市场失效"的三种方法。
5. 为什么说金融监管与货币政策又是互补的。
6. 简答金融监管的目标。

参 考 答 案

一、填充题

1. 金融业内各种金融机构的业务范围；不同的监管机构；银行；证券；保险；中央银行（银监会）；证监会；保监会；银行；证券公司；保险公司。
2. 联邦（中央）政府和州（地方）政府；多重监管机构。
3. 宏观经济政策；政府（建立政策性金融机构）直接提供金融产品；金融监管。
4. 合法原则；公正原则；公开原则；公平原则；控制系统风险的原则；内部监管和外部监管相结合的原则；母国与东道国共同监管的原则。

二、简答题

1. 一国政府根据经济金融体系稳定、有效运行的客观需要以及经济主体的共同利益要求,通过金融主管机构或建立专门的金融监管机构,依据法律和规定对金融体系中各金融主体和金融市场实行监督和管理,以维护债权人的利益、约束债务人的行为,确保金融主体和金融业务的公平竞争,促进金融业有秩序地运行和健康地发展,实现推动经济发展和社会进步的目标。金融监管包括监管主体、监管对象、监管手段和监管目标。

2. 首先,中国人民银行作为中央银行不管是为了履行最后贷款人的职能、还是为了履行货币发行职能,都必须对由此提供的基础货币承担责任,作为债权人对借款银行进行监督管理也是理所当然。其次,由于中央银行在业务上与商业银行有着天然的各种联系。因此,中国人民银行可以通过对商业银行业务活动的稽核,形成银监会专司商业银行的设立、业务内容的批准以及是否符合法律规定等方面的监管、中国人民银行侧重监管具体业务活动的分工体制,既有利于降低金融监管的成本,又可以达到加强对商业银行监管效果的目的。

3. 第一,现代经济是商品经济,银行信用替代商业信用成为最主要的信用方式,银行信用既有加速资金周转、促进资源合理配置的积极方面,也有脱离社会实际需要盲目发展、刺激个别部门过度扩张、造成经济结构失衡的消极方面,需要对银行信用进行适当调控和限制。

第二,金融机构经营的是货币为主要内容的特殊商品,金融机构对这些商品的绝大部分仅有使用权,在经营活动中比一般商品经营者增加了负责收回使用权和向所有者归还使用权的环节,各个金融机构相互之间形成债务锁链,增大了经营风险。特别是,银行承担全社会的各种债权债务的支付和结算。因此,个别银行的倒闭将引起整个信用系统的不稳定。

第三,与一般商品经营不同,金融机构经营规模的大小在一定条件下,可以不受资本金多寡的制约。而一部分金融机构冒险行为的后果又可能由整个金融体系承担。因此,需要对金融机构的冒险行为进行一定限制。

第四,虽然金融机构的经营规模在一定条件下可以脱离资本金的数量,但是,金融业的特殊性又具有非常明显的规模效应,有利于大金融机构,容易造成垄断。而且,金融业的竞争有利于提高效率,但过度竞争也容易造成金融不稳,不利经济运行和发展,需要对竞争进行适当限制。

第五,准确、及时的信息是制定货币政策的依据,也是货币政策是否有效的关键。因此,需要对反映金融机构经营内容的有关数据的形成进行规定。

第六,金融国际化以后,不仅货币政策需要进行协调,还需要对国际间的金融活动进行监管。

4. 一般来说,如果通过货币政策能够引导金融市场解决"市场的失效",应该尽量使用货币政策。通过政策性金融机构直接提供金融产品比通过金融监管管制金融产品的价格,效率更高、成本更低时,应该采用直接提供金融产品的方法。而当上述两种方法失效或成本太高时,才将金融监管作为最后方法使用。

5. 首先,金融监管能够保证金融信息的真实、准确和及时,是制定正确的货币政策的前提。

其次,金融监管能够确保金融机构的稳健经营和金融体系的稳定,是货币政策有效传导的关键,是有效实施货币政策的基础。

第三,货币政策的实施也有助于金融监管目标的实现。

6.(1)促进全社会金融资源的配置与政府的政策目标相一致,提高整个社会金融资源的配置效率。

(2)消除因金融市场和金融产品本身的原因而给某些市场参与者带来的金融信息的收集和处理能力上的不对称,避免因这种信息不对称造成的交易不公平。

(3)克服或者消融超出个别金融机构承受能力的涉及整个经济或金融体系的系统性风险。

(4)促进整个金融业的公平竞争。

图书在版编目(CIP)数据

中央银行学教程/童适平编著.—2版.—上海:复旦大学出版社,2016.5
(复旦博学·金融学系列)
ISBN 978-7-309-10647-3

Ⅰ.中… Ⅱ.童… Ⅲ.中央银行-经济理论-高等学校-教材 Ⅳ.F830.31

中国版本图书馆CIP数据核字(2014)第208668号

中央银行学教程(第二版)
童适平 编著
责任编辑/李 华

复旦大学出版社有限公司出版发行
上海市国权路579号 邮编:200433
网址:fupnet@fudanpress.com　http://www.fudanpress.com
门市零售:86-21-65642857　团体订购:86-21-65118853
外埠邮购:86-21-65109143
上海浦东北联印刷厂

开本 787×960　1/16　印张 15.75　字数 246千
2016年5月第2版第1次印刷
印数 1—5 100

ISBN 978-7-309-10647-3/F·2082
定价:29.00元

如有印装质量问题,请向复旦大学出版社有限公司发行部调换。
版权所有　侵权必究